HOLZHAUSEN
D E R   V E R L A G

Reihe Medienwissen für die Praxis des FHWien-Studiengangs Journalismus

Band 7

CLEMENS HÜFFEL
ANNELIESE ROHRER

Selbstbestimmt oder Fremdbestimmt?

Über die Entstehung der Inhalte in Massenmedien

Gabi **BURGSTALLER**
Matthias **CREMER**
Michael **FLEISCHHACKER**
Karin **GASTINGER**
Josef **KALINA**
Daniel **KAPP**
Herbert **KICKL**
Angelika **KOFLER**
Andreas **KOLLER**
Florian **KRENKEL**
Ulrike **LUNACEK**
Gerald **MANDLBAUER**
Christian **NUSSER**
Claus **REITAN**
Andreas **RUDAS**
Siegmar **SCHLAGER**
Susanne **SCHNABL-WUNDERLICH**
Robert **STOPPACHER**
Feri **THIERRY**
Alexander **VAN DER BELLEN**
Stefan **WAGNER**
Eva **WEISSENBERGER**
Anita **ZIELINA**
Axel **ZUSCHMANN**

Die Interviews führten:
BARBARA DÜRNBERGER
FRANZ HUBIK
JULIA KARZEL
MICHAEL OBERBICHLER
PAULINA PARVANOV
MATHIAS SLEZAK

GENDER-FORMULIERUNG:

Bei allen Bezeichnungen, die auf Personen bezogen sind,
meint die gewählte Formulierung beide Geschlechter.

Die Interviews in diesem Buch wurden von den Studierenden
in den Monaten November 2012 bis Februar 2013 durchgeführt.

COPYRIGHT: Holzhausen Verlag GmbH
HERAUSGEBER: Clemens Hüffel, Anneliese Rohrer
REDAKTION: Barbara Dürnberger, Franz Hubik, Julia Karzel,
Michael Oberbichler, Paulina Parvanov, Mathias Slezak
GRAFISCHE GESTALTUNG: Repromedia Druckgesellschaft mbH Nfg. KG
DRUCK: Wograndl Druck
VERLAGSORT: Wien
HERSTELLUNGSORT: Wien
Printed in Austria

ISBN: 978-3-902868-78-7

Der Inhalt
Inhalt Der
Der **Inhalt** EINLEITUNG

Inhalt Der INTERVIEWS

Der Inhalt SPONSOREN

Inhalt Der

Der Inhalt

Inhalt Der

Der Inhalt

Die **Einleitung**

CLEMENS HÜFFEL

ANNELIESE ROHRER

EINLEITUNG
VON CLEMENS HÜFFEL

Dr. Clemens Hüffel, Sektionschef i.R., Geschäftsführer der Medien-, Kommunikations-Management GmbH, war Wissenschaftsjournalist, Pressesprecher von Wissenschafts-minister Vizekanzler Dr. Erhard Busek und von 1995 bis 2011 im Bildungs- bzw. Wissenschaftsministerium für die Öffentlichkeitsarbeit zuständig. Er unterrichtet am Studiengang Journalismus der Fachhochschule Wien und ist als Medientrainer tätig. Er ist Autor bzw. Herausgeber zahlreicher Bücher, u.a. gemeinsam mit Anneliese Rohrer: Politik und Medien (2008), Marke Europa (2009), Qualitätsjournalismus wo(zu)? (2011), Grant auf Granden (2012); gemeinsam mit Fritz Plasser und Dietmar Ecker: Österreich international (2011) und Integration (2011), alle: Verlag Holzhausen, Wien.

„Journalisten sind bestechlich!" Dieser Satz löst, wenn öffentlich geäußert, meist eine von drei möglichen Reaktionen im Publikum aus. Entweder ein „Habe mir das immer schon gedacht"-Lächeln, ein „So etwas sagt man doch nicht"-Stirnrunzeln oder verwunderte Blicke. Kaum jemand wartet den Nachsatz ab: „Mit Informationen!" Erleichtertes Aufatmen ist die Folge.

Der Satz stimmt. Man kann ihn allerdings auch so formulieren wie die Chef-redakteurin der KLEINEN ZEITUNG KÄRNTEN, Eva Weissenberger, in dieser Ausgabe der Studienreihe der FHWien: „Die beste Bestechung ist ein guter Zund!" In der bes-ten aller Medienlandschaften würde also der Weg, auf dem ein Thema in ein Medium jeglicher Art – also in ein Printprodukt, in das Fernsehen oder in das Internet – findet, über diese „Bestechung" führen. Die Medienlandschaft in Österreich ist jedoch weit davon entfernt. Darüber herrscht bei allen befragten Journalisten, Politikern, Medienexperten offenbar breiter Konsens.

Das Erstaunliche an allen Diskussionen über den Ist-Zustand der heimischen Medienwelt und so auch an dieser: Alle kennen die Irrwege, über die gewisse Themen in die Öffentlichkeit finden, die meisten nehmen sie als Resultat öko-nomischer, politischer und medialer Gegebenheiten einfach hin. Kaum jemand will ernsthaft etwas dagegen unternehmen. Als „gesicherte Weisheit" also gilt, dass die immer geringer werdenden personellen Ressourcen in den Redaktionen die Oberflächlichkeit der Information verstärken und die Qualität der Bericht-erstattung verringern; dass Werbeagenturen und Medienbeauftragte von Politikern dieses Vakuum immer öfter und immer erfolgreicher mit vorgefertigten Meldungen füllen können – in der Gewissheit, ihre Ergüsse oft unverändert und wortident wiederfinden zu können; dass die willigsten Adressaten solcher angeblicher medialer Hilfsleistungen die am schlechtesten bezahlten Journalisten in jeder Redaktion sind.

UND ANNELIESE ROHRER

Dr. Anneliese Rohrer wurde 1971 an der Universität Wien promoviert. Nach einem Studienaufenthalt in den USA hatte sie in Wien Geschichte studiert. Nach einer Lehrtätigkeit in Neuseeland war sie von 1974 bis 1986 Journalistin bei der Tageszeitung Die Presse, 1987 stieg sie zur Ressortleiterin Innenpolitik auf, 2001 wechselte Rohrer in die Außenpolitik. Auch in diesem Ressort wurde sie zur Leiterin bestellt. 2003 erhielt sie den Kurt-Vorhofer-Preis für Politikjournalismus. Seit Frühjahr 2005 ist sie als freie Journalistin und am Studiengang Journalismus der Fachhochschule Wien tätig. Sie ist Herausgeberin (gemeinsam mit C. Hüffel) von Band 1 „Medienmacher (in) der Zukunft", Band 2 „Hat öffentlich-rechtliches Fernsehen Zukunft?", Band 3 „Politik und Medien", Band 4 „Marke Europa", Band 5 „Qualität im Journalismus – wo(zu)?" und Band 6 „Grant auf Granden" der Studienreihe Medienwissen für die Praxis des FHWien-Studiengangs Journalismus.

Wirklich entschlossen scheint niemand diese Spirale nach unten stoppen zu wollen. Wie auch? Oberflächlich betrachtet (wie bezeichnend im Bezug auf das Lamento über die Oberflächlichkeit) scheint es ja nur Gewinner zu geben: Journalisten, die immer häufiger nach ihrem in Zeichen messbaren „output" beurteilt und bezahlt werden, können diesen zeitsparend und für die Controller überprüfbar steigern. Diese Messung der Anzahl der Zeichen hat zwar etwas von Fließbandarbeit, aber so lange sich Redaktionen und Redakteure dem Diktat der Quantität nicht wirklich widersetzen, Verleger und Geschäftsführer den Unterschied zwischen einem kreativen Medienbetrieb und einer Produktionshalle nicht anerkennen, wird der Trend anhalten. Pressereferenten, Werbeagenturen, Politikberater gewinnen ihren Auftraggebern gegenüber durch den leichteren Zugang und die Vervielfachung der Abdrucke ein und desselben Themas in mehreren Medien. Also für alle Beteiligten kurzfristig eine Win-Win-Situation – jedenfalls so lange bis die Glaubwürdigkeit aller ruiniert wäre.

Das führt natürlich zu einer Interessengemeinschaft, in der keine Seite die mitunter bizarren Vorgänge, die seit geraumer Zeit registriert werden können, auch nur andeutet. Etwa die Sache mit den vorgefertigten Interviews, die dann zu einer Unterhaltung zwischen Journalisten und Pressebetreuern von Politikern wie dieser führt:
Pressesprecher: „Wollen Sie ein Interview haben?"
Journalist: „Dafür ist keine Zeit."
Pressesprecher: „Nein, wir haben eines. Ich schicke es Ihnen."
Journalist: „Aber ich kann es ja nicht führen."
Pressesprecher: „Es ist fertig. Ich kann es Ihnen gleich zukommen lassen."

Der qualitätsbewusste Redakteur, die gewissenhafte Redakteurin wird das – in einer idealen Medienwelt unsittliche – Ansinnen ablehnen. Aber wer will schon urteilen, unter welchem Druck – zeitlich und innerredaktionell – nicht doch auch andere Entscheidungen zustande kommen?

Die Medienbranche an sich lebt von und mit Vermutungen, Gerüchten, sogenannten Ringinformationen, die von einer Quelle ihren Ausgang nehmen und so oft wiederholt werden, bis alle glauben, sie seien ohnehin vielfach überprüft worden und müssen daher wahr sein. So verhält es sich auch mit den Vermutungen, Journalisten seien ob des ökonomischen Drucks (siehe oben) bereits zu leicht manipulierbaren Wesen mutiert. Oft klaffen daher die Realität in den Redaktionen und die außen wahrgenommene Wirklichkeit weit auseinander. In anderen Worten: So leicht beeinflussbar und mit etwas anderem als einem „Zund" freundlich zu stimmen, wie oft unterstellt, sind Journalisten in Österreich auch wieder nicht.

Es ist daher wenig überraschend, dass alle befragten Chefredakteure, aktuelle und gewesene, hervorheben, dass „der Journalist und sonst niemand" (Michael Fleischhacker) bestimmt, was veröffentlicht wird und was nicht – ob das jetzt in letzter Konsequenz der Chefredakteur allein oder die Redaktion ist. Wenig überraschend deshalb, weil in der Tat die Journalisten entscheiden – eben auch, ob man dem Einfluss von außen nachgibt oder nicht; ob wegen des Zeitdrucks und der unzureichenden Personalausstattung Dritte über Gebühr „mitbestimmen" können oder nicht. Am Ende des Tages bleibt die Verantwortung bei den Redaktionen.

Wie sie damit umgehen, macht den Unterschied zwischen Qualität und Seichtheit aus. Niemand wird wohl ernsthaft bestreiten wollen, dass zwischen Qualitätsmedien und Gratiszeitungen, zwischen dem zwangsgebührenfinanzierten öffentlich-rechtlichen ORF und Privatsendern differenziert werden muss. Private Fernsehsender sind so etwas wie Gratismedien im elektronischen Bereich. Alle Medien, die sich aus reinem Anzeigen- oder Kooperationserlös finanzieren, stehen daher unter dem Generalverdacht der Käuflichkeit oder, vornehmer ausgedrückt, der Beeinflussbarkeit durch Dritte. Das musste erst dieses Frühjahr Puls 4 zur Kenntnis nehmen, dessen extensive und/oder exzessive Berichterstattung über und mit Frank Stronach am Sonntag vor den Landtagswahlen in Kärnten und Niederösterreich trotz eines sehr kritischen Interviews Spekulationen jeglicher Art nährte. Kaum je zuvor war ein Fernsehsender so in die Defensive geraten, was die Finanzierung von Sendungen anlangt. Hier wurde in der öffentlichen Wahrnehmung eine rote Linie überschritten und führte zu einem Imageverlust des Senders, den ein noch so hoher „Sendebeitrag" (in Anlehnung an die geläufigeren Druckkostenbeiträge) nicht ausgleichen konnte.

Aber es ist oft nicht entscheidend was gebracht wird, sondern was nicht. Hier muss man am Feld der Gratiszeitungen dem ehemaligen Chefredakteur von Heute, Richard Schmitt, zu Dank verpflichtet sein, dass er im Band 5 dieser Reihe über „Qualität im Journalismus – wo(zu)?" „on-the-record" aussprach, was bis zu diesem Zeitpunkt nur als Vermutung gehandelt worden war: „Ich darf nichts

Kritisches über Anzeigenkunden schreiben." Wenige Wochen nach diesem Interview verließ Schmitt HEUTE und wechselte wieder zur KRONEN ZEITUNG. Eine wirklich substanzielle Diskussion über seine Aussagen in dem Interview fand nicht statt.

Im Grunde lässt sich der Kern des Problems der Selbstbestimmung oder Fremdbestimmung der Inhalte in den Medien unschwer auf eines reduzieren: Die Selbstachtung der einzelnen Journalisten, Redaktionen, Medieninhaber und ihrer Geschäftsführer. Und auf ihre Fähigkeit zu erkennen, dass eine immer intensivere Fremdbestimmung den Verlust der Glaubwürdigkeit und somit langfristig der eigenen Geschäftsgrundlage bedeuten wird. Das gilt sogar für den öffentlich-rechtlichen ORF, auch wenn sich dies heute kaum jemand vorzustellen vermag.

In dieser Situation ist es beruhigend, dass gewisse Grundsätze in keinem Interview, weder auf der einen noch der anderen Seite, weder von den Beeinflussenden noch den Beeinflussbaren, in Frage gestellt werden: Medieninhalte werden nach Relevanz, Aktualität und dem vermuteten Interesse der Kunden (Leser wie Zuseher) ausgesucht. Auch PR-Agenturen und Politiker-Berater können es sich nicht leisten, diese Grundsätze zu missachten. Es gibt in der jüngeren Geschichte genügend Beispiele, wie wirkungslos reine Inszenierungen ohne inhaltliche Botschaft sein können – auch wenn sie von Medien bereitwillig transportiert werden. So wird Fremdbestimmung zum berühmten Schuss ins Knie, wobei die Verletzung beim Inszenierten immer größer ist als beim jeweiligen Medium.

Die Krux im heimischen Journalismus bezieht sich jedoch nicht nur auf das Ausmaß der an die Medien mit mehr oder weniger Nachdruck herangetragenen Inhalte, sondern vor allem auf den geringen Anteil eigenbestimmter Inhalte. Diese hätten eine andere Qualität als fremdbestimmte, denn sie entstammen originären journalistischen Leistungen im ureigensten Aufgabengebiet jedenfalls der politischen Berichterstattung, der Kontrolle des Öffentlichen. Anders formuliert: Es werden aufgrund der schwachen Tradition des Aufdeckerjournalismus in Österreich zu wenig Medieninhalte produziert, welche dann eo ipso die Agenda bestimmen.

Andreas Koller von den SALZBURGER NACHRICHTEN bringt es hier auf den Punkt: Die Politik liefere das „Stück" und die Journalisten entscheiden dann, ob es gespielt wird oder nicht. Wünschenswert wäre es, wenn die Medien im Bemühen ihrer vornehmsten Aufgabe, der Kontrolle, nachzukommen und den Lesern deren Relevanz zu erklären, mehr eigene „Stücke" liefern und so ihren Anteil am Agenda-Setting erhöhen würden. Das würde die oben erwähnte Selbstachtung der Medienmitarbeiter stärken, die einzelnen Produkte für die Konsumenten interessanter machen und die Resistenz gegen offene oder versteckte Interventionen erhöhen.

Es kann hier auch als „gesicherte Weisheit" durchgehen, dass das Interesse mancher Medieninhaber an einer solchen Entwicklung äußerst begrenzt ist. In einem der

Workshops der FHWien hatten Studenten die Aufgabe, zwei Gratiszeitungen des Wiener Raums eine Woche lang zu analysieren und den Anteil der Berichte, die mit Inseraten auf den jeweiligen Seiten übereinstimmten, zu quantifizieren. In einem der Produkte war knapp die Hälfte der Inserate bericht-gestützt, um es so zu formulieren.

Junge Journalisten für dieses Thema zu sensibilisieren – in der Hoffnung, dass sie sich später durch nichts anderes als verifizierbare Informationen „bestechen" lassen – soll auch Aufgabe dieses Bandes sein.

Die Herausgeber danken den Interviewpartnern, die viel Zeit aufgewendet haben, um den angehenden Journalisten Rede und Antwort zu stehen, den Sponsoren, die die Drucklegung dieses Buches erst ermöglichten, dem Verlag Holzhausen für die gute Zusammenarbeit und nicht zuletzt den Studierenden, die mit vollem Einsatz versucht haben, die Interviews gut vorbereitet durchzuführen, den zahlreichen Wünschen der Herausgeber nachzukommen und dennoch (fast) pünktlich geliefert haben.

v.l.n.r.: Julia Karzel, Franz Hubik, Barbara Dürnberger, Paulina Parvanov, Mathias Slezak, Michael Oberbichler

Durchschnittlich lesen 73 Prozent aller Österreicher Tageszeitungen, über 82 Prozent hören Radio, etwa 63 Prozent sehen fern und über 50 Prozent nutzen regelmäßig das Internet. Doch wer bestimmt eigentlich die Inhalte, mit denen Medienkonsumenten täglich informiert und unterhalten werden? Sind es die Politiker, die Journalisten, die Geschäftsführer der Verlage, die PR-Leute oder gar die Konsumenten selbst?

Wir, sechs junge, begeisterungsfähige Journalisten, haben in insgesamt 24 Interviews mit prägenden Persönlichkeiten der österreichischen Medienlandschaft versucht, eine Antwort auf diese Frage zu finden.

Wie Sie auf dem Foto erkennen können, haben wir bei unseren Treffen dafür gesorgt, dass der vom Aussterben bedrohte Kaffeehaus-Journalismus weiterhin eine Rolle spielt. Bei Kaffee und Kuchen war der Ärger über abgesagte Interviews, komplizierte Anfahrtswege und stundenlanges Transkribieren stets einfacher zu bewältigen. Wir präsentieren Ihnen hier nun das Endergebnis, das sich – trotz aller Mühen – gelohnt hat.

Allein mit den Geschichten und Anekdoten, die wir bei unseren Interviews „off-the-record" gehört haben, könnten wir wahrscheinlich ein weiteres Buch füllen. Eine eindeutige Antwort haben wir auf unsere Frage aber nicht erhalten. Manche Interviewpartner wollten sie uns nicht geben, einige wussten sie nicht, viele haben es jedoch versucht. Dafür möchten wir uns bedanken. Wir Journalisten sind uns nach diesem Projekt soweit einig, dass es wohl keine absolute Macht gibt, die über die Medieninhalte entscheidet. Wenn doch, dann hält sie sich äußerst geschickt im Verborgenen.

Die **Interviews**

Gabi BURGSTALLER

Matthias CREMER

Michael FLEISCHHACKER

Karin GASTINGER

Josef KALINA

Daniel KAPP

Herbert KICKL

Angelika KOFLER

Andreas KOLLER

Florian KRENKEL

Ulrike LUNACEK

Gerald MANDLBAUER

Christian NUSSER

Claus REITAN

Andreas RUDAS

Siegmar SCHLAGER

Susanne SCHNABL-WUNDERLICH

Robert STOPPACHER

Feri THIERRY

Alexander VAN DER BELLEN

Stefan WAGNER

Eva WEISSENBERGER

Anita ZIELINA

Axel ZUSCHMANN

GABI BURGSTALLER

Mag. Gabi Burgstaller wurde 1963 in Oberösterreich geboren. Nach der Matura und einem anschließenden Auslandsaufenthalt in England studierte sie Rechtswissenschaften an der Universität Salzburg. Ab 1989 war Burgstaller als Konsumentenberaterin in der Arbeiterkammer Salzburg tätig. Ihre politische Laufbahn begann sie 1994 als Abgeordnete zum Salzburger Landtag. 1999 wurde sie zur Landesrätin gewählt, 2001 zur Landesparteivorsitzenden der Salzburger SPÖ und kurze Zeit später zur ersten Landeshauptmann-Stellvertreterin. Seit 2004 ist Gabi Burgstaller Landeshauptfrau von Salzburg und unter anderem für die Aufgabenbereiche Bildung, Wissenschaft und Forschung, Frauen und Europa ressortzuständig.

„Jede Gesellschaft hat die Medien, die sie verdient"

Das Gespräch führte
Barbara Dürnberger

Wenn zwei Parteien über etwas diskutieren, muss oft einer die Gegenposition vom anderen vertreten, sonst wird er von den Medien nicht gehört.

Landeshauptfrau Mag. Gabi Burgstaller sieht sowohl in der Politik als auch in der Medienlandschaft einen Spiegel unserer Zeit. Eine Zeit, in der Kontinuität, Verlässlichkeit, Fürsorge und Respekt keine besondere Rolle mehr spielen. Sie ist der Meinung, dass Politiker einen Beitrag leisten und mitbestimmen könnten, wie Medieninhalte ankommen. Dass die Journalisten dabei oft eine Lust an Auseinandersetzungen und Parteikonflikten hätten, lasse sich nicht abstreiten. Trotzdem ist Burgstaller davon überzeugt, dass Qualität auch weiterhin Bestand haben werde.

In welchen Medien platzieren Politiker ihre Botschaften bevorzugt?

Das ist sehr unterschiedlich. Mir ist es immer wichtig, die Informationen möglichst breit zu streuen. Ich finde dieses selektive Bedienen, bei dem man vor allem die klassischen Boulevardmedien bevorzugt, für eine Demokratie nicht sehr nützlich. Ich will als Politikerin möglichst alle Medien informieren. Die Botschaften sollen ebenso in den Printmedien wie auch im Internet, im Fernsehen oder im Radio vermittelt werden. Radiosender mit einer nicht so großen Reichweite haben genauso Interesse daran, informiert zu werden, wie die großen Sender des ORF. Daher meine ich, dass ein „breites Streuen" bei Themen, die einem ein allgemeines Anliegen sind, die richtige Vorgehensweise ist.

Kommt eine wichtige Botschaft immer an, egal über welchen Kanal sie in den Medien transportiert wird?

Es gibt natürlich Medien, die eine Sonderstellung haben. Wenn man zum Beispiel am Samstag zu Gast im „Ö1-Journal" ist, hat das Gesagte eine sehr hohe Breitenwirkung. Der Inhalt eines solchen Interviews wird von vielen Medien übernommen. Ähnlich ist es bei einer Einladung zur „Pressestunde" am Sonntagvormittag in ORF2. Für einen Politiker ist das eine Chance, Themen breiter zu streuen. Insofern muss man immer bedenken: „Wo sind gewisse Leitmedien, von denen auch andere Medien etwas übernehmen?" Aber da geht es darum, dass jemand anderer aktiv wird, also zum Beispiel der ORF an einen herantritt.

Wie wichtig sind dabei Beziehungen zu Journalisten? Kann man als Politiker seine Botschaft in den Medien platzieren, wenn man die richtigen Leute kennt?

Beziehungen haben sicher eine Bedeutung. Wenn man konsequent zu allen Medien eine gewisse Distanz hält, das meine ich im Positiven wie im Negativen, dann gelingt es leichter, bestimmte Positionen auch zu kommunizieren.

Gibt es dabei einen Unterschied zwischen regionalen und überregionalen Themen?

Natürlich gibt es da einen Unterschied, ob man etwas lokal deponieren will oder österreichweit, weil auch die Ansprechpartner unterschiedlich sind. Dann gibt es Journalisten, bei denen ich davon ausgehe, dass sie mehr an Hintergrundinformationen interessiert sind. Das sind jene, die mehr Zeit haben, etwas vorzubereiten, also nicht unbedingt im Tagesjournalismus sind und eine intensivere Betreuung oder auch Informationsdichte haben wollen. Ich unterscheide da nach sachlichen Kriterien. Im Tagesjournalismus können Themen morgen schon wieder „Schnee von gestern" sein. Manche Geschichten können und müssen umfassender erzählt werden.

Meinen Sie den Magazinjournalismus, bei dem die Zeit und der Platz für ausführliche Expertengespräche eher gegeben sind?

Ja, Themen wie die Gesundheitsreform sind nicht geeignet für eine Schlagzeile. Dann gibt es Themen, die man längere Zeit gut portioniert aufbereiten kann. Manchmal ist sehr viel vertiefende Arbeit notwendig und neben politischen Konzepten wahrscheinlich auch eine gewisse Bewusstseinsbildung angebracht. Damit meine ich Medien, wie zum Beispiel das PROFIL, das intensiver berichten kann. Bei schwierigen Themen sollte es eine Mischung aus klaren politischen Vorstellungen und

„Betroffenheitsjournalismus" sein, also einem Journalismus, der zum Beispiel in Form von Reportagen zeigt, wie das Leben sein kann, und sowohl auf schöne Dinge als auch auf unschöne Dinge hinweist.

Können Politiker die Berichterstattung in den Medien beeinflussen?

Ja, Politiker können einen Beitrag leisten und mitbestimmen, wie die Inhalte schluss-endlich ankommen. In manchen Medien oder auch bei bestimmten Themenkonstel-lationen ist es einfacher, wenn man bereits vorher sagen kann, dass es zu diesem Thema eine andere Meinung gibt. Die schwierigsten Botschaften sind hingegen jene, bei denen man einen positiven Inhalt kommunizieren möchte; beispielsweise ein Politikfeld, das nicht umstritten ist, oder Themen, bei denen die unmittelbaren Ergebnisse nicht sofort sichtbar sind. Im Rahmen unserer parlamentarischen Demo-kratie sind oft viele erstaunt, dass man ein Thema inhaltlich diskutieren will, ohne dass es einen politischen Gegner gibt. Ein klassisches Beispiel ist für mich aus den letzten Jahren die Einführung der Lehre mit Matura. Da gibt es quasi keine Gegner. Da ist jeder dafür, also war es vorher kein intensives parteipolitisches Thema. Das Hauptproblem ist, dass das mit „good news" aber nicht wirklich funktioniert.

Wie gehen Sie damit um, wenn Aussagen von Ihnen, die konträr zur SPÖ-Linie sind, von den Medien viel mehr Beachtung bekommen, als Themen die Ihnen wahrscheinlich mehr am Herzen liegen?

Ich gebe zu, dass ich oft sehr verwundert bin, wenn in den Medien so sehr der Widerspruch gesucht wird und deswegen manchmal sogar ein Teil der Positionie-rung unter den Tisch fällt. Bestes Beispiel ist für mich das Thema Studiengebühren. Es gibt kein einziges Interview mit mir, in dem ich nicht darauf verwiesen habe, dass Studiengebühren nur dann ein Thema sein können, wenn vorher das Stipendien-wesen, also die Studienbeihilfe wesentlich verbessert wird. Für mich gibt es das eine ohne das andere nicht. Trotzdem gab es genug Artikel, die lediglich den Inhalt: „Burgstaller für Studiengebühren" vermittelten. Fast nirgends ist gestanden, dass dies für mich nur unter der Voraussetzung gilt, dass endlich die soziale Basis für ein Studium, nämlich die Studienbeihilfe, wesentlich verändert wird. Da merke ich schon, dass die Journalisten oft eine eigene Lust an einer Auseinandersetzung und an Parteikonflikten haben.

Wird die innenpolitische Berichterstattung in Österreich zunehmend negativer?

Die Berichterstattung wird immer schneller. Dadurch hat man kaum noch Zeit nachzudenken. Das hängt aber weniger mit den klassischen Medien zusammen, als mit all den Postings im Internet, mit Twitter und mit Facebook. Da wird mittler-weile alles auf die Sekunde kommentiert und kritisiert. Unter diesem Druck stehen fast alle, nicht nur Politiker. Das ist bedauerlich, weil es einem oft die Chance nimmt, gründlich über etwas nachzudenken, vorzubereiten und dann auch real zu verbessern.

Aktuell war das wahrscheinlich am Beispiel des Finanzskandals sehr deutlich zu spüren. (Anm.: Im Dezember 2012 wurde bekannt, dass spekulative Finanzveranlagungen des Bundeslandes Salzburg einen Schaden in Höhe von 340 Millionen Euro verursacht haben könnten.)

Natürlich. Aber solche Beispiele finden sich auch bei kleinen Themenbereichen. Es gab Sternstunden in der Diskussion um die Zukunft des Bundesheeres. Nur diese Sternstunden waren sehr häufig nach 22 Uhr im Fernsehen zu erleben. Da hat wirklich eine gründliche Diskussion stattgefunden. Sonst ist jedoch vieles an der Oberfläche geblieben. Wobei das oft auch ein Abbild der oberflächlichen Politik ist: Der eine ist dafür und der andere ist dagegen. Wenn zwei Parteien über etwas diskutieren, dann ist es fast schon zwangsläufig so, dass einer die Gegenposition vom anderen vertreten muss, sonst wird er nicht gehört. Mein Zugang zur Politik ist ein anderer. Ich sehe das eher als eine Fehlentwicklung, überall nur Gegensatzpaare entdecken zu wollen, sowohl in der konkreten Politik als auch im medialen Niederschlag.

Können für die negative Darstellung oder die angesprochene „Dafür-und-Dagegen-Darstellung" zum großen Teil die Medien verantwortlich gemacht werden?

Es ist eine gegenseitige Spiegelung. So wie in der Politik eine gewisse Oberflächlichkeit im Vordergrund steht und teilweise bei manchen Parteien die Positionierungen von heute schon morgen der Geschichte angehören, ist es bei den Medien nicht unähnlich. Sie sind beide Spiegel unserer Zeit. Eine Zeit, in der Kontinuität, Verlässlichkeit, Fürsorge und Respekt keine wesentlichen Kategorien sind. Ich bin selbst sehr verwundert darüber, wie die Medien teilweise mit Repräsentanten der Demokratie umgehen. Darüber spreche ich auch manchmal mit Medienvertretern. Selbst wenn der Umgang vielleicht kabarettistisch gemeint ist, ist er manchmal trotzdem unterste Schublade. Das kommt aber im Parlament genauso vor. Darum meine ich, dass nicht nur jede Gesellschaft die Politiker hat, die sie verdient, sondern im übertragenen Sinn auch jede Gesellschaft die Medien hat, die sie verdient. Letztendlich ist es eine gewisse Dekadenz, die sich hier zeigt, weil unsere Gesellschaft viel zu lange keine wirklichen Wertediskussionen geführt hat.

Um zurückzukommen auf den Finanzskandal: Wie konnte es passieren, dass dieses Thema von den Medien bereits so stark aufgegriffen und ein Schuldiger gesucht wurde, obwohl innerhalb der Landesregierung noch gar nicht alles geklärt war?

Da spielt sicher ein Hang zum Skandalisieren mit. Die Ruhe, etwas aufzuarbeiten, hat man sehr selten. Wenn es aber aufgearbeitet ist, dann ist es auch genauso schnell wieder vergessen. In dieser konkreten Causa gehe ich davon aus, dass es noch einige Monate dauern wird, bis alles abgewickelt ist. Außerdem geschah in diesem Fall etwas für mich sehr Unerwartetes: Niemand konnte eine seriöse Beurteilung in dieser Causa vornehmen, alles war sehr undurchschaubar und die Regierung in Salzburg hielt trotzdem nicht zusammen. Der Regierungspartner hat die erste Gelegenheit beim Schopf gepackt und Neuwahlen gefordert. So hat alles einen anderen Lauf bekommen. Wir brauchen jetzt die Zeit, um die Akten aufzuarbeiten und zu erkennen, ob es tatsächlich einen Schaden gibt oder ob das nur ein behaupteter Buchverlust ist. Hätten wir diese Zeit bekommen, wäre in zwei Wochen alles geklärt gewesen. Aber dadurch, dass sofort „Haltet den Dieb" geschrieen wurde, ohne überhaupt zu wissen, was passiert ist, hat das einen anderen „Drive" in den Medien bekommen.

In diesem Fall handelt es sich um eine Kombination aus der Reaktion des Regierungspartners und der Reaktion der Medien?

Genau. Dass alles derart aus dem Ruder gelaufen ist, kann man sicher dieser Kombination zuschreiben.

Wie steuert man als Politiker einer solchen Berichterstattung entgegen?

Bei sehr komplexen Themen braucht es auch Hintergrundgespräche. Da reichen übliche Vorgehensweisen mit Presseaussendungen oder Pressegesprächen nicht aus. Für diese Hintergrundarbeit gibt es professionelle Mitarbeiter und Pressesprecher, die sich darum kümmern, dass diese Detailinformationen auch bei den richtigen Journalisten ankommen; an interessierte Journalisten, das ist hier entscheidend.

Hätte man bei der Volksbefragung über die Wehrpflicht von Seiten der SPÖ irgendetwas anders machen können in Zusammenarbeit mit den Medien? *(Anm.: Im Jänner 2013 wurden die Bürger über die Beibehaltung der Wehrpflicht oder die Einführung eines Berufsheeres befragt – das Ergebnis war deutlich für die Beibehaltung der allgemeinen Wehrpflicht.)*

Wahrscheinlich hätte man früh ansetzen und darüber nachdenken sollen, ob man eine solche Befragung nicht vorher innerhalb der Partei im Detail diskutiert. Aber insgesamt sehe ich es vor allem als eine Aufgabe der Politik, dass wir direkte Demokratie weiterentwickeln. Diese ist in Österreich nicht besonders ausgeprägt. Bei dieser Volksbefragung war eines besonders auffällig: Die Zentralstellen der SPÖ und der ÖVP waren überzeugt, dass SPÖ-Wähler für das Berufsheer und ÖVP-Wähler für die Wehrpflicht zu stimmen haben.

Waren die Medien daran beteiligt, dass diese Volksbefragung stark parteipolitisch kommuniziert wurde?

Ja, auch. Aber ich muss sagen, dass die Salzburger Landesregierung selten so viel Lob innerhalb kurzer Zeit von den Medien bekommen hat, weil wir die Bürger außerordentlich gut auf die Abstimmung vorbereitet haben. Aber überschattet war es dennoch von diesem Duell der Regierungsparteien auf Bundesebene.

Gibt es eine Übersättigung an innenpolitischen Themen in den Medien?

Nein. Transparenz ist wichtig und auch, dass Informationen von Politikern an Journalisten weitergegeben werden. Es wäre nur wohltuend, wenn diejenigen, die sich mehr für politische Themen interessieren, auch mehr substantielle Informationen bekommen.

Sind für Sie als Politikerin die „neuen Medien" und das „Web 2.0" Fluch oder Segen?

Grundsätzlich finde ich das eine gute Sache, weil sich damit sehr schnell Neuigkeiten verbreiten lassen. Allerdings gibt es auch eine Schattenseite. Schlimm ist es, wenn man als politischer Mensch nicht mehr trennt zwischen den Botschaften, die man kommunizieren möchte, und seinem Privatleben. Ich bin manchmal verwundert, dass das einigen zum Beispiel auf Facebook nicht gelingt und sie keine Distanz halten. Für private Angelegenheiten hat man seine echten Freunde und nicht Facebook-Freunde.

Wie werden sich die Medien entwickeln?

Ich fürchte, dass es nicht mehr Tiefe geben wird in den Medien, sondern noch mehr Tempo. Ich glaube auch, dass sich die Gesellschaft nicht unbedingt sehr reflektiert entwickeln wird und dass das Innehalten und das Nachdenken immer weniger werden. Für mich ist immer das Buch ein gutes Beispiel, das zwar schon vor so langer Zeit erfunden wurde, aber immer noch existiert. Alle, die geglaubt haben, dass das E-Book das herkömmliche Buch ablösen wird, haben sich getäuscht. So wird es auch bei den Medien sein.

Die Tageszeitung „zum Angreifen" wird überleben?

Sie wird überleben. Zumindest hoffe ich das sehr. Beim Fernsehen wird das Angebot hingegen irgendwann einmal unüberschaubar. Die Vielfalt wird sehr groß, die Überschaubarkeit noch geringer sein. Trotzdem wird es auch ein „Konservieren" von Qualität in den Medien und im Journalismus geben.

Die Qualität wird demnach nicht aussterben?

Nein. „Kollers" *(Anm.: gemeint ist hier Andreas Koller, stellvertretender Chefredakteur der SALZBURGER NACHRICHTEN)* wird es auch in Zukunft geben.

■

Matthias Cremer

Matthias Cremer, geboren 1956 in Wien, begann im Alter von 16 Jahren mit der Fotografie. 1983 war er Gaststudent an der Hochschule für angewandte Kunst. Als freier Fotograf arbeitete Cremer ab 1984 unter anderem für den FALTER, das PROFIL und den WIENER. Bekannt wurde er mit Bildern von Kurt Waldheim für das TIME MAGAZINE. Seit der Gründung des STANDARD 1988 fotografiert Cremer für die Printausgabe und leitete von 1994 bis 2003 die Fotoredaktion. Seit 2005 veröffentlicht Cremer seine Bilder auch über „Cremers Photoblog" auf STANDARD.AT.

„Pressefotografen sollen ihre eigene Geschichte erzählen"

Das Gespräch führte
Michael Oberbichler

Ein Bild muss zum Text passen und fehlende Einzelheiten betonen.

„Bilder sind ein niederschwelliges Mittel, um Menschen etwas nahezubringen", sagt STANDARD-Fotograf Matthias Cremer. Inszenierungen der Pressesprecher fehle Authentizität und seien langweilig, stellt Cremer klar und betont: „Solche Setups wollen die Leser nicht." Es gehe nicht um böse oder gute Geschichten oder um gut oder schlecht abgebildete Personen, sondern darum, dass ein Bild den Text nicht konterkariere. Ein Bild müsse, so Cremer, neue Aspekte eines Themas aufgreifen, die im Text nicht vorkämen. Interventionen und die versuchte Einflussnahme auf die Entstehung von Bildern seien keine Seltenheit.

Was sind Kriterien eines guten Pressefotos? Ein gutes Foto ist, wenn …

Wenn der Leser das Foto in der Zeitung länger als drei Sekunden betrachtet. Inhaltlich soll es eine oder mehrere Geschichten erzählen. Hat es eine gute Aussage, braucht es nur eine Geschichte. Oft erzählt ein Bild noch eine zweite oder dritte Geschichte. Es gibt keine objektiven Kriterien. Die einzige Regel lautet: Es gibt keine Regel. Das ist eine Sache des Gefühls. Jeder weiß sofort, wenn er ein gutes Bild gemacht hat.

Wählen Sie Ihre Bilder für die Zeitung selbst aus oder entscheidet der schreibende Journalist?

Ich treffe die erste Auswahl. Das passiert schon beim Fotografieren. Eine weitere Auswahl treffe ich, wenn ich weiß, welcher Redakteur die Bilder verwenden will. Es gibt Journalisten, die lassen mich Bilder auswählen, andere suchen sich ihre Bilder selbst aus. Ist es ein guter Journalist, kann ich ihm alle Bilder überlassen. Ich schaue mir am Ende alle Seiten durch und überprüfe die Bildunterschriften auf die inhaltliche Richtigkeit. Wenn mir ein Fehler auffällt, sage ich, das sollte man ändern.

Haben Redakteure Ihre Fotos abgelehnt?

Das kommt vor, aber selten. Ein besseres Bild mit derselben Thematik kann über eine Agentur kommen. Aus inhaltlichen Gründen wurden meine Fotos noch nie abgelehnt.

Achten Sie bei Ihren Bildern auf besonders gut oder schlecht getroffene Personen?

Ein Bild muss eine Geschichte gut erzählen. Es geht nicht darum, ob jemand auf dem Bild schön oder nicht schön ist. Wenn ich ein Foto von Finanzministerin Maria Fekter in der Zeitung drucke, das keine Geschichte erzählt, auf dem sie furchtbar ausschaut und das nicht zur Geschichte passt, dann fragt mich jeder, warum ich dieses Bild ausgewählt habe. Bei Maria Fekter macht man wenn sie spricht 200 Fotos und kann 150 dieser Bilder wegschmeißen, weil jedes einzelne ein Meuchelbild wäre. Sie ist aufgrund ihrer Gesichtsmuskulatur schwierig zu fotografieren.

Werden einzelne Unternehmen oder Parteien bevorzugt behandelt?

Beim Standard versuchen wir Objektivität zu wahren. Zu erkennen, dass niemand objektiv ist, ist die erste Voraussetzung. Man muss über die eigenen Grenzen Bescheid wissen. Unsere Marke ist Glaubwürdigkeit und diese darf eine Qualitätszeitung auf keinen Fall aufs Spiel setzen.

Wie ist das bei anderen Zeitungen?

Ob die Kollegen ihre Bildauswahl mit Methode zugunsten von jemandem machen, kann ich nicht sagen, ebensowenig in welchem Umfang sie Photoshop einsetzen. Das machen alle Fotografen unterschiedlich. Man ist schnell weg vom Fenster, wenn Medien erkennen, dass man etwas zusammenbastelt. Die Bearbeitung passiert zum Großteil in den Bildredaktionen. Dort wird entschieden, ob Fotos beschnitten oder verändert werden. Fotografen basteln nicht an ihren Bildern.

Oft hat man es in Zeitungen mit Bildmanipulationen oder Inszenierungen auf Bildern zu tun. Der italienische Fotograf Ruben Salvadori hat im Sommer 2012 aufgedeckt, dass Fotos aus Kriegs- und Krisengebieten inszeniert werden.

Dieser Fotograf hat im Grunde nichts anderes gemacht, als ich im Blog in kleinem Rahmen mache. Er hat Inszenierungen dechiffriert. Es wäre gut, wenn seine Bilder in die Berichterstattung Einzug finden. Man sieht sofort: Der Fotograf steht nicht immer daneben und es sind oft inszenierte Setups. Manchmal hat man gar keine andere Möglichkeit, als diese inszenierten Bilder zu verwenden. Beim Standard schreiben wir, wenn es offensichtlich ist, als Anmerkung dazu, unter welchen Umständen die Bilder entstanden sind und woher wir sie beziehen. Wir versuchen, authentische Bilder auszuwählen. Sportfotografen hatten oft schöne Bilder von Fußballspielern und haben einen Ball dazu geklebt, wenn dieser auf dem Bild fehlte. Im Sport passiert das schon lange. Das gehört sich nicht und soll vermieden werden.

Wer bestimmt die Bilder und ihre Inhalte in der Zeitung?

In der Redaktionssitzung am Morgen werden Themen, aber keine Bildinhalte festgelegt. Wenn Ernst Strasser *(Anm.: der ehem. Innenminister und ehem. EU-Abgeordnete)* vor Gericht ist, wird Strasser wahrscheinlich schon auf dem Foto sein. Bei Redaktionsschluss haben die Produktionsverantwortlichen für die jeweilige Seite das letzte Wort. Das sind schreibende Journalisten. Für Seite eins ist die Chefredaktion zuständig. Ob Inhalt oder Ästhetik ausschlaggebend sind, kann ich nicht sagen. Alle lassen sich beraten. Von allen eingegangenen Vorschlägen wird einer ausgesucht.

Wurde bei Ihnen jemals interveniert?

Seitens der Politik wurde bei meinen Fotos schon manchmal gesagt, dass diese nicht veröffentlicht werden dürfen. Einmal – ich sage nicht, von welcher Partei oder welchem Politiker – ist bei mir, beim Chefredakteur und beim Innenpolitik-Chefredakteur interveniert worden. Das Foto wurde dennoch veröffentlicht.

Werden Sie von Pressesprechern beeinflusst?

Das ist deren Aufgabe. Sie wollen uns einen Spin mitgeben und schaffen Setups, damit das Bild in die Zeitung kommt, das sie wollen. Das funktioniert nicht. Jeder Fotograf spürt das und macht dieses Foto nicht, sondern macht das Gegenteil. Diese Vorschläge sind langweilig und passen nicht zur Geschichte. Solche Setups wollen auch die Leser nicht. Viele Pressesprecher haben keine redaktionelle Schulung und wissen nicht, was auf einem Foto sein muss.

Versorgen Pressesprecher Redaktionen mit Pressefotos der Partei oder des Unternehmens?

Wir bekommen genug Bilder. Diese nimmst du entgegen, bedankst dich und schmeißt sie weg.

Werden alle Fotografen gleich behandelt?

Von Ministerien engagierte Fotografen haben eigene Rechte und dürfen in Räume, in die andere Fotografen nicht dürfen. Diese Fotos werden der Presse jedoch zur Verfügung gestellt. Wenn zu wenig Platz ist und nur zum Beispiel zwei Fotografen dabei sein können, stellen die ihre Bilder allen Redaktionen zur Verfügung. Das sind oft Agenturfotografen.

Sind Sie von Securities abgehalten worden, Fotos zu machen?

Ja. Die ÖVP hat das eine Zeit lang gemacht. Sie haben Securities engagiert, die schlecht instruiert waren und uns etwa bei der „Rede zur Nation" vom damaligen Vizekanzler Wilhelm Molterer im Mai 2008 weggeschickt haben. Wir sind gegangen, und es hat keine Fotos gegeben. Für die ÖVP war das peinlich. Wilhelm Molterers Pressesprecher hat sich danach entschuldigt. Den Versuch, uns Fotografen in irgendeiner Weise von der Arbeit abzuhalten, gibt es immer. Beim wöchentlichen Ministerrat gibt es etwa die Instruktion, Fotografen dürften nicht am Boden liegend aufblickend Politiker fotografieren. Diese Art der versuchten Einflussnahme kommt jede Woche vor. Wenn wenig Platz ist und Fernsehkameras filmen, geht es aber nicht anders.

Nach welchen Kategorien treffen Sie Ihre Auswahl?

Ob die Bilder gut sind. Sie müssen in einem Kriterium gut sein: witzig, informativ oder gut für das Archiv.

Was ist bei der Beziehung zwischen Bild und Text wichtig?

Das Bild darf den Text nicht konterkarieren oder keine andere Aussage hinein transferieren. Bei Bildunterschriften finde ich es langweilig, wenn das Bild beschrieben wird. Eine Bildunterschrift ist eine ergänzende Sache, sie ist ein kleiner Text. Die kleinen Texte sind eine schwierige Sache, eine Kunst. Ich kann es nicht wirklich gut und weiß nur, wie man es nicht macht. Hin und wieder muss ich bei Journalisten anrufen und sagen: Die Bildunterschrift passt gar nicht.

Versuchen Sie als Fotograf Inhalte zu vermitteln?

Ja. Der Versuch Inhalte zu vermitteln bedeutet aber nicht, dass ich intervenieren und meine Sicht der Welt darstellen will. Ich versuche zu beobachten und dementsprechend wiederzugeben. Es ist eine subjektive Sicht. Pressefotografen sollen ihre eigene Geschichte erzählen. Ich versuche nicht, böse oder gute Geschichten zu erzählen oder ein Setup zu machen und jemandem zu erklären, wie er sich verhalten soll. Die Stimmung und die Geschichte müssen authentisch sein. Oft betonen Bilder Kleinigkeiten des Inhalts, die im Text nicht so wichtig sind. Sie geben dem Text eine andere Sichtweise. Der schreibende Journalist ist eine andere Person mit einer unterschiedlichen Wahrnehmung.

Wurde eines Ihrer Fotos zu einem innenpolitischen Thema?

Ja, nach einer Intervention. Ich habe Anfang der 1990er Jahre im Parlament bei einer Rede von Jörg Haider zu einem Sozialthema die Abgeordneten der FPÖ fotografiert. Die freiheitlichen Abgeordneten waren gelangweilt oder sind nicht auf ihren Plätzen gesessen. Am nächsten Tag kamen koordinierte Beschwerdefaxe von allen abgebildeten Politikern. Diese haben argumentiert, dass das Foto nicht während der Rede Haiders aufgenommen wurde, sondern als ein Abgeordneter der Grünen geredet habe. Ich konnte mit dem Negativstreifen beweisen, dass die Aufnahme während der Rede Haiders gemacht wurde. In der folgenden Wochenendausgabe haben wir auf einer ganzen Seite einen Abdruck aller Faxe gebracht, dazu einen witzigen Kommentar von Günter Traxler und die Negativstreifen der Fotos.

Sie haben im Juni 2011 eine Ikone geschaffen: Bundeskanzler Faymann bei der Minister-rats-Pressekonferenz und hinter seinem Kopf die Federn des Bundesadlers.

Es war nicht geplant. Das Faszinierende ist, dass es zunächst banal ausschaut, bei genauem Hinsehen aber aussagekräftig ist. Die Aufnahme habe ich von einem Platz gemacht, von dem ich normalerweise nie fotografieren würde. Ich habe in die Kamera geschaut, das Bild gesehen und mir gedacht: „Hoppla, das ist witzig." Ich habe technisch etwas nachgeholfen, sodass der Adler und sein Kopf scharf sind. Möglicherweise ist dieses Bild, was von Faymann übrigbleibt.

Versuchen Sie mit Ihren Bildern kritisch zu sein?

Ja. Ich kann mehr kommentieren als ein Artikel. Bei DERSTANDARD.AT läuft mein Bild-Blog unter der Rubrik Meinung. Ein Foto per se ist immer subjektiv. Das ist ein Punkt, bei dem man Meinung und Berichterstattung nicht trennen kann.

Viele Fotos kommen ins Archiv. Ihre Bilder können bei einer falschen Geschichte landen.

Es kommt vor, dass Kollegen in ihrer Geschichte etwas hineininterpretieren, was nicht da ist oder nicht so gemeint war. Ein vorsätzlich falscher Zusammenhang ist bis jetzt nicht hergestellt worden. Das ist auch der Vorteil eines Qualitätsmediums für die Arbeit eines Fotografen.

Sie haben beim STANDARD die Bildsprache mitentwickelt.

Wir haben uns bemüht, dass wir eine Geschichte mehr erzählen als andere. Als der STANDARD 1988 gegründet wurde, haben wir uns am Anfang von den anderen Zeitungen unterschieden. Deren Fotografen haben versucht, für die Fotos möglichst nahe an die Politiker zu kommen. Es war nicht schwierig herauszustechen, weil wir bewusst vorgegebene Situationen konterkariert haben. Als etwa im Dezember 1990 eine Regierungsangelobung war, wollten wir nicht das Bild, auf dem alle dasitzen, sondern als alle Regierungsmitglieder aufgestanden sind und in alle Richtungen kreuz und quer auseinander gegangen sind. Günter Traxler hat als Titel geschrieben: „Wo geht's hier zum Waldheim?" Danach sind sie zur Angelobung zu Bundespräsi-dent Kurt Waldheim gegangen *(Anm.: Die Angelobung der Regierung von Bundes-kanzler Franz Vranitzky [SPÖ] und Vizekanzler Josef Riegler [ÖVP] am 17. Dezem-ber 1990).*

Die Tageszeitung HEUTE hat den Leserreporter eingeführt. Menschen können Fotos von Unfällen und Unglücken an die Redaktion schicken und erhalten Geld.

Das ist eine Möglichkeit, um billig Seiten zu füllen. Das ist nicht spannend. Die Bilder schauen alle gleich aus. Wir nehmen diese Bilder beim STANDARD nur selten.

Welche Macht zur Meinungsbildung gestehen Sie Bildern zu?

Fotos können viel beeinflussen. Wenn man mit Leuten redet oder sich ihr Lese-verhalten anschaut, kann man erkennen, dass sie oft über Bilder reden und dass sie Geschichten oft mit Bildern verbinden.

Die Politikverdrossenheit nimmt zu. Können Sie Leute über Bilder eher ansprechen?

Ich weiß nicht, ob sich die Leute meine Fotos aus politischem Interesse anschauen oder sich dafür interessieren, weil sie meine Fotos anschauen. Bilder sind ein niederschwelliges Instrument, um Menschen etwas nahezubringen. Sie interessieren sich eher für Politik oder auch für andere Themen, wenn sie Bilder anschauen und irgendwas sehen. Ich freue mich, wenn das so ist, und kann es mir auch vorstellen. Ansonsten kann man die Leute noch über die kleinen Texte reinziehen: Titel, Untertitel, Zwischentitel. Das ist die Aufgabe des Journalismus.

■

Michael Fleischhacker

Michael Fleischhacker, geboren 1969, studierte Theologie, Germanistik und klassische Philologie. Seine journalistische Laufbahn begann er 1990 bei der KLEINEN ZEITUNG als Mitarbeiter im Ressort Außenpolitik. In weiterer Folge wurde er vom Redakteur zum stellvertretenden Chefredakteur und Verlagsleiter, bevor er 2000 zum STANDARD wechselte. Dort arbeitete er zwei Jahre als Chef vom Dienst. 2002 wechselte er zur Tageszeitung DIE PRESSE, wo er von 2005 bis 2012 Chefredakteur war. Er ist Autor mehrerer Bücher, u.a. „Politikerbeschimpfung: Das Ende der 2. Republik". Heute ist er als Kolumnist für diverse österreichische Zeitungen tätig, unter anderem für DIE PRESSE und KURIER.

„Die Agenda setzt der Mythos"

Das Gespräch führte
Paulina Parvanov

Medien wiederholen Inhalte immer wieder.

Michael Fleischhacker, Kolumnist und ehemaliger Chefredakteur der Tageszeitung DIE PRESSE, sieht die Antizipation von Publikumsinteresse als eine der vielen journalistischen Aufgaben. Ein Medium, das seine Herstellungskosten nicht durch Reichweite decken kann, habe keine Existenzberechtigung. Mit Interventionen habe er als Chefredakteur nur sehr selten zu tun gehabt, mit Medienkooperationen öfter: „Es wäre richtiger, wenn es diese Dinge nicht gibt." Die Lösung aller ethischen Diskussion über den Inhalt, sei die Frage: „Was ist für meine Zielgruppe relevant und interessant?" Danach müsse man auch die Themen auswählen, denn die Relevanz einer Nachricht spiele zum Glück eine immer größere Rolle bei der Selektion der Themen, meint Fleischhacker.

Ein deutsches Onlinemagazin betitelte Sie 2011 als „Meinungsmacher der Nation". Bestimmen Chefredakteure die Inhalte einer Zeitung?

Ja. Nicht exklusiv, aber wir werden dafür bezahlt, die Blattlinie zu bestimmen oder, wenn sie durch Redaktionsstatut oder Eigentümer bestimmt wird, sie zu hüten. Insofern haben Chefredakteure in der Akzentuierung der Meinung eines Mediums eine herausgehobene Rolle.

Hat der einzelne Redakteur als Teil einer größeren Organisationsstruktur die Möglichkeiten mitzubestimmen, was der Inhalt eines Mediums wird?

Ein Redakteur hat prinzipiell Mitbestimmungsmöglichkeiten. Inwieweit er dies kann, hängt von der Organisationsform und von der Führungs- und Kooperationskultur des Mediums ab. Onlinemedien neigen stärker zu egalitäreren Strukturen als die althergebrachten Printstrukturen. Insofern gibt es dort für den Einzelnen mehr Möglichkeiten mitzubestimmen. Die Onlinemedien, die wir kennen, jene aus Verlagshäusern, sind allerdings noch immer stärker vom Nachrichtenimpuls geprägt als vom Meinungsimpuls. Print ist Meinung, Online ist Nachricht. Das scheint sich gerade zu ändern. In Print wird vor allem Analyse und Einordnungswissen wichtiger werden.

In welchem Verhältnis stehen Agenturmeldungen gegenüber jenen, die in der Redaktion entstehen?

Es gibt verschiedene Gründe, die dazu geführt haben, dass sich das Verhältnis in den letzten Jahren deutlich zu Gunsten der Agenturen verschoben hat. Einer der wesentlichen Gründe ist die Ressourcenknappheit. Je weniger Ressourcen eine Redaktion zur Verfügung hat, umso mehr greift man bei Texten und Bildern auf Agenturmaterial zurück.

Im „Arabischen Frühling" (Anm.: Aufstände im arabischen Raum, beginnend 2010) hat Twitter eine große Rolle gespielt. Im Sommer 2012 gab es vermehrt Berichterstattung zu einer Karikatur, die FPÖ-Klubobmann HC Strache auf seine Facebook-Seite gestellt hatte. Kommen Inhalte heute verstärkt aus dem Social Media-Segment?

Als Inhaltsquelle ja, aber im Grunde nur wie der gute alte Leserbrief. Es gab eine Zeit lang die Idee, dass Dinge, die über Social Media kommen, eins zu eins als Nachrichteninhalte verwertet werden können. Die qualitätvolleren Medien haben rasch gemerkt, dass dieser Input über Social Media maximal ein Rechercheanstoß sein kann, aber nicht zum Übernehmen gedacht ist. Im „Arabischen Frühling" hat man das noch getan, auch in Qualitätsmedien. Das führte zu einer völlig verzerrten Berichterstattung über den „Arabischen Frühling", über eine Euphorie, die von Twitter-Meldungen stammt. Man hat relativ lange gebraucht, um zu merken, dass das vielleicht doch ein Militärputsch ist und gar nicht die große demokratische Revolution. Social Media ist der 24-Stunden-Leserbrief. Durch deren Menge an Information ist die Versuchung groß, immer mehr davon auch als Berichterstattung zu verwenden. Mittelfristig würde das jedoch die Glaubwürdigkeit der Medien stark gefährden.

Österreich hat eine sehr kleine Medienlandschaft. Wie beeinflussen die beruflichen Beziehungen die Auswahl der Inhalte?

Ich bin sehr vorsichtig mit Generalisierungen. Österreich ist ein sehr kleines Land und jeder kennt jeden. Das Risiko, dass damit Bias entstehen oder gar eine Beiß-hemmung, ist groß. Ich kenne viele Journalisten, welche die kleine Medienlandschaft nicht daran hindert, ihren journalistischen Pflichten lupenrein nachzugehen. Ich kenne auch Journalisten, die das nicht können. Das ist nicht nur in Wien, sondern auch in den Landeshauptstädten so. Deutsche Kollegen sagen mir oft, dass es in Deutschland nicht anders ist.

Wer setzt die Agenda im Dreieck Politik – Medien – Rezipienten?

Die Agenda setzt der Mythos. Und die stumpfe Repetition. Es kommt einfach alles wieder.

Was verstehen Sie unter Mythos?

Der Mythos ist die Annahme, dass das, was zwischen Medien und Politik passiert, Wirklichkeit ist. Das wird repetiert. Ob das Ministerratssitzungen sind oder Partei-präsidien. Alles, was an organisierter Politik stattfindet, an sogenannter Politik-Politik, wird für gesellschaftsrelevante Wirklichkeit gehalten. Medien und Politik reproduzieren das wechselseitig.

Anstöße aus der Bevölkerung kommen sehr wenig. Außer die Medien haben den Eindruck, dass es ein besonderes Sensationsbedürfnis gibt, das befriedigt werden müsste. Oder sie antizipieren ein Empörungsbedürfnis. Das verkaufen sie dann als Anstoß der Bevölkerung, obwohl es eigentlich ihre eigene Projektion ist. Demnach geben die Medien die Themen vor, aber weniger aus eigenem, strategischem Kalkül, sondern durch die relativ stumpfsinnige Repetition des immer schon Dagewesenen.

Woran liegt es, dass diese Politik-Politik-Berichterstattung überhandgenommen hat?

Der Hauptgrund ist Bequemlichkeit. In der Materie sind die Journalisten ja nicht. Nehmen wir zum Beispiel eine komplexe Frage wie Gesundheitspolitik. Die Redakteure beschäftigen sich mit den Akteuren, dem Hauptverband, dem Sozialminister, dem Ärztekammerpräsident und den 19 Versicherungsanstalten. Dass man alle kennt und weiß, wer mit wem in welcher Beziehung steht, wird als Fachwissen verkauft. Die Sache selbst, nämlich wie das österreichische Gesundheitssystem organisiert sein kann, dass es für die Patienten am besten ist und mit effizientestem Mitteleinsatz geschehen kann, ist überhaupt kein Thema. Das ist der klassische Fall. Das Thema selbst ist unendlich kompliziert und würde sehr viel Wissen erfordern. Das spart man sich, indem man Expertise simuliert durch die Wiedergabe des „Inner Circle-Talks".

Nach Lehrbuch sind die Faktoren Nähe, Nutzen und Neuigkeit für eine Nachricht wichtig, um sie in die Medien zu bringen. Welche Attribute fehlen?

Ein Faktor, der sich versteckt in den drei anderen und zumindest in der theoretischen Diskussion um die Medien eine immer größere Rolle spielt, ist die Relevanz. Diese versteckt sich auch im Nutzen. Ist eine Nachricht relevant im Sinn von Nützlichkeit. Es geht aber auch um die Relevanz einer Nachricht im Sinne von „Betrifft es mich?", oder „Ist es für mich ein Anstoß über etwas nachzudenken, was mich betreffen sollte?". Relevanz bedeutet, was wird unser Leben, heute und morgen verändern.

Wird das in Österreich ausreichend praktiziert?

Es gibt Medien, die das ganz gut machen. Hier möchte ich aber keine österreichischen Beispiele nennen. DIE ZEIT ist eines der wenigen erfolgreichen Printprodukte im deutschsprachigen Raum. Das hat einerseits damit zu tun, dass es Wochenmedien leichter haben als Tagesmedien. Andererseits hat DIE ZEIT ein relativ gutes Relevanzraster. Sie haben einen guten Instinkt, was wichtige Themen sind, die über jenes Politik-Politik-Phänomen hinaus, Relevanz haben.

In Österreich gibt es immer wieder die Versuche. PROFIL zum Beispiel hat das aufgegeben. Mit der PRESSE AM SONNTAG und den Wochenendausgaben haben wir versucht, Themenstrecken zu machen, die, über das Gequake der Politiker hinaus, etwas bedeuten. Wie erfolgreich das war, müssen andere beurteilen, aber es gibt zumindest das Bewusstsein dafür.

Woran orientiert sich eine Redaktion bei der Selektion der Themen?

Handwerkliche und ökonomische Kriterien müssen in den Vordergrund. In der journalistischen Ethikdebatte kommen immer wieder demokratische Prinzipien vor. Die meisten ethischen Fragen können wir aber mit handwerklichen Antworten lösen. Wir brauchen keine großen Moraldebatten. Als Journalist muss man sich die Frage stellen: „Was ist für meine Zielgruppe relevant und interessant?" Danach muss ich die Themen auswählen. Nicht nach übergeordneten Fragen, ob ein Thema gut oder böse ist oder ob es meiner Weltanschauung entspricht. Medien sind Dienstleistungsunternehmen und die Aufgabe von diesen ist, wenn sie profitabel bleiben wollen, die Erwartungen ihres Publikums möglichst gut zu erfüllen.

Im Interview mit Armin Thurnher im FALTER vom August 2012 sagten Sie „Ich bin fest davon überzeugt, Unabhängigkeit entsteht nur durch wirtschaftlichen Erfolg." Besteht dadurch nicht die Gefahr, sich in eine inhaltliche Abhängigkeit zu begeben?

Ja, es besteht eine Gefahr. Die Illusion, dass man von niemandem abhängig ist, sollte man nie haben. Aber je größer der Anteil an Abo-Erlösen, umso größer ist die Unabhängigkeit. Man ist dann zwar immer noch abhängig von Menschen, die das Produkt kaufen, aber es ist immer besser von sehr vielen Einzelnen abhängig zu sein, als von einzelnen Anzeigenkunden. Diese kaufen Öffentlichkeit, die hergestellt wird durch relevante Inhalte der Journalisten. In Österreich ist es ein bisschen spezieller: Zum einen, weil ein großer Teil der Kundschaft die öffentliche Hand ist, zum anderen glauben viele, dass sie mit Anzeigen nicht die Öffentlichkeit kaufen, sondern die Redaktion. Dieser Irrtum lässt sich gut aufklären. Wenn trotzdem eine Abhängigkeit entsteht, ist das für mich eklatantes journalistisches Fehlversagen und/oder Korruption.

Wenn die Vertriebserlöse in einem Geschäftsmodell annähernd oder ein bisschen mehr als 50 Prozent ausmachen, ist diese Gefahr auch nicht gegeben. Schwierig ist es für die Gratiszeitungen, wo es keinen Käufer gibt und der Anzeigenkunde 100 Prozent der Umsätze liefert. Hier hat eine Redaktion oft das Problem, in diesem Dreieck Anzeigenkunden – Leserschaft – Verlagsmanagement eine unabhängige Position zu halten. Man kann aber auch nicht sagen, dass Gratiszeitungen prinzipiell durch Anzeigenkunden korrumpiert sind. Es könnte auch das genaue Gegenteil der Fall sein. Gratiszeitungen haben die größten Reichweiten. Dort könnte man am besten die Unabhängigkeit sicherstellen, etwa indem man zu den Anzeigenkunden sagt: „Jeder will bei uns inserieren und die große Reichweite haben, wir spielen nach unseren Regeln." Leider ist das nicht immer der Fall.

Sollte die staatliche Presseförderung höher sein, um mehr Unabhängigkeit zu garantieren?

Ich plädiere schwer dafür, dass es die Presseförderung gar nicht gibt.

Warum?

Es gibt keinen Grund, warum es eine staatliche Presseförderung geben sollte. Ein Medium, das nicht dazu in der Lage ist, die Aufwände der Produktion durch Reichweite zu decken, hat keine Existenzberechtigung. Ich sehe nicht, warum der Staat hier eingreifen sollte.

Ein Hauptargument für die Presseförderung ist, dass der Journalismus als wichtiges gesellschaftliches Gut bewahrt werden muss.

Es gibt so viele gesellschaftliche Güter, die bewahrt werden müssen. Wenn man diese alle staatlich abdecken wollte, müsste man über die Verstaatlichung von 50 Prozent dieser Güter reden. Das möchte ich mir lieber nicht vorstellen.

Was waren Ihre Erfahrungen mit Interventionen?

Ich war acht Jahre lang Chefredakteur, trotzdem kann ich die Anzahl der ernsthaften Interventionen an den Fingern einer Hand abzählen. Ich weiß nicht, wie das bei anderen war. Vielleicht hat man mich bald als hoffnungslosen Fall gesehen. Es hat aber auch damit zu tun, dass mein Kontakt zu den politischen Akteuren nie besonders innig war.

Medienkooperationen, wenn etwa Ministerien Themenschwerpunkte in Tageszeitungen setzen, kommen häufig vor. Das Geld kommt vom Ministerium, die Inhalte aus der Redaktion. Wie geht man als Journalist damit um?

Das ist ein schwieriges Thema. Als „Gewesener" kann ich leicht reden. Wenn ich mir das als Außenstehender anschaue, dürfte es so etwas wie Medienkooperationen nicht geben, weil es Grenzen überschreitet. Wenn man allerdings in einer Wettbewerbssituation ist, in der man weiß, dass das jeder Mitbewerber macht, fällt es einem schwerer. Wir haben es in der Presse auch gemacht. Man baut sich dann ein Ersatzgerüst, das einem erlaubt, einige der eigenen Grundsätze trotzdem einzuhalten. Wir bilden uns ein, dass uns das einigermaßen gelungen ist. Aber es ist einfach eine Grauzone, in die man lieber nicht gehen möchte.

Ein Problem ist auch die verpflichtende Kennzeichnung, die sagt, dass Geld geflossen ist, und gleichzeitig sagt, dass es redaktionell unabhängig gemacht ist. Das ist ein letztlich unauflösbarer Widerspruch. Es wäre richtiger, dass es diese Dinge nicht gibt.

Bei der „umgekehrten Pressekonferenz" des österreichischen Medienbeobachtungs-Unternehmens Observer im Jahr 2009 sagten Sie, Sie „wünschen sich PR, die auf das jeweilige Medium abgestimmt ist." Wie sollte PR sein?

Was es beiden Seiten erleichtern würde ist, wenn PR-Agenturen wirklich das täten, was ihre Aufgabe ist. Nämlich für Kunden deren relevante Zielgruppen ansprechen.

Wenn sie diese Aufgabe wirklich ernst nehmen, können sie nicht eine Pressemeldung für alle Medien machen. Die PR-Agenturen müssten sich überlegen, was für die Leserschaft der Presse an dem Thema, das der Kunde kommunizieren will, relevant ist und was für die Leserschaft einer Bundesländerzeitung. Es würde mich wundern, wenn es dasselbe wäre. Das wäre ein Zeichen der Professionalisierung der PR.

Wie sollte ein Journalist mit der PR umgehen, um inhaltlichen Einfluss zu vermeiden?

Man sollte sich nicht „verhabern". Die Rolle von Pressesprechern in Österreich ist eine Zwischenrolle. Sie geben sich, als wären sie einer von uns, ein Medienarbeiter. Das deutsche Modell ist mir lieber, wo der Regierungssprecher auch Staatssekretär und damit Regierungsmitglied ist. Das ist klarer. Ich sehe zu viel Nähe; am stärksten im Innenpolitik-Bereich. Das ist schlecht. Ein Pressesprecher ist auch nicht das richtige Gegenüber für einen Innenpolitikjournalisten. Oft halten sich die Pressesprecher dann für Politiker und agieren auch so. Der Einfluss der Presseleute ist in den Regierungsämtern viel zu groß.

Nicht alle Informationen sind auch für die Öffentlichkeit bestimmt. Welche Rolle spielen „off-the-record"-Informationen?

Sie spielen für die Einschätzung eine große Rolle. Für jeden Journalisten ist es gut, Dinge zu erfahren, die nicht öffentlich sind. Es ist eine Selbstverständlichkeit, dass „off-the-record" auch „off-the-record" bleibt. Das ist in Österreich leider schwierig. Ich war oft bei sogenannten Hintergrundgesprächen im Bundeskanzleramt. Am selben Abend wurden in den Nachtausgaben der Boulevardzeitungen Originalzitate aus diesen Hintergrundgesprächen verwendet. Man selbst musste sich sagen lassen, was man für eine Pfeife ist, dass man das nicht in der eigenen Zeitung hat. Es ist gut, dass ich die Einschätzung meiner Gesprächspartner höre. Das hilft mir vielleicht andere Dinge einzuschätzen. Aber ich käme nicht auf die Idee daraus zu zitieren. Es ist eine Unkultur in Österreich, dass diese Unterscheidung zwischen „off-the-record" und „on-the-record" nicht getroffen wird.

Was ist für Sie der Unterschied zwischen Qualitäts- und Boulevardmedien, in der Art, wie diese mit Inhalten umgehen?

Den Qualitätsmedien und ihren Journalisten ist es überwiegend ein Anliegen einigermaßen nah an die Wirklichkeit zu kommen. Wie schwierig das immer sein mag. Die Boulevardmedien geben sich damit zufrieden, Geschichten so darzustellen, dass sie die antizipierten Emotionen ihres Publikums am besten befriedigen.

Wer sollte mitbestimmen dürfen, was ein Inhalt in den Medien wird, und wer sollte davon ausgeschlossen werden?

Die professionellen Journalisten eines Mediums bestimmen, was drin steht, und sonst niemand. Diese öffentlichen Abstimmungen des Publikums, was es lesen will, sind auch Unsinn. Manche Medien halten das für Demokratisierung und promoten es ganz groß. Im Grunde sagen diese Medien nur, dass sie bis jetzt ihren Job nicht gemacht haben. Die Antizipation des Publikumsinteresses ist Teil unseres Berufs.

■

Karin Gastinger

Mag. Karin Gastinger, geboren 1964 in Graz, studierte an der Universität Innsbruck Rechtswissenschaften. Sie hat ein Post Graduate Studium in Public Management abgeschlossen und ist zertifizierte CSR Managerin. Sie arbeitete als Juristin in der Abteilung für Umweltschutzrecht in der Kärntner Landesregierung und war von Juni 2004 bis Jänner 2007 die erste österreichische Justizministerin (BZÖ). Von 2007 bis 2010 war die Kärntnerin Geschäftsführerin und Partnerin der Beyond Consulting GmbH. Gastinger ist Unternehmensberaterin bei PricewaterhouseCoopers (PwC) Österreich.

„Das schlechte Bild der Justiz ist eine Folge der verzerrten medialen Darstellung"

Das Gespräch führte
Franz Hubik

Die Bevölkerung will von einer Justizministerin gar nichts hören. Politische Vermarktung hängt von der Funktion ab, die jemand bekleidet.

Sehr zum Leidwesen ihres Pressesprechers war Mag. Karin Gastinger laut eigener Aussage mediale Aufmerksamkeit nie besonders wichtig. Die Unternehmensberaterin und ehemalige Justizministerin, von 2004 bis 2007 in der Bundesregierung Wolfgang Schüssel II, meint, dass der Umgang mit den Medien nur dann schwierig sei, wenn man „keine Ahnung hat, wovon man redet". Medientraining für Politiker erachtet sie als sinnvoll, weil es dabei helfe, die eigene „Botschaft auf den Punkt zu bringen". Frauen würden von den Medien tendenziell strenger behandelt werden als

Männer und stärker auf ihr Äußeres reduziert. Einige investigative Journalisten empfand sie als „echte Grätzn" und kritisiert, dass sich die üppige Vergabe von Inseraten von „wenigen Personen" auf die Berichterstattung einzelner Medien auswirke.

Bei Ihrer Angelobung als Justizministerin im Jahre 2004 hielten Sie nur 22 Prozent der Österreicher für ausreichend qualifiziert für das Amt. Haben Sie versucht, die Öffentlichkeit vom Gegenteil zu überzeugen?

Anfangs habe ich es gar nicht versucht, weil ich lange Zeit überhaupt nicht mit den Medien kommuniziert habe. Für mich war wichtig, dass ich mich möglichst rasch ins Ressort einarbeite. Sobald man weiß, wovon man redet, ist es einfach. Schwierig ist es nur dann, wenn Sie keine Ahnung von der Materie haben und trotzdem öffentlich kommunizieren müssen. Insofern habe ich versucht, meine Arbeit für mich selbst sprechen zu lassen.

Jörg Haider hat Sie bei Ihrem Amtsantritt als „Boxenluder" etikettiert. Wie kann man sich von so einem Image wieder befreien?

Zunächst einmal hatte ich keine Strategie, weil ich fassungslos war, wie man so etwas überhaupt sagen kann. Das war eine schlimme Zeit, auch weil Jörg Haider sich nicht entschuldigen wollte. Auf der anderen Seite war das Ganze aber gar nicht so schlecht für mich, weil ich auf einmal eine unglaubliche Solidarität der Frauen erlebt habe, auch bei den Medien. Im Endeffekt hat mir der Sager mehr geholfen als geschadet.

Sie sind von heute auf morgen in die Politik gekommen. Haben Sie von Anfang an Medientraining gehabt?

Ja, gleich ganz am Anfang hatte ich ein Medientraining. Das war sehr schwierig für mich, weil ich damals noch breiter im Dialekt gesprochen habe als heute. Wenn ich Hochdeutsch spreche, dann klingt das idiotisch. Zwar hätte der Medientrainer schon gerne gehabt, dass ich ein bisschen mehr Hochdeutsch spreche, aber es geht darum, authentisch zu sein. Mein Mediencoach hat mir auch vermittelt, dass in der Außenwahrnehmung ein problematisches Bild entstehen könnte: Eine Verwaltungsbeamtin, die zwar Juristin ist, aber in breitestem Kärntnerisch daherquasselt, soll das Justizressort leiten?

Was hat Ihnen das Medientraining gebracht?

Ich neige von meinem Naturell her dazu, sehr ausschweifend zu erzählen. Im Umgang mit Medien ist das aber kontraproduktiv. Da geht es darum, innerhalb von zwei Minuten eine Botschaft auf den Punkt zu bringen. Das musste ich erst lernen.

Ist Medientraining für Politiker unabdingbar?

Ich halte es für sinnvoll. Ein Medientraining führt dazu, dass Sie sich bewusst Gedanken darüber machen, was Sie wirklich sagen wollen. Dadurch können Sie immer auf Ihre Kernaussagen zurückgreifen und vermeiden unnötige Luftblasen.

Welche Rolle spielen Pressesprecher in der politischen Kommunikation?

Die Aufgabe eines guten Pressesprechers ist, sich so in seinen Chef einzufühlen, dass er ihn authentisch und bestmöglich in den Medien platzieren kann. Ich hatte oft Diskussionen mit meinem Pressesprecher, weil ich tendenziell seltener in den Medien erscheinen wollte, als er es wollte. Das hat ihm nicht gepasst, weil er sich an der Summe meiner Medienauftritte gemessen hat. Ich habe gar nichts davon gehalten, auf jeden medialen Angriff reflexartig zu reagieren. Wenn ich „zurückschieße" hat der andere wieder die Möglichkeit zu kontern. Für Medien ist nichts lustiger, als wenn sich zwei streiten.

Aber auf manche Themen müssen Sie reagieren.

Ja, klar. Wenn die Justiz ungerechtfertigt angegriffen wurde, habe ich mich sofort zur Wehr gesetzt. Einmal war ich in Kitzbühel und mein Pressesprecher hat eigenmächtig eine Aussendung gemacht, in der ich den späteren Bundeskanzler Alfred Gusenbauer kritisierte. Als ich am nächsten Tag in der Kronen Zeitung von einem Schlagabtausch zwischen mir und Gusenbauer gelesen habe, dachte ich, mich haut's gleich vom Hocker!

Wie selbsttätig darf ein Pressesprecher agieren?

Mein Pressesprecher hat sehr selbstständig gehandelt. Zum Schluss hatte er viele Freiheiten, wahrscheinlich sogar zu viele. Er war meine Stimme. Aber wenn die Vertrauensbasis stimmt, dürfen Pressesprecher viel selbst gestalten.

Nützt ein gutes Verhältnis zu Journalisten, um mehr Aufmerksamkeit zu bekommen?

Sehr zum Leidwesen meines Pressesprechers war mir mediale Aufmerksamkeit nicht besonders wichtig. Gerade als Justizministerin ist das auch nicht notwendig. Die Öffentlichkeit erwartet von einer Justizministerin nicht, dass sie nach öffentlicher Aufmerksamkeit heischt.

Die mediale Berichterstattung wird immer personalisierter. Hat für Sie nicht doch eine Form der politischen Vermarktung eine Rolle gespielt?

Das hängt vom Ressort ab, in dem Sie tätig sind. Es ist ein Unterschied, ob ich Bundeskanzler bin oder das Justizministerium leite. Das Selbstbild ist anders. Vieles an dem schlechten Bild, das die Justiz derzeit in der Bevölkerung hat, ist eine direkte Folge der verzerrten medialen Darstellung. Die dauernde Präsenz von sogenannten „Justizskandalen" in den Medien prägt das Bild bei den Menschen. Ich glaube, dass die Bevölkerung am liebsten gar nichts von der Justiz hören will. Der Justizminister soll jemand sein, der ruhig und gelassen ist, und die Zügel trotzdem fest in der Hand hält.

Ist es schwieriger mit sachlichen Argumenten in den Medien vorzukommen?

Natürlich ist es schwieriger! Die Zusammenhänge bei Sachargumenten sind komplexer und oft schwieriger zu verstehen. Ich gebe Ihnen ein Beispiel: Wenn ich versuchen würde, Ihnen die Bedeutung des europäischen Mahnverfahrens für Österreich zu erklären, wäre Ihr Interesse wahrscheinlich endenwollend. Dabei ist das europäische Mahnverfahren ein großer Erfolg, weil Gläubiger innerhalb der EU leichter ihre Geldforderungen einklagen können. Aber mit solchen Themen bekommen Sie keine Aufmerksamkeit, die sind zu weit weg vom Alltag der Menschen. Alles, was mit Europa zusammenhängt, stößt auf wenig Interesse.

Wie könnte man europäische Themen besser inszenieren?

Man sollte nicht jedes Detail zu Europa erläutern. Das interessiert nur wenige Menschen. Besser wäre es, die Vorteile von Europa stärker hervorzustreichen.

Bevor Sie dem BZÖ beigetreten sind, waren Sie parteifreie Ministerin. Ist die politische Kommunikation ohne Rückendeckung einer Partei schwieriger?

Nein. Rückblickend war die Kommunikation mit den Medien als parteifreie Justizministerin sogar leichter, weil die Journalisten in Österreich zu einem großen Teil politisch eher links eingestellt sind. Gleichzeitig hatten wir damals eine Bundesregierung, die Mitte-Rechts ausgerichtet war. Ich war da ein willkommener Kontrast, irgendwie die verrückte Liberale. Gerade im familienrechtlichen Bereich habe ich mich stark für die Rechte von Homosexuellen eingesetzt, also für kein klassisch rechtes Thema. Ich war deswegen für die Medien sicher interessanter als nach meinem Parteibeitritt.

Wie hat sich die Kommunikation mit den Journalisten durch Ihren Parteibeitritt geändert?

Das ist eher ein Gefühl, als dass ich es in Worte fassen könnte. Ich war auf einmal in einem Schubkastl drinnen, obwohl ich mit meinen Ansichten nicht unbedingt die Ultrarechte bin.

Sie waren die erste Frau, die das Justizministerium geleitet hat. Wurden Sie von den Medien anders behandelt als Ihre männlichen Kollegen?

Ich weiß nicht, wie meine männlichen Kollegen behandelt wurden. Medien gehen zum Beispiel in puncto Kleidung, Frisur und Aussehen generell strenger mit Frauen als mit Männern um. Ein Mann kann noch so hässlich sein, man würde ihm deswegen nie die Kompetenz absprechen. Als Frau reicht es hingegen aus, wenn Sie sich ein oder zwei Mal unvorteilhaft kleiden. Ich hatte zu Beginn meiner Ministerzeit wirklich eine furchtbare Frisur, das bestreite ich überhaupt nicht, aber die Haarpracht eines Mannes wäre sicher nicht so thematisiert worden wie meine. Genauso wenig würde ein Mann, der gerade Vater geworden ist, gefragt werden, wie er es schafft, Beruf und Familie unter einen Hut zu bringen. Als ich meinen Sohn während der Regierungszeit bekommen habe, war das ein Dauerthema.

Haben Sie deshalb etwas an Ihrem Erscheinungsbild geändert?

Ich bin zum Friseur gegangen.

Welche Fehler haben Sie im Umgang mit den Massenmedien gemacht?

Habe ich Fehler gemacht? Lassen Sie mich nachdenken. Ich hatte zwar ein sehr entspanntes Verhältnis zu den Medien, aber es gab schon einige investigative Journalisten, die ich als echte Grätzn empfunden habe, beispielsweise Alfred Worm von NEWS oder Florian Klenk vom Falter. Der Umgang war zwar wertschätzend, aber teilweise haben die mir den letzten Nerv geraubt.

Was machte die beiden zur „Grätzn"?

Dass sie lästig waren! Die Dinge, die beispielsweise Florian Klenk recherchiert, sind nicht unbedingt die angenehmsten für ein Ressort, deswegen Grätzn. Ich schätze ihn jedoch nach wie vor als Journalisten, weil er fachlich sehr fundiert recherchiert, bevor er angreift.

Sie haben vor der Nationalratswahl 2006 für Aufmerksamkeit gesorgt, als Sie aus dem BZÖ ausgetreten sind. Im KURIER haben Sie Ihren Entschluss damit begründet, dass Sie in keiner politischen Bewegung tätig sein wollen, „die ausländerfeindlich ist und mit Ängsten operiert." Hatten Sie einen Plan, damit Ihre Botschaft wunschgemäß von den Medien übermittelt wird?

Die Frage habe ich mir noch nie gestellt. Mein Austritt hatte einen ganz banalen Grund. Am Tag nach meinem Parteiaustritt hätte ich mich als Grazer Spitzenkandidatin des BZÖ bei der Abschlusskundgebung auf dem Grazer Hauptplatz blicken lassen müssen und in die Hände klatschen müssen, wenn Peter Westenthaler seine „300.000-Ausländer-Raus-Botschaften" verkündet.

Warum haben Sie so spät die Konsequenzen gezogen?

Diese Frage stelle ich mir heute auch. Ich hätte schon mit der Geburt meines Sohnes im Juli 2006 zurücktreten sollen, dann wäre mir einiges erspart geblieben. Ich war damals in einem echten Loyalitätskonflikt. Mir war immer bewusst, dass ich ohne Jörg Haider und Ursula Haubner niemals Justizministerin geworden wäre und die BZÖ-Leute einen Austritt als Verrat empfinden würden. Es ist nicht so leicht, die Leute zu verlassen, die einem die Karriere ermöglicht haben.

Entstehen durch die staatliche Presseförderung Abhängigkeiten, die sich in der Berichterstattung bemerkbar machen?

Durch die Presseförderung entstehen weniger Abhängigkeiten, eher durch die vielen Inserate. Wenn eine Zeitung den Großteil ihres Inserateneinkommens von wenigen Personen bekommt, dann ist es nicht abwegig, dass sie diesen Finanziers nicht wehtun wird.

Wie sind Sie mit Inseraten umgegangen?

Wir haben im Justizministerium kein Geld dafür gehabt und deswegen auch kaum Inserate geschaltet.

Ist die Berichterstattung in Medien käuflich, zum Beispiel durch die Vergabe von Inseraten oder eine Vielzahl von Kooperationen?

Das wäre eine Unterstellung! Aber der Verdacht liegt nahe. Es ist schon komisch, wenn gewisse Zeitungen bestimmte Personen hochschreiben, egal was diese machen.

Machen Medien auch selbst Politik?

Ganz sicher ist das der Fall. Denken Sie nur an die Kampagnen der KRONEN ZEITUNG aus den 1980er und 1990er Jahren. Hans Dichand hat damals auch Jörg Haider sehr unterstützt.

Agieren manche Medien auch heute noch so?

Ja, das passiert auch heute noch. Ich würde die Wirkung nicht unterschätzen. Die breite Masse liest weder den STANDARD noch DIE PRESSE, sondern den Boulevard. Der unterstützt heute vornehmlich Werner Faymann. Zumindest nehme ich das so wahr, wenn ich HEUTE, ÖSTERREICH oder die KRONEN ZEITUNG durchblättere.

Müssen Politiker heute „mediengeil" sein?

Wahrscheinlich. Als ich in die Politik gegangen bin, habe ich unterschätzt, wie viel Raum die Öffentlichkeitsarbeit einnimmt. Ich habe mir viel mehr Sorgen darum gemacht, wie ich möglichst schnell die Agenden des Justizressorts erfassen kann. Mir war auch nicht bewusst, dass Sie lebenslang einen Rucksack mit sich herumtragen, wenn Sie in die Politik gehen. Als Politiker müssen Sie sich darüber im Klaren sein, dass Sie immer ein Teil des öffentlichen Lebens sein werden, selbst, wenn Sie nicht mehr politisch aktiv sind.

Zuletzt medial präsent waren Sie als Verdächtige in einem Strafverfahren. Die Staatsanwaltschaft Graz ermittelt gegen Sie wegen des Verdachts der illegalen Parteienfinanzierung im Zusammenhang mit der Nationalratswahl 2006. Finden Sie, dass die Medien Beschuldigten in Strafverfahren genügend Raum einräumen, um zu den Anschuldigungen Stellung zu nehmen?

Ja, die Möglichkeiten bestünden schon. Aber was würde eine Stellungnahme bringen? Wenn man reagiert, ist man erst wieder sieben Mal in der Zeitung. Ich finde es arg, dass Medienvertreter Aktenteile aus Strafverfahren haben, die mir als Beschuldigter nicht zur Verfügung stehen. Das ist der absolute Wahnsinn! Irgendwer gibt die Aktenteile hinaus und die Journalisten zitieren genüsslich daraus. Als über mich in der Telekom Causa geschrieben wurde, war der Akt dazu noch unter Verschluss. Zu der Zeit hatte niemand Akteneinsicht. Trotzdem hatten einige Journalisten mein Zeugeneinvernahmeprotokoll.

Wird die Unschuldsvermutung medial umgekehrt zur Schuldvermutung?

Ja, das ist der Fall. Es gilt für alle die Unschuldsvermutung heißt übersetzt: Die haben sicher etwas angestellt!

Worüber sollte in Zukunft mehr und worüber weniger berichtet werden?

Egal, welches Medium Sie sich ansehen, alles ist negativ. Wenn man die Zeitung aufschlägt, schwankt man vor lauter negativen Meldungen knapp an der Depression vorbei. Ich wünsche mir, dass es auch irgendwo einen Platz fürs Gute gibt. Das Prinzip „Only bad news are good news" sollte durchbrochen werden. Es ist ein verzerrtes Bild der Realität, wenn immer nur Horrormeldungen durch die Medien geistern. Das Leben ist nicht so schrecklich. Es gibt so viele Menschen, die sich positiv engagieren und denen viel zu wenig Platz in den Medien eingeräumt wird. Wirklich freuen würde ich mich, wenn ich auch einmal eine Geschichte darüber lesen könnte, was einem Politiker alles gelungen ist. Das soll es ab und zu auch geben.

■

Josef Kalina

Josef Kalina, geboren 1958 in Wien, begann seine berufliche Laufbahn nach der Matura als Bankkaufmann bei der Zentralsparkasse. Ab 1982 war er Landes-, später Bundessekretär der Sozialistischen Jugend. 1985 wechselte Kalina in den Pressedienst der SPÖ, den er – nach einem Intermezzo bei der NEUEN ARBEITERZEITUNG von 1987 bis 1989 – leitete. Von 1995 bis 1997 war Kalina Pressesprecher der SPÖ Wien, danach Pressesprecher von Bundeskanzler Viktor Klima. Ab 2000 war Kalina Redakteur bei der KRONEN ZEITUNG, ehe er 2005 als Pressesprecher zur SPÖ zurückkehrte und 2007 Bundesgeschäftsführer wurde. Ende 2008 gründete Josef Kalina „Unique Public Relations".

„Ich habe die KRONEN ZEITUNG nie als einen Hort des Bösen betrachtet"

Das Gespräch führte
Michael Oberbichler

Die Boulevarzeitung hat zu viele Leser, um sich das Stigma der Parteilichkeit anzutun.

Österreichs Medienlandschaft sei besser, als die derzeitigen Diskussionen um Käuflichkeit vermuten lassen, sagt Josef Kalina, Geschäftsführer des Public Relations- und Beratungsunternehmens „Unique Relations". Kein Medium ändere seine Inhalte aufgrund von Inseraten. Kleine Freundschaftsdienste seien zwar an der Tagesordnung, am Ende stünden aber die Leser und damit die Wähler im Vordergrund, so Kalina. Die Politik mache das Agenda Setting, die Medien die Inhalte, deshalb brauche es Macherqualitäten. Das bewiesen Viktor Klimas gelbe Gummistiefel, Alfred Gusenbauers weiße Radlerhosen und Frank Stronach, meint Kalina.

Der Macher-Begriff, mit dem Sie Viktor Klima Mitte der 1990er Jahre inszenierten, ist immer noch gegenwärtig. Erfüllt Sie das mit Stolz?

Ich habe den Macher-Begriff nicht erfunden. Macher-Qualitäten sind in der Politik unumgänglich. Ob man von außen als Macher beschrieben wird, ist eine andere Frage. Generell gilt: Je mehr man dieses Machen in Szene setzen kann, umso besser. Die jetzige Bundesregierung macht zum Beispiel viel. Beide Parteien haben eine herzeigbare Bilanz. Das muss man gemeinsam besser in Szene setzen, sonst macht man ein Vakuum auf, das Leute wie Frank Stronach füllen. Der setzt voll auf Macher-qualitäten. Er hat es mit seiner Firma bewiesen.

Public Relations werden oft als „Gutes tun und dann darüber sprechen" beschrieben. Hat die Regierung Schritt eins geschafft und Schritt zwei verabsäumt?

Die Regierung spricht schon darüber, aber nicht in einer für die Menschen nachvoll-ziehbaren Weise. Sie lassen zu, dass Zeitungskommentatoren ständig dieses Modell der Großen Koalition niederschreiben und die Leute das tendenziell annehmen. Sie machen den Fehler, dass sie in einem Permanent-Wahlkampf verbunden mit gegen-seitigem Negativ-Campaining stehen. Ich schlage vor, sie sollen vier der fünf Jahre hernehmen – egal welche Regierung – und auf „Wir bringen was weiter" spielen. Sie sollen nicht das Making-of, die Streitereien in den Vordergrund stellen. Politik ist ein Interessenabgleich. Wenn du Kompromisse als Niederlage verkaufst, weil du nicht zu hundert Prozent deine Linie durchgebracht hast, werden die Leute das Gefühl haben, die bringen nichts weiter. Im letzten Jahr beginnst du Positionen zu beziehen.

Sie waren mit der SPÖ selbst in der Opposition.

Das ist ein fundamentaler Unterschied. Klarerweise musst du als Oppositionspartei, wenn du Verantwortung übernehmen willst, die Menschen erreichen und mobili-sieren. Deshalb tun sich die Grünen schwer. Normalerweise müssten sie nach der Lo-gik bei den Korruptionsfällen im Jahr 2012 mehr gewinnen. Aber sie haben keine fo-kussierte Oppositionspolitik. Das haben nur die Rechtsparteien, weil diese keine Rücksicht auf Verluste nehmen. Das macht einen Unterschied, ob du eine rechts-populistische Opposition bist, die ohne Rücksicht auf Verluste emotionale, hetzerische und verantwortungslose Positionen verteidigt, oder ob du eine Oppositionspartei, wie damals die SPÖ, bist, die über Sozialpartnerschaft eingebunden ist und Regierungs-verantwortung tragen und keine verbrannte Erde machen will.

Das Image als Saubermann-Partei ist für die Grünen als Oppositionsarbeit für die Insze-nierung zu wenig?

Das ist ein erster Ansatz der Grünen zu einer stärker fokussierten Oppositionsrolle. Die Grünen kommen deswegen nicht weiter, weil sie sich nicht als Alternative präsentieren, sondern immer ein bisschen nett sind. Sie müssen sagen: Wir sind sau-ber! Wir wollen Verantwortung tragen! Wir wollen es anders machen! Dann müssen sie sich hinstellen und sagen, was sie anders machen würden.

Was ist wichtiger: Inszenierung oder Inhalt?

Zu neunzig Prozent der Inhalt, zu zehn Prozent die Inszenierung. Dinge ohne Substanz können nur als Strohfeuer inszeniert werden. Die Leute kommen schneller drauf, als man denkt.

Sie haben als Pressesprecher der SPÖ zwei Ikonen geschaffen: Viktor Klima beim Hochwasser 1997 in gelben Gummistiefeln und Alfred Gusenbauer 2006 in weißen Radlerhosen. Was hat die Inszenierung gebracht?

Da verselbstständigt sich eine Legende. Das war keine Inszenierung, sondern absolut notwendig, den Opfern des größten Hochwassers zu signalisieren, dass der Bundeskanzler sie nicht im Stich lässt. Es war auch seine Heimat. Alles andere, was dort passiert ist, ist aus der Person Viktor Klimas entstanden. Er hat es nicht dabei belassen, dass er in diesen Rathaussaal geht, in dem die Hochwasseropfer Schutz gesucht haben, sondern er wollte sich vor Ort überzeugen. Logischerweise haben wir dort Gummistiefel von der Feuerwehr erhalten. Diese habe nicht ich bestellt. Die damalige Beurteilung, wie es von den Medien in den Tagen danach aufgenommen wurde, war hervorragend. Ich habe das gern akzeptiert, weil es nicht geschadet hat. Heute wird es als Beispiel für eine Überinszenierung verwendet, weil bei der Nationalratswahl 2000 die SPÖ unter Viktor Klima mit großem Abstand Erster war, aber Wolfgang Schüssel aus der Position des Dritten eine Koalition gebildet hat. So hat man interpretiert, dass diese Inszenierung geschadet hätte. Es zeigt, dass jede Maßnahme im Laufe der Zeit in einen anderen Kontext gestellt wird.

Was haben Alfred Gusenbauer seine weißen Radlerhosen gebracht?

Wenn man ernsthaft diskutiert, muss man sich von den weißen Radlerhosen abwenden. Es ist für jeden vernünftigen Menschen erkennbar, dass es ein Lapsus war. Die Lehre daraus ist: Es ist sicher nicht schlecht, eine Checklist zu machen, auf der Wanderhosen, Wanderschuhe usw. stehen. Weil ein Bild wahnsinnig viel bewegt.

Wie hat sich dieses Bild ausgewirkt?

Die Geschichte war einer der Kernpunkte des Erfolgs des Alfred Gusenbauer bei der Wahl 2006. Erstens, weil Gusenbauer ein Imageproblem hatte. Er hatte keine großen Sympathiewerte, das Vorurteil der Abgehobenheit und der Intellektualität. Deswegen war es notwendig zu zeigen, dass Gusenbauer einer aus dem Volk ist. Das Zweite war, der wirkliche Inbegriff der Abgehobenheit saß im Bundeskanzleramt mit Schweigekanzler Wolfgang Schüssel. Es war nötig, Alfred Gusenbauer bewusst gegen Schüssel zu stellen. Daher hat es mit Alfred Gusenbauer zwei Touren durch Österreich gegeben. Zum einen die Wandertour im Sommer, als die Journalisten bald begriffen haben, dass das herausfordernde Wanderungen sind. Bei der zweiten Tour hat er jeden Bezirk in Österreich einen Tag lang besucht. Das war eine bewusste Maßnahme. Du verbringst einen Tag im Bezirk, besuchst Schulen, Polizei und Betriebe und schließt jeweils den Tag mit einer offenen Diskussion im Gasthaus ab. Die regionalen Medien haben diese Tour begleitet, um zu zeigen: Ich bin immer bei euch in der Nähe. Das war sicherlich eine starke Voraussetzung, Alfred Gusenbauer „weicher" und akzeptabler zu machen. Die Strategie ist aufgegangen. Weil es Wolfgang Schüssel in weiterer Folge nicht geschafft hat, sich in ein anderes Licht zu rücken. Er war, was wir projiziert haben: der hartherzige Schweigekanzler.

Hat der Fauxpas ein anderes Bild vom Menschen Gusenbauer geschaffen, weil die Leute gesehen haben, dass er Fehler macht?

Die Radlerhose hatte den unbeabsichtigten Effekt, dass die Journalisten dieses Bild immer wieder gebracht und damit über neue Stationen der Tour berichtet haben. Da sieht man, was Agenda Setting bringt.

Sie haben Viktor Klima als Macher inszeniert. Die ÖVP hat aber Reformen blockiert. Ist da der Macher zum Rückstoß geworden?

Ja. Das hat uns bei der Wahl geschadet. Wir sind in die Falle der ÖVP gegangen. Wir haben nicht das nötige politische Geschick gehabt, um die von Schüssel geplante Blockadestrategie aufzubrechen.

Sie haben sich selbst als Spin Doctor inszeniert. Welche Medienresonanz hatten Sie darauf?

Ich betrachte das retrospektiv als Fehler, dass ich diese Darstellung nicht verhindert habe. Du darfst als Berater nicht im Vordergrund stehen. Die Geschichte der Spin Doctors war ein Spin der ÖVP und von Journalisten, die das übernommen haben. Das Ziel war, Viktor Klima zu diskreditieren als jemanden, der immer nur dann was sagen kann, wenn er Einflüsterer hat.

Sie haben im Anschluss an Ihre Tätigkeit als Pressesprecher zur Kronen Zeitung gewechselt. Hatten Sie Akzeptanzprobleme?

Ich war vorher Journalist bei der Arbeiterzeitung und im Pressedienst der SPÖ und vom Werdegang her Journalist. Ich habe meine Erfahrungen bei der Krone einbringen können und volle Akzeptanz gefunden. Man muss zeigen, dass man dazulernen und seine Rollen neu definieren kann. Bei allem Interesse für Politik: In meiner jetzigen Position kann ich nicht als politischer Agitator auftreten, weil meine Kunden das nicht akzeptieren würden. Aber ich kann meine Erfahrung einbringen.

In einem Porträt des Monatsmagazins Datum wird Ihnen nachgesagt: „Er kann super mit der Krone..."

...kann ich auch. Ich habe damals wie heute die Krone nie als einen Hort des Bösen betrachtet. Ich halte die Diskussionen der Medien, die sie jetzt austragen, für selbstbeschädigend. Zum Beispiel über die Käuflichkeit im Journalismus. Ich kenne keine Branche, die eine interne Debatte so führen würde, weil die automatisch zur Verunsicherung der Kunden führt. Wenn sie gegenseitig mit den Fingern auf sich zeigen, haben die Leute den Eindruck, alle seien käuflich. Das funktioniert nicht im Marketing.

Haben Sie von Ihrem guten Verhältnis zur Kronen Zeitung profitiert?

Selbstverständlich. Ich habe ein gutes Verhältnis zu allen Medien gehabt. Ich war Pressesprecher und ich war Journalist. Einer der Gründe für den Erfolg meines Unternehmens ist, dass ich mich auf diese neue Rolle einstellen kann und dass ich zur großen Mehrheit der Journalisten und Politiker ein gutes Verhältnis habe. Weil ich immer um ein positives persönliches Verhältnis bemüht war.

Können Sie dadurch Themen oder Geschichten durchbringen, die Medien sonst nicht bringen würden?

Nein. Wenn Sie ein gutes Verhältnis zu einem Journalisten haben, wird er anrufen, wenn er etwas braucht, und mir im Gegenzug vielleicht einen Ladenhüter abnehmen, aber selten. Darauf können Sie keine Strategie bauen. Es geht darum: „Wer liest das und was denkt sich der Leser?" Als Pressesprecher muss ich am Schluss an die Wähler denken, nicht an die Zeitung. Wir haben entgegen unserem Ruf mit der SPÖ alle Kanäle bespielt.

Haben Sie versucht, Geschichten zu verhindern?

Sicher. Man versucht negativen Dingen entgegenzusteuern.

Waren derartige Interventionen erfolgreich?

Selbstverständlich. Meistens mit Argumenten. Der Journalist ist kein Richter. Wenn er gut ist, recherchiert er. Wenn es gelingt, mit Gegenargumenten etwas auszumerzen, dann ja. Das sind 95 Prozent. Manchmal gibt es Freundschaftsdienste. Bei allen Medien. Es ist schädigend anzunehmen, nur weil jemand inseriert, kauft er sich die Berichterstattung.

Sie sind von der Trennung Anzeige und Inhalt in Printmedien überzeugt?

Jein. Es gibt logischerweise Benefits für große Kunden. Für Wirtschaftsbereiche wahrscheinlich mehr als für die Politik. Aber der Kern der Berichterstattung ist ein tägliches Ringen um die bessere Geschichte für meine Leser. Schauen Sie in die KRONE: Wer da behauptet, sie folge aufgrund von Inseraten einer Linie, muss alles Kritische in der Zeitung ausblenden. Die KRONE ist eine eigene Kraft und nie dauerhaft in einem Lager. Sie hat zu viele Leser, um sich das Stigma der Parteilichkeit anzutun.

Hatten oder haben Sie auch ein schlechtes Verhältnis zu manchen Medien?

Es gab eine kurze Phase mit der PRESSE. Ich habe in einer nicht angemessenen Weise reagiert und hätte das übergehen sollen, weil es wurscht ist. Anneliese Rohrer hat Klima immer ein bisschen als Dummkopf bezeichnet. Ob ein Kommentar negativ ist, ist nicht wichtig. Die Leser bilden sich selbst ein Bild. Wenn die Kommentatoren gut sind, schreiben sie im Prinzip so, wie sie erwarten, dass ihre Leser das sehen. Nur die Überheblichen und Schlechten versuchen ihre Leser zu erziehen. Die Leute lesen am liebsten, was sie selbst denken.

Wie beurteilen Sie die Besitzverhältnisse bei Österreichs Medien: Haben sie inhaltliche Auswirkungen?

Wenn Sie den KURIER durchschauen, werden Sie sehen, dass Besitzverhältnisse eine Rolle spielen. Das ist bei allen Zeitungen so.

Ist das die größte Schwäche des österreichischen Mediensystems oder sind die Medien besser, als man ihnen nachsagt?

In Österreich haben wir für dieses kleine Land eine starke Tageszeitungsszene. Es ist ein Blödsinn, dass wir keine Medienvielfalt haben. Die österreichischen Medien sind mit dem vergleichsweise hohen Aboanteil gut aufgestellt und bei ihren Lesern beliebt. Wir haben eine blühende Gratismedien-Szene sowohl bei Tageszeitungen als auch bei regionalen Wochenzeitungen und eine pulsierende Onlineszene. Öffentliches Radio und Fernsehen haben mit den privaten Anstalten eine recht hohe Konkurrenz. Jede Zielgruppe wird von mindestens einem österreichischen Medium angesprochen. Die Mehrzahl der Zeitungen ist für ihre Zielgruppe jeweils gut gemacht. Zeitungen sind nicht käuflich. Politisch schon gar nicht. Dafür sind die Budgets der Parteien zu klein. Schauen Sie mal, was „A1", „Saturn" oder der Lebensmittelhandel an Werbemitteln investieren. Das sind ganz andere Summen, als die, die Parteien alle vier, fünf Jahre im Wahlkampf ausgeben.

Kann man zusammenfassend sagen: Die Parteien und die Wirtschaft geben die Themen vor, die Medien machen die Inhalte?

Im Grunde schon. Aber reines Agenda Setting ist die Politik nicht. Die Politik besteht aus politischen Maßnahmen und diese werden Teil der Agenda in den Medien.

■

Daniel Kapp

Daniel Kapp wurde 1968 in Kigali, Ruanda, geboren und studierte an der Universität Wien sowie der Wirtschaftsuniversität Wien Geschichte und Volkswirtschaft. Mit dem Antritt der ÖVP-FPÖ-Regierung im Jahr 2000 holte ihn Unterrichtsministerin Elisabeth Gehrer (ÖVP) als Pressesprecher in ihr Kabinett. Kapp wechselte noch im selben Jahr ins Bundesministerium für Umwelt und Landwirtschaft, wo er als Pressesprecher von Wilhelm Molterer (ÖVP) und seinem Nachfolger Josef Pröll  (ÖVP) fungierte. Als Pröll 2009 Vizekanzler wurde, nahm er Kapp ins Finanzministerium mit. 2011 zog sich Kapp aus der Politik zurück und arbeitete als Österreich Direktor des Consultingunternehmens „Brunswick Group". Er ist Gründer der „Strategie- und Kommunikationsberatung Daniel Kapp – Strategic Consulting & Responsible Communication".

„Politik wird zur Big-Brother-Show"

Das Gespräch führte
Franz Hubik

Medien und Politik verlieren sich in ihrer eigenen Parallelwelt. Beim Publikum bleibt nur mehr ein Inforauschen ohne Gehalt über.

Für den Strategie- und Kommunikationsberater Daniel Kapp ist die Vorstellung abwegig, dass man einem Reporter „etwas in die Feder diktieren könnte." Der ehemalige Pressesprecher von Ex-Vizekanzler Josef Pröll (ÖVP) meint, Journalisten würden immer selbst bestimmen, was sie schreiben. Durch den ökonomischen Druck innerhalb der Medien wachse aber die Gefahr der Beeinflussung durch Dritte. Gerade unter Zeitdruck sei es „verführerisch", ein bereits von PR-Profis aufgearbeitetes Thema aufzugreifen.

Kapp kritisiert, dass Politik und Medien an den Wählern und

Lesern „vorbei agieren" und erklärt, warum er „laufend"

beim ORF angerufen habe.

Was war Ihr berufliches Selbstverständnis als Pressesprecher?

Als Pressesprecher hat man zunächst eine Auskunftspflicht gegenüber Journalisten, jedenfalls wenn man ein Pressesprecher der öffentlichen Hand ist und aus Steuergeldern bezahlt wird. Ich kann aber nicht behaupten, dass ich das auch immer so gehalten habe. Trotzdem war der Anspruch: Wenn ein Journalist anruft und eine Frage hat, ist sie zu beantworten.

Ehrlich zu beantworten oder zu beantworten?

Ehrlich zu beantworten. Lügen geht gar nicht. Aber es gibt immer verschiedene Facetten der Wahrheit, man kann Dinge stark oder weniger stark akzentuieren.

Können Pressesprecher Themen in den Medien platzieren?

Selbstverständlich können Pressesprecher Themen in den Medien platzieren, das ist auch ein wesentlicher Teil ihrer Arbeit. Wie? Das hängt vom Thema selbst ab, ob man eine exklusive Information oder ob man Daten und Fakten schlüssig aufbereitet hat.

Wie schaffen Sie es, dass Ihre Botschaften wunschgemäß in den Medien ankommen?

Ein Thema ist umso bedeutender, je relevanter es im Leben der Menschen ist. Das gilt besonders dann, wenn man ein Thema neu auf den Markt bringt, etwas, mit dem die Menschen zuvor noch nicht befasst waren. Heute kämpfen die Politiker nicht nur untereinander um Aufmerksamkeit, sondern stehen in Konkurrenz zu Felix Baumgartner, zu Coca-Cola oder zu Ölz, der mit Liebe bäckt. Wenn es mir gelingt, eine Botschaft zu formulieren, die relevant für die Leute, also die Leser ist, dann kommt sie auch gewünscht an, weil der Journalist dem naheliegenderweise folgt.

Bestimmen Journalisten selbst, was sie schreiben, oder werden sie von Dritten, zum Beispiel von Pressesprechern, geleitet?

Journalisten bestimmen im Grunde immer selbst, was sie schreiben. Die Vorstellung, dass man einem Journalisten etwas in die Feder diktieren könnte, indem man ihm Informationen unter der Hand gibt und somit die Deutungshoheit erlangt, ist abwegig.

Wird der Spin, den Sie vorgeben, nicht trotzdem von den Journalisten übernommen?

Als First Mover hat man sicherlich einen gewissen Einfluss darauf, wie eine Information verwertet wird. Die Beziehung zwischen Pressesprechern oder PR-Arbeitern und Journalisten ist zunächst eine menschliche Beziehung, die auf gegenseitiger Einschätzung, allenfalls auf Vertrauen und jedenfalls auf Verlässlichkeit basiert. Wenn ich weiß, es gibt einen Journalisten, der zu bestimmten Themen eine wirtschaftspolitisch linke Weltanschauung hat, und ich gebe ihm eine Information über Finanzmarktspekulation, dann wird er zwangsläufig eine andere Interpretation liefern, als wenn ich diese Information einem wirtschaftsliberalen Journalisten gebe. Sehr vieles hängt davon ab, wem man Informationen gibt und inwieweit man in der Lage ist, Leute einzuschätzen. Es macht auch einen Unterschied, wer mit einer Information an die Medien geht: Ob ich selbst an die Medien herantrete oder ob etwas aufgedeckt wird. Über die Jahre soll es in einzelnen Regierungsressorts immer wieder Pressesprecher gegeben haben, die Rechnungshofberichte, die für das eigene Ressort kritisch waren, bereits als Rohberichte selbst an die Medien weitergegeben haben. Damit war das Thema draußen und als dann der fertige Bericht veröffentlicht wurde, hat man gesagt, dass das nichts Neues sei und ohnehin schon alles in den Medien war.

Wie gelingt es Ihnen, Journalisten Themen wieder auszureden – zumindest vorerst?

Der „Einser-Schmäh" ist zu sagen: „Das ist nichts Neues." oder „Das ist ja schon alles geschrieben worden." Aber wenn einmal der „Medien-Tsunami" über ein Thema losrollt, dann kann man nur noch schauen, dass man auf der Welle surft und nicht von ihr erschlagen wird. Die Vorstellung, dass man so eine Welle steuern kann, ist illusorisch. Wenn man nach etlichen Jahren ein Gefühl für mediale Mechanismen entwickelt hat, dann kann man Verläufe der Berichterstattung vielleicht einigermaßen abschätzen. Aber die Idee, dass es PR-Agenturen oder Pressesprecher gibt, die wie Mephisto in der Lage sind Medienorgel zu spielen, das ist Humbug.

Mit wie vielen Journalisten sind Sie per Du?

Per Du ist kein Maßstab für ein gutes Verhältnis. Per Du ist man schnell einmal, das ist fast branchenüblich und sagt nichts über das Nahverhältnis aus. Wenn Sie auf das Stichwort Verhaberung hinauswollen: Ich hatte am Ende des Tages immer noch das Gefühl, dass die Journalisten wussten, wo sie im Verhältnis zum Pressesprecher stehen. Ich wüsste jetzt keinen Journalisten, dem ich einfach etwas „hineindrücken" könnte.

Erhöht es die Chancen, dass ein Journalist ein Thema aufgreift oder die Richtung übernimmt, die man sich selbst wünscht, wenn man ein besseres Verhältnis zu ihm hat?

Das ist ein marginaler Bereich. Schlussendlich sind andere Dinge viel entscheidender. Wenn es um die Frage geht, ob der Journalismus selbst- oder fremdbestimmt ist, dann ist ein ganz anderer Punkt entscheidend: der ökonomische Druck innerhalb der Medien. Etliche Medienhäuser bauen Journalisten ab, weil die Auflagenzahlen zurückgehen. Dadurch steigen auch der Druck der Herausgeber auf die Chefredakteure und der Druck der Chefredakteure auf die Redaktion. Folglich wächst der Druck auf reißerische Geschichten. Innerhalb der Redaktionen macht es dann wohl auch noch einen Unterschied, welchen Vertrag ein Journalist hat. Ob er als freier Mitarbeiter auf Zeile schreibt oder ob er fix angestellt ist. Der Druck innerhalb der Medien nimmt stetig zu und nimmt den Journalisten die Freiheit, eine Geschichte solide zu recherchieren. Wenn man unter Zeitdruck Tag für Tag eine Geschichte nach der anderen liefern muss, die möglichst einen Aufreger beinhaltet und deftige Zitate hat, dann ist das Problem der Beeinflussung des Journalismus durch PR-Leute eine Folgewirkung dieses Drucks. Ein Journalist hat unter den derzeitigen Gegebenheiten nicht mehr immer die Zeit, Geschichten auszurecherchieren, weil die personellen Ressourcen fehlen. Öffentlichkeitsarbeiter können den Journalisten in dieser Situation Arbeit abnehmen, indem sie Informationen mundgerecht aufbereiten.

Ist es für Pressesprecher in dieser Situation leichter, den Journalisten etwas vorzugeben?

Das macht es möglicherweise leichter, für wen auch immer, nicht für Pressesprecher, auch für Interessenvertretungen, NGOs oder globalisierungskritische Organisationen. In dem Umfang, in dem man in der Lage ist, Fakten aufzubereiten und den Journalisten plausible Daten zu liefern, kann man Journalisten im Vorhinein Recherchearbeit abnehmen und somit Themen leichter in den Medien platzieren.

Verkommen Journalisten dann nicht zu Verlautbarungsorganen, die nur das wiederkäuen, was ihnen Dritte vorsetzten?

Nein, das ist ein völlig falscher Eindruck. Die PRAWDA *(Anm.: ehem. Zentralorgan der Kommunistischen Partei der Sowjetunion)* war ein Verlautbarungsorgan. So einen Journalismus kann ich nicht orten. Aber unter Zeitdruck ist es sicherlich verführerisch, ein bereits von PR-Profis aufgearbeitetes Thema aufzugreifen.

Halten Sie das für bedenklich?

Auf jeden Fall! Weil es letztlich den mit den meisten Ressourcen begünstigt, seine Weltsicht zu verbreiten. Wer über mehr Ressourcen verfügt, kann Themen besser aufbereiten, kann Daten und Fakten besser recherchieren und ist somit in der Lage, den Medien bessere Inhalte zu liefern. Wer mehr Geld hat, kann ab und zu eine Studie oder Umfrage in Auftrag geben und hat dadurch eher die Chance Themen zu beeinflussen. Kurzum: Wer mehr Ressourcen hat, kann Themen besser aufbereiten und sie mundgerechter präsentieren.

Haben Inserate einen Einfluss auf die Berichterstattung der Medien?

Ich habe nicht den Eindruck, dass Politikern das Inserieren in der Endabrechnung nützt. Selbst wenn da oder dort Jubelartikel geschrieben werden, die Menschen haben ein gesundes Gespür. Ohne Substanz kann man nicht überleben. Die Vorstellung, dass man über eine verzerrte mediale Realität Macht absichern kann, ist falsch. Vielleicht kann man eine Amtsperiode ein bisschen verlängern, aber à la longue können auch Printmedien nicht an der Realität vorbeischreiben, weil sie sonst nicht mehr gelesen werden.

Kann man Journalisten instrumentalisieren, Stichwort „hidden agenda"?

Als Pressesprecher hat man eine Agenda, die man über seine Botschaft vermitteln will. Wenn es einem nun gelingt die eigene Botschaft zu platzieren, ist der Journalist dann gleich instrumentalisiert worden? Oder im Umkehrschluss: Muss der Journalist justament dagegen schreiben, um nicht instrumentalisiert zu sein? Pressesprecher bemühen sich zu überzeugen. Wenn es einem gelingt, seine Argumente plausibel zu machen, dann ist man in seiner Arbeit erfolgreich. Ich glaube nicht, dass Journalisten deswegen instrumentalisiert werden.

Wie oft haben Sie als Pressesprecher beim ORF angerufen?

Ich habe das laufend getan, um Geschichten anzubieten, und ab und zu auch, um die Berichterstattung zu hinterfragen. Damit habe ich überhaupt kein Problem, weil das keine Interventionen sind. Ich finde der Journalist ist in seinem Tun genauso Rechenschaft schuldig wie Politiker. Es ist legitim, Standpunkte zu hinterfragen, Kritik anzubringen und Journalisten auch zu sagen, wo sie falsch liegen. Was hingegen nicht geht, ist eine Verknüpfung zur Berichterstattung herzustellen aufgrund der Tatsache, dass die Politik Einfluss auf die Budgets und personelle Entwicklungen im ORF hat – auch wenn die Politik dieses Faktum immer abstreitet. Ich habe mitunter auch harte Worte gefunden, insbesondere dann, wenn ich das Gefühl hatte, dass es politischen Missbrauch gab. Aber ich habe nie einen derartigen Konnex hergestellt oder aggressiv interveniert.

Was meinen Sie mit politischem Missbrauch?

Nehmen wir doch zum Beispiel die „Sommergespräche" von 2009, wo auf feinste Bedürfnisse von Bundeskanzler Faymann Rücksicht genommen wurde. Anstatt wie alle anderen auch im Freien interviewt zu werden, wurde Faymann im Bregenzer Festspielhaus interviewt anstatt auf der Bregenzer Seebühne. Alle anderen Parteivorsitzenden hatten im Freien mit diversen Nebengeräuschen zu kämpfen, wie dem Glockengeläute bei Josef Bucher. Der Kanzler saß hingegen im tip top von quakenden Entengeräuschen abgeschirmten Glaskobel. Bei Faymann wurde sogar die Sendezeit verschoben, damit er optimale Seherquoten hat. Das war schon ein bemerkenswertes Wohlwollen gegenüber dem Bundeskanzler. Die Einseitigkeit des ORF zeigt sich laufend in der Themensetzung und Themengewichtung und weniger in den einzelnen Nachrichtenbeiträgen selbst; diese sind in der Regel schablonenhaft objektiv. Die Verluste der Bundesfinanzierungsagentur wurden beispielsweise wochenlang rauf und runter gespielt, Josef Pröll musste deswegen zwei Mal in die „ZiB2" kommen. Die Spekulationsverluste bei der Kommunalkredit, die unter anderem in der Verantwortung der heutigen Unterrichtsministerin Claudia Schmied lagen *(Anm.: Schmied saß damals im Vorstand der Kommunalkredit)*, wurden dagegen ratzfatz abgehandelt, ohne dass man sich bemüht hätte, das noch weiter auszurecherchieren.

Haben Sie nicht auch genau gewusst, wo Sie als ÖVP-Sprecher anrufen müssen, um etwas zu bewegen?

Davon halte ich nichts. Sie brauchen einen Journalismus, der die Politik redlich, aber kritisch hinterfragt. Wenn man „Parteileute" in den Medien sitzen hat, mag das zwar bequem sein, aber es ist weder demokratiepolitisch in Ordnung noch à la longue sinnvoll.

Ist Medientraining für Politiker unabdingbar?

Ja, weil man in der Lage sein muss, in den audiovisuellen Medien, im Fernsehen und Radio zu bestehen. Dabei geht es nicht darum, aus jemandem etwas anderes zu machen, sondern, das was er ist, medial adäquat zur Geltung zu bringen. Dazu ist Sprechtraining genauso erforderlich wie schauspielerisches Training. Klaus Maria Brandauer spricht ein schönes Deutsch, weil er es gelernt hat. Was spricht dagegen, dass unsere Politiker das auch lernen?

Entsteht durch Medientraining die Gefahr, dass Politiker nur noch Worthülsen von sich geben?

Die Worthülsen entstehen durch etwas anderes. Wenn Josef Pröll mit Bürgern auf der Straße oder mit Parteifunktionären diskutiert hat, dann hat er sehr klar und pointiert gesprochen. Oft war es aber so, dass er, wenn ein Mikro anging, in diesen schwer erträglichen Politikersprech verfallen ist. Das ist ein Duktus, der sich durch inhaltsleere Kaskadensätze auszeichnet. Ich habe ihn einmal gefragt, warum er im Fernsehen oder im Radio nicht ganz normal spricht, wie sonst auch. Er meinte, weil er kaum noch Zeit hat über die Dinge nachzudenken. Sein Kalender sei so voll mit Terminen, dass er unter dem ständigen Mediendruck keinen Kopf habe, sich über Themen, die zwischendurch aufpoppen, Gedanken zu machen. Deswegen sei sein Anspruch bei Interviews nur der, zumindest keine Fehler zu machen. Also hat er auf Autopilot geschaltet und sich in Phrasen geflüchtet, um unbedachte Aussagen zu vermeiden, die ihm am nächsten Tag um die Ohren fliegen könnten.

Nach Ihrem Rückzug als Pressesprecher haben Sie gesagt, dass die Medienbranche generell auf einem bedenklichen Weg sei und im Standard eine zunehmende Verflachung in der politischen Kommunikation bemängelt. Wie ist Ihr aktueller Befund?

Es ist nicht nur die Kommunikation, die Politik verflacht selbst. Ich habe deutlich das Gefühl, dass Politik und Medien immer mehr dazu neigen, an ihren Wählern und Lesern vorbeizuagieren. Es ist heute für die Politik und die Medien oft viel relevanter, wer wem gerade etwas ausrichtet, als welche Probleme das Land lösen müsste. Politik wird zur „Big-Brother-Show", die an der breiten Masse der Bevölkerung völlig vorbei inszeniert wird. Bei den handelnden Akteuren fehlt das Bewusstsein dafür, dass Politik in der Lebenswelt der Menschen relevant sein muss. Ich lese zum Beispiel sehr aufmerksam die Bezirkszeitung, weil dort drinnen steht, ob bei mir um die Ecke eine Parkgarage gebaut wird oder nicht. Das macht in meinem Leben einen Unterschied. Aber ob Laura Rudas *(Anm.: Bundesgeschäftsführerin der SPÖ)* dem Hannes Rauch *(Anm.: Generalsekretär der ÖVP)* dies oder jenes ausrichtet, ist für den normalen Menschen völlig irrelevant. Politik und Journalismus verlieren sich in ihrer eigenen Parallelwelt. Wir fabrizieren hier ein Inforauschen ohne Gehalt, ein politisch-mediales Hyperventilieren ohne Substanz. Die Politik liefert keine Substanz und die Medien hypen diese Leere auch noch.

Wie könnte die politische Kommunikation verbessert werden?

Alles, was zu einer Entschleunigung führt, ist positiv. Dies ist ein evolutionärer Prozess. Es wird wieder Phasen geben, in denen stärkere Ansprüche an Qualität und Substanz formuliert werden. Gerade im jüngeren Journalismus wächst wieder der Keim heran, ein stärkeres Augenmerk auf die politischen Inhalte zu legen und kritischer nachzufragen – das sieht man etwa beim Nachwuchs von derStandard.at oder beim Datum. Ich bin da optimistisch.

■

Herbert Kickl

Herbert Kickl, geboren 1968 in Villach, studiert seit 1988 Publizistik, Politikwissenschaft, Philosophie und Geschichte an der Universität Wien, bisher ohne Abschluss. Seine politische Laufbahn begann der Kärntner 1995 als Mitarbeiter der Freiheitlichen Akademie. Von 2002 bis 2006 war er auch deren Geschäftsführer. Seit 2005 ist Kickl Generalsekretär der FPÖ. In dieser Funktion ist er für die Öffentlichkeitsarbeit und die Wahlkampforganisation seiner Partei zuständig. Seit 2006 ist Kickl zudem Abgeordneter zum österreichischen Nationalrat und Mitglied der Bundeswahlbehörde sowie des Publizistikförderungsbeirats.

„Bauch sticht Kopf"

Das Gespräch führte
Franz Hubik

Journalisten reagieren stärker auf emotionale Botschaften als auf rationale. Politiker müssen auffallen, um medial gehört zu werden.

Das Medientraining sei kein Allheilmittel, sagt Herbert Kickl. Der Generalsekretär der FPÖ meint: Aus einem Blinden lasse sich mit Hilfe von Rhetorikschulungen kein Sehender machen. Botschaften werden „lebendiger und greifbarerer" durch Personen, die sie tragen. Personalisierung könne aber zum „Desaster" werden, wenn die Person das thematische Bild nicht glaubwürdig verkörpert. Der Wahlkampfleiter der Freiheitlichen glaubt, dass soziale Medien in Zukunft an Bedeutung gewinnen, weil damit mediale „Zensur- bzw. Filtermechanismen" ausgeschaltet werden können, und erklärt, warum es ein „kluger Schachzug" war, den Namen „Heinz-Christian" Strache auf „HC" Strache zu verkürzen.

Wie ist Ihr Verhältnis zu Journalisten?

Ich bin mir über das gegenseitige Brauchen und Gebrauchtwerden von Politik und Medien bewusst. Es sind zwei Seiten einer Medaille. Die Journalisten leben von uns und wir leben von ihnen.

Wie wichtig ist die Kontaktpflege zu Journalisten?

Wenn man den einen oder anderen näheren Kontakt zu Journalisten hat, kann es helfen, Vorurteile abzubauen und Kommunikationsblockaden zu überwinden.

Hilft eine gute Beziehung zu Journalisten beim Agenda-Setting?

Ich glaube, dass Journalisten genauso ein Interesse an einem guten Verhältnis zu Politikern haben wie umgekehrt. Jeder Journalist und jeder Politiker wäre aber schlecht beraten zu glauben, daraus irgendeine Steuerung ableiten zu können. Wir streben das auch gar nicht an. Wir wollen nicht über Gebühr gut behandelt werden. Es reicht uns schon, wenn wir gleich behandelt werden wie alle anderen.

Werden Sie nicht gleich behandelt?

Manchmal habe ich schon den Eindruck, dass die FPÖ schlechter behandelt wird als andere Parteien. Insbesondere wenn es um die Berichterstattung des ORF geht. Ich gehe zum Beispiel davon aus, dass Regierungsleute vom Bundeskanzler abwärts darüber informiert sind, mit welchen Fragen ihre Getreuen in der „ORF-Pressestunde" konfrontiert werden. Für uns gilt das natürlich nicht. Wir leben vom Sprung ins kalte Wasser. Oder schauen Sie sich die Einladungspolitik an: Nur damit der Bundeskanzler nicht mit unserem Parteivorsitzenden diskutieren muss, konstruiert der ORF ständig den Umweg einer Runde der Klubobleute. Werner Faymann geht HC Strache aus dem Weg, wo er nur kann, und der ORF deckt dieses Vorgehen. Private Fernsehsender haben hier schon den Mut gefunden, einen Platz leer zu lassen, wenn sich der Kanzler einer Diskussion verweigert. So etwas gibt es beim ORF nicht, da wird vorher die ganze Runde umgedreht. Hier sieht man, dass der ORF seine Möglichkeiten zur Ausübung von struktureller Gewalt sehr exzessiv ausnützt und sich zum Erfüllungsgehilfen der Regierungsinteressen macht.

Greifen Sie deswegen zum Telefonhörer?

Natürlich gibt es die Möglichkeit, seinem Unmut Luft zu machen, indem man einen Sendungsverantwortlichen anruft und fragt, ob das wirklich sein Verständnis von Objektivität ist. Aber viel effizienter sind die rechtlichen Optionen, die man ausschöpfen kann. Wenn Sie die „ZiB-Nachrichten" aufmerksam verfolgen, werden Sie merken, dass der ORF immer öfter dazu genötigt ist, Erklärungen zu verlesen, bei denen es um fehlerhafte Berichterstattung über die FPÖ geht. Wir werden dieses Instrument in Zukunft verstärkt einsetzen, weil es einem „seriösen" Medium nicht gut tut, wenn man alle paar Wochen einen „objektiven" Bericht widerrufen muss.

Bringt das Intervenieren bei Sendungsverantwortlichen etwas?

Manchmal bringt es etwas, manchmal nicht. Man ruft ja nicht eine Sekunde nach Sendungsschluss an, sondern schaut sich die Berichterstattung über einen längeren Zeitraum an. Wenn es um die Einladungspolitik zu Politdiskussionen geht, kann ich nicht erwarten, dass in jeder Sendung ein Vertreter der FPÖ sitzt. Aber wenn ich über drei Monate beobachte, dass nie ein Freiheitlicher in den Sendungen sitzt, dann suche ich schon das Gespräch mit den Verantwortlichen. Wenn wir uns gar nicht zu Wort melden, glaubt der ORF vielleicht noch, dass wir mit seiner Einladungspolitik einverstanden sind.

Wie gelingt es Ihnen, die mediale Berichterstattung in die gewünschte Richtung zu lenken?

Dieser Spielraum ist sehr begrenzt. Man kann versuchen, bei Hintergrundgesprächen erklärend auf Journalisten einzuwirken. Aber schlussendlich ist eine Einflussnahme auf diese Art und Weise nicht wirklich möglich. Dort, wo die Gelegenheit am größten und der Effekt am stärksten ist, die Richtung vorzugeben, ist der Live-Auftritt. Dort gibt es keine Möglichkeit für den anderen etwas zu verzerren oder zu verkürzen.

Wie erzeugen Sie das Interesse der Medien für Ihre Aktivitäten?

Dafür gibt es die klassischen Kanäle einer jeden Partei. Dazu zählt die Pressekonferenz, die bei uns meistens vom Parteiobmann getragen wird, weil wir bei der Kürze der Zeit das Publikum nicht durch eine Vielfalt von Personen verwirren wollen. Im Rahmen des parlamentarischen Getriebes nutzen wir weitere Möglichkeiten. Man kann etwa Themen setzen, indem man eine „dringliche Anfrage" an ein Regierungsmitglied stellt oder eine „aktuelle Stunde" einberuft. Wir versuchen auch über Aktionismus mediales Interesse für unsere Anliegen zu wecken. Wenn Sie mit einem T-Shirt, auf dem ein markiger Spruch zu lesen ist, ans Rednerpult gehen oder Transparente im Plenum aufspannen, dann erzeugen Sie Bilder. Und über Bilder bekommen Sie auch die Aufmerksamkeit für den Inhalt. In Wahlkampfzeiten kommt dann noch das Plakat dazu.

Erreichen Sie mit Ihren Plakaten auch die Aufmerksamkeit der Medien oder nur jene der Bevölkerung?

Ich würde Medien und Bevölkerung gar nicht auseinanderhalten. Meistens sind die Medien die ersten, die auf Plakate reagieren. Wir nutzen sie als Sprungbrett zur Steigerung des Interesses.

Ist Ihnen egal, ob die Aufmerksamkeit positiv oder negativ ist?

Das kann ich nicht beeinflussen. Mir geht es rein um die Aufmerksamkeit. Egal, ob die Reaktion positiv oder negativ ist – wenn die Medien darüber berichten, erreiche ich das, wovon ein Wahlkampf lebt: Polarisierung. Das Schlimmste ist nicht aufzufallen.

Gibt es Parameter, die eine Botschaft haben muss, damit sie von den Medien gehört wird?

Eine Botschaft muss einen Neuigkeitswert haben und aus dem 08/15-Informationssalat herausstechen. Im besten Fall wird sie von einer Emotion überlagert. Das alte Gesetz „Bauch sticht Kopf" gilt noch immer. Auch Journalisten reagieren stärker auf emotionale Botschaften als auf rein rationale.

Gibt es Kriterien, die Politiker einhalten müssen, um auf ein mediales Echo zu stoßen?

Sie müssen auffallen! Wenn Sie den Normalbetrieb verlassen und etwas machen, was über das klassisch Politische hinausgeht, dann sind Sie für Journalisten interessanter. Günstig ist, ein Thema dann zu setzen, wenn thematisch wenig los ist. Jörg Haider hat gerne den Samstag dazu genutzt, weil er wusste: Da sind alle anderen im Wochenende.

Haben Presseaussendungen einen Nutzen?

Würde man sie nicht machen, würden sie fehlen. Es ist ein bisschen so wie mit der Musik im Supermarkt. Sie spielt im Hintergrund, wird von niemandem wirklich registriert und hat wohl trotzdem ihren Sinn und Zweck.

Presseaussendungen sind also nicht unnötig?

Nein, als gänzlich unnötig würde ich Presseaussendungen nicht bezeichnen. Presseaussendungen sind ein gutes Mittel, um einen Beitrag zu einer laufenden Debatte abzugeben. Die Verbreitung ist dabei größer als man glaubt. Viele übernehmen die Meldungen auf ihre Homepages oder verlinken sie auf FACEBOOK. So entsteht ein nicht zu unterschätzender Multiplikator-Effekt. Nicht alles muss unbedingt in der Zeitung landen, um registriert zu werden.

Wer bestimmt die politische Agenda: die Medien oder die Politik?

Das ist immer ein Miteinander aus Politik und Medien, ein Mischmasch aus beidem. Einmal wird das mediale Moment stärker sein und einmal das politische. Man kann die einzelnen Faktoren nicht so auseinanderklauben.

Wie sieht gutes Politmarketing aus?

Gutes Politmarketing präsentiert einzelne Themen als Teil eines Gesamtkonzepts. Sie müssen stets ein und dieselbe Geschichte erzählen, nur die Aspekte und Zugänge können unterschiedlich sein. Der thematische Kern der freiheitlichen Partei dreht sich um den Begriff der Heimat und um das Thema soziale Sicherheit im Zusammenhang mit einer Gerechtigkeitskomponente. Rund um dieses freiheitliche Rückgrat bauen wir unsere Themen auf. Entscheidend dabei ist, dass wir einen Zusammenhang zum roten Faden unserer Kommunikationslinie herstellen. Die Dinge müssen untereinander, ineinander greifen. Wenn das Band zwischen den einzelnen Dingen fehlt, bleibt nur ein thematischer Fleckerlteppich über.

Können Sie ein Beispiel nennen, wo diese thematische Verkettung funktioniert?

Nehmen Sie zum Beispiel den kontinuierlich kritischen Umgang der Freiheitlichen mit der Europäischen Union her. Zu diesem skeptischen Ansatz der FPÖ gegenüber dem Euro und den Haftungsschirmen passt perfekt das Element der direkten Demokratie dazu. Das ist ein thematisches Paket, das schlüssig ist.

Wie wichtig ist Personalisierung?

Personalisierung ist ganz wichtig. Eine Botschaft wird lebendiger, glaubwürdiger und greifbarer, wenn sie von einer Person getragen wird. Dieses Konzept funktioniert aber nur, wenn ich aus der Person nicht etwas völlig anderes mache. HC Strache kann ich wunderbar als jungen Revoluzzer, als unangepassten Systemveränderer darstellen. Das Bild passt zu seiner Person. Wenn ich hingegen Haider-Sprüche mit dem Kopf von Ursula Haubner plakatieren würde, dann ginge das in die Hose. Form und Inhalt würden nicht zusammenpassen. Personalisierung kann zum Desaster werden, wenn die Person das thematische Bild nicht glaubwürdig verkörpern kann.

Bei Presseauftritten von HC Strache darf die obligatorische Österreich-Fahne im Hintergrund nicht fehlen. Wie wichtig ist Symbolik?

Als patriotische Heimatpartei kommen wir an den Farben Rot-Weiß-Rot nicht vorbei. Bei jedem Auftritt ist der kleinere Teil der, den man bewusst wahrnimmt, und der viel größere der, der emotional übrig bleibt. Das Gefühl, das man bei einer Rede hatte, ist die viel stärkere Erinnerung, als das, was tatsächlich gesagt wurde. Ein Teil dieser Gefühlkomponente ist die Österreich-Fahne.

Was gibt es noch für Symbole?

Es war ein sehr kluger Schachzug, den komplizierten Namen „Heinz-Christian" zu „HC" zu verkürzen. Erstens, weil der lange Name in der Zeitung Platz kostet. Zweitens haben wir dadurch Aufmerksamkeit bekommen, weil alle wegen der Ähnlichkeit zu H.C. Artmann herumgeschrien haben. Drittens bringt die Verkürzung das Kumpelhafte und Jugendliche, das Dynamische und Flotte zum Ausdruck, das im Namen Heinz-Christian nicht so sehr drinnen steckt.

Als Wahlkampfleiter der FPÖ arbeiten Sie „ergebnisorientiert", wie Sie in dem Buch „Blausprech: Wie die FPÖ ihre Wähler fängt", sagen. Heiligt das Ergebnis folglich alle Mittel?

Nein, das heißt es definitiv nicht. Ich diskutiere ständig mit meinen Kollegen in den Wahlkampfgremien darüber, was wir machen und was nicht. Ich glaube nicht, dass ich in irgendeinem Fall eine Grenze überschritten hätte. Es ist notwendig zugespitzt zu kommunizieren, ansonsten geht man in der öffentlichen Wahrnehmung unter.

August Penz, der Spitzenkandidat der FPÖ bei den Tiroler Gemeinderatswahlen 2012, wurde nicht rechtskräftig wegen Verhetzung verurteilt. Im Wahlkampf hat Penz mit dem Slogan „Heimatliebe statt Marokkaner-Diebe" geworben. War das keine Grenzüberschreitung?

Ich denke, er hat legitim auf einen massiven Missstand in Innsbruck hingewiesen. Das Plakat ist nicht das Problem – es ist ein Instrument, mit dem auf ein solches hingewiesen wurde. Es kann einem gefallen oder nicht, das ist eine Frage des Geschmacks, aber keine Angelegenheit für ein Strafgericht. Aus meiner Sicht hatte das Plakat den Mangel, nicht in korrektem Deutsch formuliert zu sein.

Wo liegt Ihre Grenze bei der medialen Inszenierung – was würden Sie nicht machen?

Das kann man nicht allgemein sagen. Wenn es einen Spruch gäbe, wo jemand beschimpft oder verächtlich gemacht wird, dann würde ich das stoppen. Aber den gibt es nicht.

Der grüne Nationalratsabgeordnete Dieter Brosz wirft Ihnen aufgrund von Wahlkampf-slogans wie „Deutsch statt nix versteh'n" üblen Populismus vor. Sind Sie ein „Schreib-tischtäter", wie Brosz im Februar 2012 dem KURIER sagte?

Diese Aussage ist ein absoluter Blödsinn. „Deutsch statt nix versteh'n" ist heute Teil des Regierungsprogramms, auch wenn SPÖ und ÖVP das anders formulieren.

Wie viel Kalkül steckt hinter solchen Provokationen?

Das sind keine Provokationen. Ich vergleiche das gerne mit demjenigen, der in einer Zeitung die Headlines schreibt. Wenn der eine schlechte Schlagzeile macht, dann wird er seine Zeitung nicht verkaufen.

Ihre Slogans werden aber offenbar als Provokation aufgefasst, sonst gäbe es nicht so starke Reaktionen.

Die negativen Reaktionen kommen doch nur von unseren politischen Gegnern. Viele andere freuen sich, dass endlich jemand die Probleme auf den Punkt bringt. Wenn sich alle so furchtbar provoziert fühlen würden, wären wir bei den Wahlen nicht so erfolgreich. Ein Wahlkampf ist kein Tanz über rohe Eier. Wenn die Grünen meinen, einen Fußnotenapparat an ihre Plakate anhängen zu müssen, damit sie auf gar keinen Fall falsch verstanden werden können, dann ist ihnen das unbenommen. Aber zugespitzt zu formulieren und dadurch Aufmerksamkeit zu erregen – das ist das Ziel eines Wahlkampfes und nichts Verbotenes.

Nur ein provokanter Wahlkampfslogan ist ein guter Wahlkampfslogan?

Was heißt provokant? Ein Slogan soll zu Diskussionen führen und zur Stellungnahme auffordern. Unser politisches Programm sieht vor, dass Kinder zunächst Deutsch können müssen, bevor sie in den Regelunterricht integriert werden. Wenn es mir über das Plakat „Deutsch statt nix versteh'n" gelingt, eine politische Diskussion darüber einzuleiten, dann habe ich mein Ziel erreicht. Die Grünen können hier gerne anderer Meinung sein. Der Austausch der Argumente ist schließlich das Salz in der Suppe der Demokratie.

Ist das Medientraining Fluch oder Segen?

Das Medientraining ist kein Allheilmittel. Man kann aus einem Blinden mit Hilfe von Rhetoriktraining keinen Sehenden machen. Wenn jemand keine Begabung dafür hat, wird er auch kein super Rhetoriker werden. Der Skilehrer kann Ihnen auch nur die Technik beibringen, fahren müssen Sie schon selbst. Je nach Persönlichkeit wird aus dem einen ein Marcel Hirscher werden und aus dem anderen jemand, der nur mit Mühe und Not den Hang hinunterkommt. Mir ist es lieber, die Leute reden, wie ihnen der Schnabel gewachsen ist, bevor sie mit Worthülsen arbeiten.

Geht durch Medientraining „Echtheit" verloren?

Nein, ich glaube nicht, dass Medientraining der Grund für den Mangel an Authenti-zität ist. Der politische Gegner und die Medien schauen immer nur auf die Fehler, die einem passieren. In dieser Atmosphäre ist die Angst, etwas falsch zu machen, oft größer als der Mut, etwas bewegen zu wollen.

Welche Rolle werden soziale Netzwerke, wie Facebook oder Twitter in Zukunft bei der medialen Inszenierung Ihrer Partei spielen?

Soziale Netzwerke werden immer wichtiger. Für die FPÖ ist das eine Riesenchance, weil wir mit diesem Instrument mediale Zensur- bzw. Filtermechanismen ausschalten können. Ich brauche keine klassischen Medien mehr, um mit den Endverbrauchern in Kontakt zu treten. Auf Facebook oder Twitter sind wir selbst das Medium. Deswegen investieren wir auch in Projekte wie „FPÖ-TV", die uns auf mittlere Sicht einen Vorsprung vor allen anderen Parteien bringen. Wir sind aber noch nicht so weit, dass soziale Medien wahlentscheidend sind. Das wird noch dauern.

■

Angelika Kofler

Dr. Angelika Kofler, geboren 1961, ist eine in den USA und Österreich ausgebildete Soziologin/Sozialpsychologin und leitet seit 2001 die GfK Austria Sozial- und Organisationsforschung. Zuvor war sie als Senior Researcher des Interdisziplinären Forschungszentrums Sozialwissenschaften vorwiegend mit multinationalen europäischen Projekten befasst. Ihre wissenschaftlichen Publikationen drehen sich um Themengebiete wie Emotionen, Identitäten, Gender, Migration, Kultur, Informationsgesellschaft oder Methoden. Ihrem Branchenwechsel in die Forschung ging eine Medienlaufbahn voraus. Angelika Kofler war unter anderem als Rundfunk- und Fernsehsprecherin in Österreich und in den USA als Autorin für verschiedene Printmedien tätig.

„Journalisten agieren nicht im luftleeren Raum"

Das Gespräch führte
Michael Oberbichler

Medieninhalte können umso leichter punkten, je höher die persönliche Relevanz von den Rezipienten empfunden wird.

Die Werte und Bedürfnisse der Rezipienten zu erkennen und Inhalte so aufzubereiten, dass sie auch die angestrebten Zielgruppen erreichen können, gehöre zum Handwerk des Journalismus, sagt Dr. Angelika Kofler, Leiterin der Abteilung Sozial- und Organisationsforschung am Markt- und Meinungsforschungsinstitut GfK (Gesellschaft für Konsumforschung). Auch die Anpassung an sich ändernde Gewohnheiten und Rahmenbedingungen des Medienkonsums stelle Journalisten vor Herausforderungen. Sie sollen trotz immer kürzerer Aufmerksamkeitszeiten und Verweildauer erfolgreich komplexe Inhalte vermitteln. Die Kunst sei auch, mit

aktuellen Entwicklungen, die die Medienlandschaft verän-

dern, wie Mobile und Social Media umzugehen, so Kofler.

Ab einem bestimmten Punkt aber stoßen Journalisten mit

ihrem Können allein natürlich auch an Grenzen, insofern als

sie je nach Reichweite des Mediums, für das sie arbeiten,

und der Stimmigkeit von Inhalten und erreichbarer Rezipi-

entengruppen mehr oder weniger Rückenwind bekommen,

um ihre Themen „über die Rampe" zu bekommen.

Welche Themen interessieren die Menschen in Österreich?

Die Lebenssituation des Einzelnen und die persönliche Betroffenheit haben Auswirkungen auf die konkrete Relevanz unterschiedlicher Themen für die betroffene Person. Die eigene Familie wird immer wichtiger bewertet als Sport, Wirtschaft oder Politik. Wenn ich ein Thema wie Gesundheit habe, das insgesamt viele interessiert, setzen es dennoch unterschiedliche Bevölkerungssegmente unterschiedlich in Bezug zu ihrer persönlichen Situation. Davon abgesehen beeinflussen natürlich auch andere Faktoren wie Werte oder Lebensstile die Interessen. Eine weitere wichtige Variable ist Bildung. Mit höherer Bildung und Sozialschicht – sie setzt sich aus Berufsmilieu, Einkommen und Bildung zusammen – ist beispielsweise ein höheres Gesundheitsbewusstsein vorhanden.

Lassen sich über unterschiedliche soziodemografische Gruppen differenzierte Aussagen treffen?

Natürlich. Es gibt zahlreiche Studien darüber, welche Bevölkerungsschichten welche Themen interessieren. Vieles ist schon recht berechenbar abhängig von soziodemografischen Variablen wie Bildung, Alter oder Geschlecht. Fußballpublikum ist eher männlich, Bücher werden häufiger von Frauen gelesen, Jugendliche gehen öfter aus, die ältere, weibliche Bildungsschicht dominiert das Kulturpublikum, um ein paar Beispiele zu nennen.

Nehmen unterschiedliche Altersgruppen Themen, zum Beispiel Gesundheit, verschieden wahr?

Ja, weil es ein anderes Bewusstsein gibt, je nachdem welchen persönlichen Bezug es gibt. Ein Sportler hat ein anderes Empfinden als ein älterer Mensch, der fast die gesamte Liste möglicher Krankheiten abhaken kann. Interesse für Gesundheit ist aber unter Jungen auf alle Fälle ebenfalls vorhanden, aber der Aufhänger ist ein anderer; etwa im Zusammenhang mit der Ambition Sport zu betreiben und um einen schönen Körper zu haben. Die Leute sind durch die Breitenwirkung der Medien jedenfalls besser informiert als in vergangenen Jahrhunderten. Theoretisch wüsste jeder, wie er gesund zu leben hätte.

Gibt es Unterschiede im Gesundheitsbewusstsein zwischen Menschen aus der Stadt zu jenen vom Land?

Die Geister scheiden sich hier eher nach Bildung als nach Stadt-Land. Tendenziell sind gebildetere Schichten sportlich aktiver und gesundheitsbewusster. Schon aus demografischen Gründen – wir leben immer länger, der Anteil an Älteren steigt – wird das Thema Gesundheit sicher beliebt bleiben, in der Stadt wie auf dem Land.

Wie hängen Interessen der Bevölkerung mit den Medienangeboten zusammen?

Die Wahrscheinlichkeit, dass egal welche Themen auch erfolgreich medial vermittelt werden, korreliert auch mit dem Nutzungsverhalten der Medien allgemein. Wenn Sie wissen, welche Reichweite ein Medium hat, können Sie sich ausrechnen, welchen Einfluss das in größerem oder geringerem Maß potenziell auf das Meinungsbild der Nutzer dieses Mediums haben kann, insofern als die Mediennutzung überhaupt einmal stattfinden muss, um die Voraussetzung für möglichen Einfluss zu schaffen. Ob der dann tatsächlich ausgeübt wird, ist aber noch lange nicht gesagt. Aber wenn Sie etwa wissen, dass die Bevölkerung ein hohes Interesse am Thema Gesundheit hat – was sie hat – und Fernsehen ein flächendeckendes Medium ist, können Sie davon ausgehen, dass das Thema Gesundheit die größte Breitenwirkung über das TV haben wird. Erstens, weil ein hohes Interesse dafür da ist, und zweitens, weil das Medium vorläufig immer noch das am meisten genutzte ist. Insofern hängt das, was bei den Leuten ankommt, erst einmal vom Mediennutzungsverhalten ab. Sie können eine hochintellektuelle Analyse über ein exotisches Thema in einer wenig gelesenen Zeitung haben und es wird wahrscheinlich ein geringeres Ausmaß an öffentlicher Aufmerksamkeit bekommen als irgendein „Schmarrn" in einer Gratiszeitung, die eine hohe Reichweite hat. Allerdings: Die hätte sie nicht, wenn sie den Bedürfnissen ihrer Leserschaft nicht entsprechen würde. Der Einfluss ist also natürlich ein beidseitiger. Journalisten und Medien agieren ja nicht in einem Vakuum.

Üben Journalisten bzw. Medien mit großen Reichweiten Einfluss aus?

So einfach gestrickt sind Meinungsbildungsprozesse nicht. Es gibt keine 1:1-Formel wie sich Reichweiten in Einfluss umsetzen und wie gesagt, die Einflusskanäle sind in beide Richtungen offen. Die Mediennutzung ist der erste Schritt und umso größer die Reichweite, umso größer die Gruppe, die – aber nur vielleicht – von dem Medium beeinflusst werden kann, das sich aber auch an seine Nutzer anpasst, um zu Reichweiten zu gelangen. Die Journalisten bzw. Medien haben meiner Meinung nach nicht diese unglaubliche Macht zur Meinungsbildung, die man ihnen zuweilen nachsagt. Aber allein das Gerücht oder der Glaube, dass das so wäre, erzeugt ja schon Verhaltensmuster und selbst-erfüllende Prophezeiungen.

Wissen Journalisten, was die Rezipienten wollen?

Das sollten Sie Journalisten fragen. Die haben sicher Hypothesen dazu und werden je nach der Rezipientenstruktur ihrer jeweiligen Medien und der vorgegebenen Linie oder ihrer eigenen Ethik darauf eingehen oder auch nicht. Ein Medium ist von seinen Nutzern abhängig. Wenn Sie die nicht erreichen, gibt es zwei Möglichkeiten: Entweder der Journalist sucht sich ein neues Medium oder er orientiert sich an den Erwartungen der Konsumenten gegenüber dem Medium.

Haben die Rezipienten Erwartungen gegenüber den Medien, die sie konsumieren?

Es gibt unterschiedliche demografische Profile von Nutzern unterschiedlicher Medien. Medien haben ihren Inhalten, ihrer Positionierung und ihrem Anspruch entsprechend ein bestimmtes Leser-, Seher- oder Hörerprofil, das nicht zuletzt auch einem gewissen Hang zu einem „Ghetto der Gleichgesinnten" entgegenkommt. Genauso wenig wie ich meine Freizeit vorzugsweise mit mir unsympathischen Menschen verbringen möchte, die für etwas stehen, das ich verabscheue oder nicht mag, konsumiere ich auch kein Medium, dessen Inhalte und Stil mir zuwider sind – zumindest nicht zum Vergnügen. Dazu kommen noch Vorlieben bei Formaten, die die technischen Entwicklungen ermöglichen.

Was sind die wichtigsten Variablen bei Mediennutzungsstudien?

Reine Mediennutzungsstudien messen häufig Reichweiten, aber auch mehr, wie soziodemografische und Lifestyle-Merkmale der Nutzer. Das reicht von Standard-Variablen wie Alter, Bundesland, Geschlecht, Bildung etc. bis zu Segmentierungen der Nutzer nach Kriterien wie Technologie-Affinität oder persönlichen Werten. Das hängt davon ab, was der konkrete Hintergrund der Forschungsfragen ist.

Hören und lesen Menschen lieber die eigene Meinung oder lassen sie sich von Journalisten beeinflussen?

Niemand wird gerne von sich glauben, dass er oder sie ein manipuliertes Opfer von irgendjemandem ist. Ein denkender Mensch zu sein ist ein normativer Wert, der auch von jenen, die lieber denken lassen, hochgehalten wird. Es verlangt schon das Selbstwertgefühl sich selbst positive Eigenschaften zuzuschreiben. Aber auch wenn sich niemand freiwillig für manipulierbar und denkunfähig hält, ändert das nichts daran, dass unbewusst Prozesse ablaufen, für die sehr wohl auch intelligente und gebildete Menschen anfällig sind. Auch Sie kaufen zum Beispiel bestimmte Markenprodukte, selbst wenn Sie wissen, dass eine Marke aufgrund bestimmter emotionaler Images aufgebaut wird und sich noch nicht unbedingt automatisch durch höhere Qualität auszeichnet.

Gibt es bei der Auswahl der Medien auch ein Markendenken?

Bis zu einem gewissen Grad gibt es das vermutlich schon. Ein Hochgebildeter hat wahrscheinlich mehr Hemmungen sich mit Boulevardblättern sehen zu lassen oder wird vielleicht defensiven Erklärungsbedarf dafür verspüren, den er nicht hat, wenn er die sogenannten „Qualitätsblätter" oder „Kultursender" konsumiert, die seiner Selbstdarstellung dienlich sind. Aber Konsumenten von Qualitätszeitungen oder Kultursendern lesen natürlich auch Boulevardzeitungen oder schauen sich Reality

Shows an, wo falsch gesungen, öffentlich geduscht oder im Dschungel ein Känguruhgenital gegessen wird. Umgekehrt wird es weniger oft passieren, dass ein selbstbewusster Trash-Fan sich für komplexe Analysen trockener Themen in einem sogenannten Qualitätsmedium begeistert.

Welchen Einfluss haben Studien wie die Media-Analyse auf die redaktionelle Arbeit?

Ich bezweifle, dass Journalisten ihre tägliche redaktionelle Arbeit von der Media-Analyse abhängig machen. Sie werden sich eher dafür entscheiden oder nicht, ob sie für Medien mit einer bestimmten Positionierung tätig sein wollen. Solche Studien haben insofern eine Bedeutung, als Medien ja auch Unternehmen sind, die wirtschaftlich agieren müssen. Selbst ein öffentlich-rechtliches Medium hat einen gewissen Marktdruck. Reichweiten und damit verbundene höhere Einnahmen aus Inseraten oder Werbung hat man nur, wenn man die angestrebten Zielgruppen erreicht. Aber das ist eher Sache der Unternehmensleitung und nicht unmittelbar der Redaktion.

Mit welchen Herausforderungen werden Medien in erster Linie konfrontiert?

Es ist im Lauf der Zeit vermutlich aufwändiger geworden, Aufmerksamkeit zu erregen. Botschaften müssen öfter als „Schnellimbiss" verpackt werden, kürzer sein und schneller auf den Punkt gebracht werden. Wir leben in einer Informationsgesellschaft, wo es einen Überfluss an Information und Möglichkeiten gibt, seine Zeit mit Medien zu füllen. Alles muss schnell gehen. Einzelne Angebote haben es sicher nicht einfach, sich zu behaupten oder als unverwechselbar hervorzustechen.

Welcher Trend ist beim Nutzungsverhalten von Medien erkennbar?

Bei einigen Bevölkerungssegmenten, den Intensivnutzern des Internets, hat das Internet das Fernsehen schon überholt. Im Schnitt ist Fernsehen aber nach wie vor noch das meistgenutzte Medium. Print ist eher das Medium der älteren und gebildeten Bevölkerungsschicht. Was allerdings nicht passiert, ist ein Verdrängungswettbewerb. Diese Medien koexistieren, neue Medien ersetzen die traditionellen nicht, sie werden gemeinsam und einzelne Medien daher anders genutzt. Vielleicht liest jemand wochentags Zeitungen oder überhaupt nur Schlagzeilen im Internet und am Wochenende dieselben Anbieter in Papierform oder als e-paper am iPad, weil es gut zur längeren Frühstückszeit passt.

Medien und ihre Grenzen verschwimmen durch Mobile Media zunehmend. Am iPad und auf Tablets kann ich mit einem Endgerät theoretisch alles konsumieren. Wie reagieren Sie bei Studien darauf, dass die Grenzen verschwimmen und eindeutige Zuordnungen zu Medientypen schwieriger werden?

Wir als Forschungsinstitut haben damit kein Problem. Im Gegenteil, neue Entwicklungen geben uns die Gelegenheit neue Themen und Bedürfnisse der Menschen zu erforschen. Das Problem, mit Veränderungen umzugehen und sich innovative Konzepte einfallen zu lassen, haben die Anbieter von Medien und von Endgeräten wie Fernsehern, Tablets und Smartphones.

Wie steht es um die Glaubwürdigkeit der Politik?

Politik hat sich wie der damit verbundene Status verändert. Das Politikerimage hat sich sicherlich nicht verbessert. Es hat, nicht nur in Österreich, sondern auch in vielen anderen westlichen Ländern, die Loyalität zu politischen Parteien deutlich nachgelassen. Menschen können immer weniger eindeutig links und rechts zugeordnet werden. Politische Parteien als Institution haben Staub angesetzt und können nicht mehr so leicht mit automatischer Loyalität ihrer Klientel rechnen. Das ist ein Trend, der seit Jahren zu beobachten ist. Es gibt zwar nach wie vor ideologische Cluster, die mit gewissen Parteien korrelieren, aber diese Cluster sind nicht mehr so stabil und eindeutig. Die Karikaturisten der Zukunft werden sich mehr plagen müssen, um die typischen Sympathisanten von Partei A oder B herauszuarbeiten. Und die Politik muss sich ebenfalls hin und wieder etwas Neues überlegen, wie sie Wähler erreichen könnte. Es reicht nicht mehr, nur Ideologiepakete zu präsentieren, umso mehr als für den Durchschnittsbürger deren Unterschiede nicht unbedingt sehr klar sind. Es geht auch um neue Formate der Bürgerbeteiligung. Das Instrumentarium von Social Media und Mobile Apps steckt in Österreich im politischen Prozess auch noch in den Kinderschuhen.

Haben die Medien diesen Wandel auch durchgemacht?

Die Medien, jedenfalls was die technologische Entwicklung und deren Auswirkungen angeht, wandeln sich schneller als die Politik. Über „die Medien" als Sammelbegriff zu sprechen, ist schwierig.

Was ist an Trends erkennbar?

Wir können beobachten, dass mit den Endgeräten und ihrer Vielseitigkeit alles mobiler wird. Es gibt praktisch kein Medium mehr, das Sie nicht über das Handy nutzen können. Das tun noch nicht alle, aber die Technologie wird immer nutzerfreundlicher. Ich kann mobil fernsehen oder den STANDARD durchblättern. Die Medienlandschaft wird mobiler genutzt, weil es einfach ist, das zu tun.

Das macht eine Unterscheidung von Print, Hörfunk und TV sowie Online schwierig.

Ja. Die muss aber auch nicht sein. Die scharfe Unterscheidung zwischen neuen Medien und Print ist jedenfalls veraltet. Aber es hat natürlich Auswirkungen auf die Inhalte und die Art und Weise, wo und wie die Inhalte aufgenommen werden. Als Nutzer freut mich im Zweifelsfall, dass ich die Wahl habe.

■

Andreas Koller

Dr. Andreas Koller, 1961 in Wien geboren, wurde 1985 an der Universität Wien promoviert. Er begann seine journalistische Laufbahn 1983 als freier Mitarbeiter im innenpolitischen Ressort der PRESSE, wurde 1984 im selben Ressort Redakteur und wechselte 1988 zu den SALZBURGER NACHRICHTEN, wo er heute Leiter der Wiener Redaktion, Chef des Ressorts Innenpolitik sowie seit 2006 stellvertretender Chefredakteur ist. Er war langjähriger Vorsitzender der Initiative „Qualität im Journalismus", ist Senatssprecher des Österreichischen Presserats, Vorstandsmitglied des Kuratoriums für Journalistenausbildung und Vorstandsmitglied des „Presseclub Concordia".

„Als Journalist hat man eine gesunde Skepsis gegenüber Presseaussendungen"

Das Gespräch führte
Barbara Dürnberger

Eine zentrale Macht, die alle medialen Inhalte bestimmt, gibt es nicht.

Jedenfalls habe sie Dr. Andreas Koller, stellvertretender Chefredakteur und Ressortleiter der Innenpolitik der SALZBURGER NACHRICHTEN, in 30 Jahren Journalismus noch nicht kennengelernt. Als langjähriger Vorsitzender der Initiative „Qualität im Journalismus" ist er davon überzeugt, dass durch mehr Qualität eigene Akzente und Themen in einer Zeitung gesetzt werden können. Formate wie Kolumnen, Leitartikel oder Kommentare seien dabei eine Art Überlebensstrategie im Printbereich, so Koller.

Sie sind als Ressortleiter der Innenpolitik in Wien tätig. Ist es Ihnen möglich, die Medieninhalte der Salzburger Nachrichten mitzubestimmen?

Wichtig ist, dass die Wiener und die Salzburger SN-Redaktion mittlerweile online verbunden sind und ich die Gestaltung der Seiten der Zeitung ebenso mitbestimmen kann, wie es die Kollegen in Salzburg können. Außerdem haben wir eine tägliche Telefonkonferenz, in der ich mich einbringen kann und dadurch nicht nur auf die Gestaltung meines Ressorts, sondern auch auf die gesamte Tageszeitung Einfluss nehmen kann.

Wer bestimmt die Medieninhalte in Österreich?

Die Frage kann so nicht beantwortet werden. Das ist, als würde man fragen: „Wer bestimmt die Spielpläne der Theater?" Man könnte die Politiker als Stückeschreiber bezeichnen und wir Journalisten entscheiden darüber, ob wir das Stück aufführen, wie wir es aufführen und wann wir es wieder absetzen.

Das heißt: Einerseits bestimmen sich die Inhalte durch die Tagesaktualität oder durch die Aktivitäten der Politiker. Und andererseits sind die Journalisten in zunehmendem Maße bestrebt, Themen zu erkennen, zu setzen und aufzubereiten, die in der Luft liegen, es aber noch nicht in die Medien geschafft haben. Es gibt keine zentrale Macht, die die Themen bestimmt. Zumindest habe ich sie in 30 Jahren Journalismus noch nicht kennengelernt.

Wie viel Einfluss würden Sie den Journalisten zusprechen?

Natürlich sind Journalisten aktualitätsgetrieben. Wenn der Sozialminister ein neues Gesetz vorlegt oder wenn in Brüssel wieder einmal der Euro gerettet wird, berichtet man darüber. Da werden den Journalisten die Themen von außen „vorgesetzt" und müssen abgearbeitet werden. Je besser eine Redaktion ausgestattet ist und je mehr man sich um Qualität im Journalismus bemüht, desto stärker können auch eigene Akzente und Themen auf die Tagesordnung gesetzt werden. Das versuchen alle Medien in unterschiedlichem Ausmaß.

Wie hoch schätzen Sie die Bedeutung der Öffentlichkeitsarbeit von Interessenvertretungen in der täglichen Themenauswahl ein?

Man schaut sich an, was von Pressestellen und Pressesprechern produziert wird, aber das landet nicht unbedingt in der Zeitung. Die Öffentlichkeitsarbeit der Ministerien ist ein netter Versuch, Einfluss auf die Berichterstattung der Zeitungen zu nehmen. Ob dieser Versuch immer erfolgreich ist, würde ich bezweifeln. Als Journalist hat man eine gesunde Skepsis gegenüber OTS-Meldungen *(Anm.: Originaltext-Service-Meldungen der Austria Presse Agentur)* und Anrufen von Pressesprechern. Da ist man hellhörig und fragt sich: „Warum erzählt mir der das jetzt am Telefon?" Die Themen werden den Medien nicht von Pressestellen vorgegeben. So funktioniert die Themensetzung nicht. Es muss schon der Minister eine politische Aktion setzen, um berichtenswert zu sein.

Mit allen Themen kommen die Politiker nicht durch?

Keineswegs. Wenn heute ein Politiker eine Pressekonferenz gibt, ist das zwar ganz nett, aber als Journalist weiß ich: Dort erhält man lediglich Informationen, die der

Minister gerne in der Zeitung lesen würde. Das bedeutet aber nicht, dass ich sie auch schreibe. Ich mache mir selbst einen Reim, recherchiere noch weiter und versuche, die Botschaft des Politikers nur als Initialzündung für eine Story zu nehmen.

Im Journalismus wird kritisiert, dass die Arbeit der Journalisten oft aus dem Umschreiben von APA-Meldungen besteht.

Ich kann das nicht bestätigen. Wenn man eine Drei-Personen-Redaktion hat, kann man vermutlich nur mehr APA-Meldungen umschreiben. Aber momentan ist es so, dass sich die Tageszeitungen sehr bemühen, nicht die APA umzuschreiben, sondern die APA-Meldungen als Grundlage für eigene Recherchen zu nutzen. Ich beispielsweise gehe nicht sehr oft zum Ministerrat, weil ich das für verlorene Zeit halte. Ich lege aber großen Wert darauf, dass die APA dort ist. Dann weiß ich, was passiert ist, und kann meine Arbeit besser machen.

Wie sehen Sie die Beziehung zwischen Pressesprechern und Journalisten beziehungsweise zwischen Politikern und Journalisten?

Sehr unterschiedlich. Meistens hat man zu Pressesprechern, weil man sie schon länger kennt, ein kollegiales Verhältnis. Man weiß aber, dass sie „auf der anderen Seite des Schreibtisches sitzen" und versuchen, einen zu instrumentalisieren. Selbst wenn man mit einem Pressesprecher befreundet ist, ist man noch lange nicht „verhabert" und „frisst" ihm keineswegs aus der Hand. Bei Politikern und Journalisten ist das ähnlich. Weil Österreich ein relativ kleiner Markt ist, kennen einander alle Akteure und man hat leichter Zugang zueinander. Es sind viele Leute per Du, und es gelingt fast jedem Journalisten innerhalb von einem Tag einen Minister ans Telefon zu bekommen. In Deutschland wäre das undenkbar. Ich bin mit Politikern per Du, die ich seit Kindestagen kenne. Da sollte man sich im Klaren sein, dass man zwischen der Person und dem Amt, das sie ausführt, strikt trennen muss. Ob das in Österreich immer gelingt, weiß ich nicht. Die wahre Gefahr ist allerdings nicht die persönliche „Verhaberung", sondern alles, was über öffentliche Anzeigen läuft, wenn sich zum Beispiel die Stadt Wien in der Wiener Boulevardpresse einkauft.

Kann man es sich ökonomisch leisten, durch eine negative Berichterstattung einen Anzeigenkunden zu verlieren?

Die Qualitätszeitungen können es sich leisten und tun es auch. Dafür haben sie wahrscheinlich weniger Inseratenaufkommen. Man weiß, dass es Boulevardzeitungen gibt, die über Inserenten grundsätzlich nur freundlich berichten. Um das zu registrieren, braucht man nur mit der U-Bahn zu fahren. Das ist eine Unsitte, die erstens die Leser in die Irre führt, und zweitens uns seriöse Medien unter Druck bringt. Weil die Inseratenkunden dann sagen: „Was ist mit euch los? Bei der Zeitung X bekomme ich zu einem Inserat noch ein freundliches Interview mit dem Minister. Bei euch kann ich zwar inserieren, es wird aber nicht freundlich über den Minister berichtet!"

Zusätzlich gibt es noch die neuen Mitbewerber am Markt aus dem Onlinebereich, die der klassischen Medienbranche massive Werbeerlöse wegnehmen, daher auch die Diskussion über eine Erhöhung der Presseförderung. Auch ich bin für eine deutliche Erhöhung der Presseförderung.

Müsste man bei einer Erhöhung auch gleichzeitig die Kriterien der Presseförderung auf mehr Qualität ausrichten?

Ja, unbedingt.

Ist das realisierbar?

Ich glaube schon. Erste Ansätze gibt es bereits. Der „Presseclub Concordia", das „Kuratorium für Journalistenausbildung", der Presserat haben gemeinsam Kriterien aufgestellt, die ich für gut halte. Wenn zum Beispiel ein Medium, das sich nicht dem Presserat unterwirft, keine Presseförderung erhält, ist das ein sehr vernünftiger Ansatz. Man könnte auch das Vorhandensein von Auslandskorrespondenten oder von Ausbildungsplätzen in den Redaktionen fördern. Das würde der Qualität der Medien zugute kommen.

Marcus Maurer und Carsten Reinemann beschreiben in ihrem Buch „Medieninhalte", dass viele Beobachter die Autonomie des Journalismus durch die wachsende und professionell arbeitende PR-Branche zunehmend gefährdet sehen.

Ich sehe, dass die PR-Branche in den letzten Jahren und Jahrzehnten massiv aufgerüstet hat. Personell und finanziell ist die PR-Branche unglaublich gewachsen, während die Ausstattung der Redaktionen gleich geblieben ist. Ein durchschnittlicher Journalist steht jetzt einer Heerschar von PR-Experten gegenüber. Jeder Politiker versammelt mehrere Pressesprecher um sich, was man auch merkt, wenn man einen Politiker live interviewen möchte. Politiker sind in der Regel besser geschult, als die meisten Printjournalisten.

Was halten Sie von Medientraining für Politiker?

Mittlerweile ist es fast schon zu viel. Die Gattung des Live-Interviews ist dadurch nahezu tot. Wenn Sie einen Politiker fünf Minuten lang live interviewen, muss er durch seine ständigen Ausflüchte keine Inhalte mehr kommunizieren. Der hat seinen Schmäh auf Lager, möchte seine drei Botschaften rüberbringen und es ist völlig egal, was man ihn fragt. Dass diese Schulung schon so weit fortgeschritten ist, halte ich für ein demokratiepolitisches Problem.

Wie wichtig sind für Sie Informationen, die Sie „off-the-record" erhalten?

Die sind sehr wichtig. Man kann nicht alles schreiben, was man weiß oder zu wissen glaubt. Da Gerüchte aber immer eine Eigendynamik entwickeln, sind auch viele „Schwalben" dabei. Es wird sehr viel Schindluder mit Dingen getrieben, die manche Journalisten für Informationen halten. Prinzipiell ist der „off-the-record"-Bereich aber sehr wesentlich in unserem Beruf, ohne den man nicht arbeiten könnte. Man muss sich allerdings an die Spielregeln halten. Ein Journalist, der dumm genug ist „off-the-record"-Informationen zu veröffentlichen, sodass man womöglich noch zuordnen kann, von wem diese Information stammt, der schaufelt sich sein berufliches Grab.

**Spielt bei der Themenwahl die Frage „Was will der Leser oder die Leserin gerne lesen?"
eine Rolle?**

Natürlich. Zeitungen sind auch gewinnorientierte Unternehmen. Wenn sie niemanden
interessieren, wird sie niemand kaufen. Das bedeutet aber nicht, dass wir bestimmte
Themen unterschlagen, weil wir uns denken: Das interessiert keinen. Vielmehr ist es
so, dass wir überlegen, wie man ein Thema, das vielleicht ein bisschen trocken ist, so
aufbereitet, dass es die Leute doch interessiert. Man soll die Themen auf seine Kunden
und Leser zuschneiden, dann kann man ihnen fast alles zumuten.

Es sind schon noch die Medien, die das Interesse der Bevölkerung vorgeben, und
nicht umgekehrt. Wer würde denn bestimmen, was die Österreicher interessiert und
was nicht? Die Informationsgesellschaft ist total fragmentiert, nicht nur durch mehr
Fernsehkanäle, sondern auch durch das Internet. Es gibt jetzt nicht mehr eine
Öffentlichkeit, es gibt hundert verschiedene Öffentlichkeiten. Dieses Phänomen hat
die Medienszene und auch die Politik verändert. Es ist auch für eine Partei schwieriger
geworden, mit einem Thema die gesamte Öffentlichkeit zu erreichen. Die Partei
erreicht immer nur einen Teil und eine Teilöffentlichkeit ist zu wenig, um Wahlen zu
gewinnen.

**Welche Möglichkeiten bieten sich für Politiker, um ihre Botschaften in den Medien zu
platzieren?**

Es muss eine Art Gesamtkunstwerk sein. Wie man so etwas erfolgreich macht, zeigt
Herr Stronach vor. Er macht viele handwerkliche Fehler, aber wie man in die Öffentlichkeit gehen kann, das weiß er sehr gut. Das Phänomen Stronach war so interessant, dass sämtliche Medien darüber berichtet haben. Jede Woche hat er ein neues
Mitglied seiner Partei präsentiert, nicht alle auf einmal, sondern stückchenweise. Im
Grunde macht er diese Inszenierung sehr geschickt, weil die Leute seit Monaten
darüber reden. Man muss sich als Politiker inszenieren, dann kommen die Medien
von selbst auf einen zu.

**Sie sind bekannt für Ihre Kolumne „Kollers Klartext". Wie wichtig ist diese Form der
Berichterstattung?**

Sie wird immer wichtiger. Wir leben in einer Welt, in der ich als Zeitungsjournalist
dem Leser keine Neuigkeiten mehr mitteilen kann. Selbst wenn ich eine Weltexklusiv-
geschichte habe, wird sie schon am Vortag über die APA und das Internet gespielt.
Ich muss mich auf die Kommentarebene, auf die Analyseebene oder auf die Interview-
ebene begeben, um als Printjournalist überhaupt noch wahrgenommen zu werden.
Darum halte ich Formate wie meine Kolumne oder auch Leitartikel und Kommentare
für sehr wichtig. Das ist unsere Überlebensstrategie in der Printbranche, dass wir uns
auf diese Meta-Ebene begeben und nicht dem Leser erzählen, was er ohnehin schon
weiß.

Nehmen Meinungen von Journalisten zu viel Platz in den österreichischen Medien ein?

Natürlich kann man darüber diskutieren, vielleicht wird es irgendwann zu viel. Es
gibt sicher auch Leser, die sagen: „Ich brauche nicht jeden Tag jemanden, der mir
sagt, was ich denken muss." Aber der Kommentar zeichnet sich dadurch aus, dass er
dem Leser nicht sagt, was er denken soll, sondern dass eine Analyse produziert wird
und der Leser sich seinen Reim darauf machen kann.

Was würden Sie an den Inhalten ändern, mit denen die Medien die Öffentlichkeit informiert?

In den letzten Jahren gab es einen unguten Trend. Da wurden Leute vor die Kamera oder in die Zeitung „gezerrt", die dort gar nicht hingehören. Verbrechensopfer, Kleintäter oder völlig unbeteiligte Leute wurden auf eine Weise medial vorgeführt, die es früher nicht gegeben hat. Beim „Fall Fritzl" *(Anm.: Ein schwerer Inzest- und Missbrauchsfall aus dem Jahr 2008)* waren sich einige Zeitungen nicht zu blöd, die betroffenen Kinder auf die Titelseite zu bringen, sodass ganz Österreich gewusst hat, wie sie aussehen. Auch irgendwelche Unfallopfer werden oft „unverpixelt" vor den Leser gezerrt. Das halte ich für eine abartige Entwicklung, der man Einhalt gebieten sollte. Diese Entwicklung wurde durch bestimmte Zeitungsgründungen der letzten Jahre im Boulevardbereich noch verschärft. Es bereitet mir Sorgen, dass für manche Zeitungen die natürliche Schranke, was Inhalte betrifft, einfach nicht mehr zählt. Wir bewegen uns dadurch in die Richtung der britischen Boulevardpresse, wo die Menschenwürde täglich mit Füßen getreten wird. Das brauche ich in Österreich nicht.

Wie wird die Medienwelt in zehn Jahren aussehen?

Ob sie besser aussehen wird als jetzt, wage ich zu bezweifeln. Die Qualitätszeitungen stehen unter einem enormen Druck und es wird immer schwieriger, Qualität zu produzieren. Wenn angesehene Blätter in Österreich, Deutschland und den USA Personal einsparen müssen, ist das nicht gerade ein Beitrag zur Qualitätssteigerung. Die „Boulevardisierung" schreitet voran. Die Boulevardblätter sind in der Regel nicht Mitglied des Presserats und pfeifen auf den Ehrenkodex des österreichischen Journalismus.

Sie wollen dann aber Presseförderung.

Richtig. Darum sage ich: Wer nicht Mitglied im Presserat ist, sollte von der Presseförderung ausgeschlossen bleiben.

■

Florian Krenkel

Dr. Florian Krenkel wurde 1959 in Innsbruck geboren. Nach seinem Studium der Rechtswissenschaften trat er 1984 in den diplomatischen Dienst des Außenministeriums ein. Ab 1987 war Florian Krenkel in New York als Botschaftsrat der ständigen Vertretung Österreichs der UN tätig, bevor er 1993 Pressesprecher von Bundesminister Dr. Alois Mock wurde. Von 1995 bis 2001 arbeitete Krenkel als Pressesprecher von Dr. Wolfgang Schüssel. 2001 nahm er seine Tätigkeit als persönlicher Berater der fürstlichen Familie Liechtenstein auf. Seit 2004 ist Florian Krenkel für den Österreichstandort der internationalen Werbeagentur Ogilvy & Mather tätig, 2005 übernahm er den Posten des Chairman und CEO der Ogilvy Group Austria.

„Die Message muss kurz und knackig transportiert werden"

Das Gespräch führte
Julia Karzel

Besonnenheit, Ethik und Professionalität sind sowohl in der PR als auch im Journalismus gefragt.

Nicht Propaganda, sondern Information sei die Hauptaufgabe der Pressearbeit, meint Dr. Florian Krenkel. Um die Aufmerksamkeit eines Journalisten zu wecken, setzt der Geschäftsführer der Werbeagentur „Ogilvy & Mather" in Wien auf sorgfältige Pressearbeit und gute Inszenierung. Großes Potenzial läge dabei in Social Media-Plattformen. Oft fände durch virale Verbreitung im Netz die eine oder andere originelle PR-Aktion auch Niederschlag in den klassischen Medien. Denn jeder Journalist sei heutzutage auf der Suche nach außergewöhnlichen Storys – und zwar möglichst schnell und exklusiv. Dabei bleiben laut Krenkel allerdings

journalistische Qualität und ethische Verantwortung oftmals

auf der Strecke.

Wie hat sich die Beziehung von Medien und Agenturen in den letzten Jahren verändert?
Ich glaube, dass in Österreich auf beiden Seiten noch Verbesserungspotenzial vorhanden ist.

Woraus schließen Sie das?
Das merkt man an den Produkten, die am Markt sind, an der Politikverdrossenheit und dem Desinteresse. Dafür sind zu einem Teil einerseits die PR- und Werbeagenturen verantwortlich – durch schlechte Inszenierung und ungeschickte Themenplatzierung. Auf der anderen Seite liefern die Medien oft fragwürdige Berichterstattung, weil die Zeit fehlt, zu recherchieren oder sich auf Interviews vorzubereiten, und weil der Fokus ausschließlich auf Konflikten und Negativ-Themen liegt.

Mit wie vielen Journalisten sind Sie per Du?
Ich bin mit einigen Journalisten per Du, aber nicht mit sehr vielen. Mit den meisten wurde ich es erst nach Beendigung meiner Tätigkeit.

Hilft es, Journalisten persönlich zu kennen?
Es geht mehr um das qualitative Kennen auf arbeitsmäßiger Ebene. Man muss einander vertrauen können und wissen, was „on-the-record" und „off-the-record" weitergegeben wird. Ich habe immer ein sehr gutes Verhältnis zu Journalisten gehabt. Aber wenn jemand seine Zusagen nicht gehalten hat, dann war es vorbei.

Wie sind Sie als Pressesprecher an die Medien herangetreten?
Das gestaltet sich ganz unterschiedlich, je nach Medium. Es gibt offizielle Kommunikationsebenen, auf denen man Informationen durch Pressekonferenzen, Pressegespräche oder Interviews weitergibt. Dann gibt es Hintergrundgespräche mit einem oder mehreren Journalisten, und vieles läuft auch auf inoffiziellem Weg. Auf internationaler Ebene handelt man nach genau festgelegten Regeln, je nachdem bei welcher Institution man tätig ist.

Wie verbreiten Sie Ihre Inhalte am erfolgreichsten unter den Journalisten?
Besonders wichtig sind Vorbereitung und Aufbereitung der Inhalte: Hintergrundinfos bringen, griffige Zitate einbauen, Issue Management und Themen-Setting mit den Redakteuren selbst absprechen. Das ist die persönliche Arbeit, die früher extrem wichtig war. Heute fehlt Journalisten oft die Zeit, sie müssen alles schnell machen. Die Pressestellen stehen genauso unter Zeitdruck, manchmal fehlt es da auch am

Handwerkszeug und der professionellen Erfahrung. Die Welt ist jedenfalls schneller geworden. Das liegt zu einem gewissen Teil an der Digitalisierung unserer Kommunikation. Jeder glaubt, man muss alles sofort machen. Das beeinflusst die Art der Arbeit, aber auch die Art und die Qualität der Nachrichten.

Sie waren Berater der fürstlichen Familie Liechtenstein. Wie schafft man es, ein Fürstenhaus zu positionieren?

Das war sicher ein Thema bei der neuen Verfassung und der dazugehörigen Abstimmung, genauso für die Neuausrichtung des Finanzplatzes Liechtenstein. Die Medienarbeit war umfangreich und schwierig, weil die Familie sehr zurückhaltend ist, bestimmte Geschehnisse und Entscheidungen aber doch kommuniziert werden müssen. Es war eine Gratwanderung: Wir mussten einen Mittelweg finden zwischen dem, was man darf, und dem, was man machen muss, um eine Message zu vermitteln.

Was haben Sie gemacht, um Liechtenstein als Finanzstandort zu positionieren?

Wir haben mit der Steuerverwaltung komplett andere Regeln für den Finanzmarkt aufgestellt. Wir haben eine Finanzmarktbehörde auf die Beine gestellt, die dreimal so groß war wie die österreichische, sowie Sorgfaltspflichterklärungen und Transparenz über Abläufe und Konten geregelt.

Wie haben Sie diese wirtschaftslastigen, beinahe trockenen Themen an die Medien transportiert?

In Liechtenstein gehen wirtschaftliche Themen an die Substanz, weil sie die Menschen direkt betreffen. Viele Leute sind dort im Finanzsektor angesiedelt und haben über Jahrzehnte nichts anderes gemacht. Man interessiert sich für Themen aus dem Bereich, in dem man arbeitet.

Die „Demokratiebewegung Liechtenstein" warf Ihnen wegen der Werbekampagne für die Verfassungsinitiative, im Zuge derer der Fürst mehr Macht zugesprochen bekam, Volksmanipulation vor.

Das ist ein sehr emotionales Thema in Liechtenstein gewesen. Aber die Leute in diesem Land sind ja nicht dumm. Die leben seit vielen Jahrzehnten in Liechtenstein, haben das Land groß gemacht. Die Verfassungsinitiative war ein sehr klarer, offener Prozess. Es hat viele Runden gegeben, persönliche Gespräche und Diskussionen mit unterschiedlichen Standpunkten. Das war Öffentlichkeitsarbeit im besten Sinn: substanzieller Dialog mit den Stakeholdern. Zuerst galt es, einen Verfassungstext zu bekommen, der auf der größtmöglichen Breite an Zustimmung der Bevölkerung fundiert.

Ist es leichter, in einem kleinen Land erfolgreiche Pressearbeit zu betreiben?

Es ist auf jeden Fall anders, weil es nicht so sehr auf die Presse ankommt, sondern auf den Einzelnen. In Liechtenstein gibt es keine eigene Fernsehstation und nur zwei Zeitungen. Sehr viel basiert auf direktem Kontakt. In Deutschland kann ich nicht mit 80 Millionen Bürgerinnen und Bürgern reden, da brauche ich Multiplikatoren. In Liechtenstein lief das Ganze sehr spezifisch, persönlich und dadurch auch emotionaler ab.

Im Juli 2012 ist eine Gegeninitiative zu der Verfassungsinitiative gescheitert. Konnten Sie das nachvollziehen?

Ja. Diese Gegenreaktion war überzeichnet. Jeder kennt die fürstliche Familie. Die würde nie etwas tun, das nicht im Interesse des Landes und seiner Bürger wäre. Das sind keine Persönlichkeiten, die sich in Szene setzen – ganz im Gegenteil. Wenn dann einer die grauslichsten Szenarien an die Wand malt, kapieren die Leute irgendwann, dass das komplett überzogen ist. Mit solchen Propagandaaktionen geht man am besten um, indem man sie ignoriert.

Ist Pressearbeit zu einem Teil Propaganda?

Pressearbeit hat verschiedenste Aspekte. In erster Linie ist Pressearbeit Informationsarbeit. Hinter dem historisch belasteten Begriff Propaganda steht die höchstmögliche Form der organisierten Niederschlagung jeglicher freier und persönlicher Bewegungsfähigkeit. Das ist nicht mehr zeitgemäß. Dazu haben sich Meinungsbildung und Meinungsäußerung zu sehr verschoben. Heute kann jeder auf Twitter oder auf Facebook so viele Leute um sich scharen, wie er will. Dass aus Blogs eine Revolution entsteht, war früher undenkbar.

Wie berücksichtigen Sie diese Entwicklung in Ihrer Pressearbeit?

Wir machen uns diese Kanäle zunutze. Man bedenke nur unseren Videoclip für die Modellbaumesse, bei der wir mit Lego-Figuren den Stratos-Sprung im Verhältnis 1:350 nachgestellt haben. Dass der solch eine Dimension bekommt, hat niemand geahnt. Das Video hat bereits am ersten Tag über 200.000 Klicks auf YouTube gehabt, nach wenigen Tagen standen wir bei über 8 Millionen. Diesen Effekt nennen wir „non-paid": Werbung, für die wir nicht bezahlen, die unbezahlbar ist, die rein über virale Verbreitung passiert. Das bringt viel mehr, als wenn ich ein Inserat oder ein Advertorial schalte, wo man an den ersten drei Sätzen erkennt, dass das keine redaktionelle Geschichte ist.

Wie haben Sie es geschafft, dass der Stratos-Clip viral wurde?

Diese Phänomene beruhen zu einem großen Teil auf gutem Timing und Glück. Wir haben zunächst das Video auf YouTube gestellt. Dann haben wir beobachtet, wie es ankommt und wo es kommt. Die ersten größeren Geschichten darüber haben sich in England entwickelt. Dort hat man auch ein anderes Verhältnis zu Onlinewerbung, die bildet 40 Prozent des Media-Etats. Bei uns sind es vier oder fünf Prozent. Als nächstes haben sich große englische Medien wie der GUARDIAN dafür interessiert. Dann hat die HUFFINGTON POST einen großen Onlineartikel geschrieben, die Geschichte ist nach Amerika hinübergeschwappt. Wir haben Felix Baumgartner selbst das Video geschickt. Dem hat das sehr gefallen, Red Bull ebenfalls und dann hat die Lego Community das Video für sich entdeckt. Auf einmal ist das zum Lego-Jump geworden. Dann ist das redaktionell in die Tageszeitungen gegangen und dann haben Fernsehstationen wie CNN, BBC und NBC unseren Clip ausgestrahlt.

Wie hat sich der Umgang mit Advertorials verändert?

In Österreich hat sich das Aufkommen von Advertorials nach dem Jahr 2000 verstärkt, auch weil viele Medien unter massivem ökonomischem Druck stehen. Teilweise werden aus Advertorials ganze Extrahefte, die für Medien als Einnahmequelle sehr wichtig sind. Generell gilt: Advertorials sind bezahlte Inhalte und sollten als solche ausgewiesen werden.

Wie reagieren Sie bei einem Krisenfall oder „Shitstorm"?

Am schwierigsten ist es, wenn die Krise schon passiert ist und dann jemand kommt und sagt, ich habe eine Krise. Wir versuchen mit unseren Kunden, Szenarien zu überlegen und Vorbereitungen für den Ernstfall zu treffen. Das ist ein sehr komplexer Prozess: Die gesamte innerbetriebliche Aufteilung, die externe und interne Kommunikation müssen überlegt werden, Verantwortungen müssen festgelegt werden.

Ist im Krisenfall ein aktiver Zugang zu den Medien zu empfehlen?

Es ist sehr schwer, die Berichterstattung zu beeinflussen. Es kommt auch immer darauf an, wer betroffen ist und wie das Ganze inszeniert ist. Je breitenwirksamer ein Thema, je bekannter die beteiligten Marken und Menschen, desto größer das öffentliche Interesse und desto schwieriger die Steuerung der Kommunikation. Manchmal ist es sehr gescheit, eine offensive Medienstrategie zu betreiben, weil man dann das Thema breiter oder anders darstellen kann. Bei falschen Meldungen sollte man auf jeden Fall möglichst rasch korrigieren. Wenn ich offen darstelle, wie etwas war, ist das klüger als ein Vertuschungsversuch.

Wie oft kommen in einem Krisenfall Informationen ungeplant an die Medien?

Es gibt überall Menschen, die Sachen weitererzählen oder mit dem Handy filmen. Mit den technischen Möglichkeiten gibt es heutzutage so viele Dinge, die man nicht steuern kann. Vor allem wenn eine offizielle Informationssperre herrscht, holen sich die Medien ihre Infos natürlich aus anderen Quellen, ob richtig oder falsch. Das geht dann bis zum gefälschten Interview. Wenn man klagt, hat man ein paar Monate später eine Entgegnung, die keinen Menschen mehr interessiert. Darunter leiden Qualität und Ethik. Das ist nicht mehr vertretbar.

Woran liegt es, dass die Qualität der Medien nachlässt?

Jede Redaktion will eine besondere Story bringen, sich von anderen Medien abgrenzen. Sogenannte Qualitätsmedien wie PRESSE, STANDARD oder KURIER tun das nicht. Aber die Yellow Press tut das sehr wohl. Da spielt auch Druck aus der Verlags-Führung mit. Was soll ein Journalist denn sagen, wenn von oben kommt: „Schreib' das!" Wenn er sich weigert, wird er nicht mehr lange beschäftigt sein.

Wie oft ist es Ihnen gelungen, dass von Ihnen unerwünschte Artikel nicht geschrieben wurden?

Es ist öfters gelungen, dass geplante Sachen nicht in der Form gebracht worden sind. Ich konnte nachweisen, dass es sich um Falschmeldungen handelt. Wenn etwas fix-fertig und wahr ist, ist es schwer, eine Veröffentlichung zu verhindern.

Ist es schwieriger geworden, Informationen zurückzuhalten oder zu verschleiern?

Man muss sorgfältiger sein. Was vor einigen Jahren vielleicht im Verborgenen geblieben wäre, findet sich nun bei Google. Früher hatte man mehr Zeit und konnte im Hintergrund mehr vorbereiten. Betrügen war und ist allerdings immer ein No-Go. Über kurz oder lang kommt die Wahrheit heraus. Die Aufgabe einer Kommunikationsagentur ist nicht, zu betrügen, sondern einen ordentlichen Job zu machen, Information richtig aufzubereiten und Personen, Marken und Produkte gut zu positionieren.

Werden Ihre Pressemitteilungen manchmal Wort für Wort abgedruckt?

Klar. Wenn eine Pressemitteilung kurz ist, knackig geschrieben, mit einem spannenden Zitat und guten Bildern ausgestattet ist, stehen die Chancen gut, dass ein Medium das direkt übernimmt. Warum auch nicht? Schließlich sollte eine Agentur den Redaktionen die Arbeit leichter machen.

Sind klassische PR-Werkzeuge wie Pressekonferenz oder Pressemitteilung noch wirkungsvoll?

Pressekonferenzen sind immer weniger ein Mittel, weil sie zu lange dauern und zu kompliziert sind. Die Bilder von Leuten im Anzug mit Namenstaferl und Mikro vor der Nase interessieren niemanden mehr.

Welche Alternativen gibt es?

Ich kann beispielsweise Events an ausgefallenen Orten inszenieren. Da gibt es schöne Bilder von Settings, an die ein Fotojournalist üblicherweise nicht kommt.

Welches Ereignis haben Sie in Ihrer Karriere besonders medienwirksam inszeniert?

Jedes Land, das die EU-Präsidentschaft innehält, übergibt das Amt offiziell an seinen Nachfolger. 1998 sollte auf Österreich Deutschland folgen. Ich hatte überlegt, wie man das anders kommunizieren kann als durch eine Pressekonferenz. Schlussendlich haben wir zwei Schweißbänder machen lassen, in den österreichischen und deutschen Farben. Dazu wurde ein Holzstab gefertigt. Wir haben diese Abfolge als Staffelübergabe inszeniert. Ich habe dann Wolfgang Schüssel ersucht, das Holz medienwirksam an Joschka Fischer weiterzugeben. Die Übergabe wurde im Volksgarten inszeniert und die beiden haben eine Riesenshow daraus gemacht. Alle Medien waren dort. Wir waren damit in tausenden Zeitungen weltweit das Titelfoto. Mit relativ geringem Aufwand wurde so eine gute Idee medial wirksam umgesetzt. Die PR, die wir dafür bekommen haben, war unbezahlbar.

Ist Originalität das Erfolgsmerkmal einer Agentur?

Ja. Vor allem Bildsprache ist sehr wichtig. Die Leute lesen keine seitenlangen Artikel, die wollen was sehen. Die Message muss kurz und knackig transportiert werden.

Wie haben Sie reagiert, als 2010 „Ogilvy" wegen eines monatlichen Honorars von 35.000 Euro für Lobbying im Auftrag des Wiener Flughafens negativ in den Schlagzeilen war?

Diese Geschichte wurde im FORMAT geschrieben. Ich habe dem Journalisten aufgeschlüsselt, was mit dem Honorar passiert ist: Marke, Konsortium, Werbelinie, Schaltungen – den gesamten Medienplan. Von dem Gesamthonorar waren 80 Prozent reine Medienschaltungskosten. Es ist halt sexy zu schreiben, der Herr Krenkel steckt viele tausend Euro ein. Wenn man den Artikel genau gelesen hat, ist auch die vorsichtige Formulierung aufgefallen. Dieser Journalist war sich ganz und gar nicht sicher bei seinen Anschuldigungen. Und hat dann verstanden, dass er einer Falschinformation aufgesessen ist.

Wissen Sie, wie der Journalist an die Information gekommen ist?

In so einem Fall muss man die „cui bono?"-Frage stellen. Also: Wem nützt es, so eine falsche Information zu verbreiten? Mitbewerbern am Markt? Konkurrenten um die Macht im Unternehmen? Es gibt immer jemanden, der glaubt, durch Anpatzen von anderen einen Vorteil rauszuholen. Manchmal bekommen Medien dann teilweise illegal kopierte, gestohlene oder schlichtweg erfundene Sachen zugespielt und übernehmen diese, ohne nachzuprüfen. Aber wir sind ein börsennotiertes Unternehmen. Da wird jeder Geschäftsvorgang geprüft, jeder Geldfluss kontrolliert, jeder Cent umgedreht. Bei uns kann niemand einfach so Geld einstecken.

Auf diese Art und Weise fliegen auch illegale Aktivitäten von Firmen und Agenturen auf.

Das ist legitim und eine wichtige Aufgabe im Journalismus. Aber man muss professionell damit umgehen und nicht einfach auf gut Glück veröffentlichen. Sonst sind unschuldige Leute in Nullkommanix verurteilt und „hingerichtet". Ich wünsche mir Medien, die integer und korrekt mit ihrer wichtigen Aufgabe als Aufdecker umgehen.

■

Ulrike Lunacek

Mag. Ulrike Lunacek, geboren 1957 in Krems, studierte Dolmetsch Englisch und Spanisch. Von 1989 bis 1995 war sie Redakteurin des entwicklungspolitischen Magazins SÜDWIND und Pressereferentin des Österreichischen Informationsdienstes für Entwicklungspolitik. 1995 kandidierte sie für die Grünen, wo sie von 1996 bis 1998 Bundesgeschäftsführerin war. Nachdem sie zehn Jahre als Nationalratsabgeordnete in Wien tätig war, wurde sie 2009 Abgeordnete des Europäischen Parlaments in Brüssel. Neben ihrer Abgeordnetentätigkeit ist sie auch Außenpolitische Sprecherin der Grünen, Delegierte der Grünen Fraktion im Europaparlament bei der Europäischen Grünen Partei, Kosovo-Berichterstatterin des Europäischen Parlaments und Ko-Vorsitzende der LGBT-Intergroup.

„Es ist ein ständiger Kampf darum, sein Thema in die Medien zu bringen"

Das Gespräch führte
Paulina Parvanov

Als Politiker muss man sich aber auch kritisieren lassen können.

Mag. Ulrike Lunacek, Delegationsleiterin der österreichischen Grünen im Europaparlament, sieht die Unabhängigkeit der Medien als zentralen Faktor jeder modernen Demokratie, der immer wieder neu erkämpft werden muss. Um Themen in die Medien zu bringen, sei auch in Brüssel ein regelmäßiger Kontakt zu Journalisten wichtig. Die österreichische Form der „Verhaberung" gebe es dort aber nicht. Für Journalisten sei es eine Herausforderung, sich von der Politik nicht beeinflussen zu lassen und sich einen kritischen Geist zu bewahren. Ob jemand Einfluss auf die Berichterstattung

hat, hänge vor allem von der Integrität der Journalisten ab.

Welche Rolle spielen die Medien im Alltag eines Politikers?

Sie spielen eine sehr wichtige. Die Medien sind einer jener Transmissionsriemen, mit denen wir unsere Inhalte an breitere Bevölkerungsgruppen bringen.

Haben Sie ein Medientraining besucht?

Ja, hin und wieder. In einem gewissen Ausmaß halte ich Medientrainings für wichtig. Man merkt selbst, wo man Schwächen hat. Ich neige beispielsweise dazu, Schachtelsätze zu machen. Das kommt aus meiner Zeit als Dolmetscherin. An diesen Sachen kann man arbeiten und sie durch Training vermeiden. Manche Politiker trainieren sich aber etwas an, was nicht zu ihrer Persönlichkeit passt. Das finde ich dann problematisch, denn man verliert dadurch die Authentizität. Außerdem spürt jeder, dass das antrainiert ist und nicht mehr zur Persönlichkeit passt. Ich sehe das Medientraining eher als Fortbildung. Du musst als Politiker darauf achten, wie man Sachen rüberbringt und auch wie man aussieht. Frauen müssen sich darum noch mehr kümmern als Männer. Ein Medientraining kann hier einiges verbessern. Aber man sollte der Bevölkerung nicht jemanden verkaufen, der man nicht ist.

Sie waren beim Magazin Südwind als Journalistin tätig. Wie geht man als Politiker im Vergleich zu einem Journalist mit einem Thema um?

Die Art, wie ich an Themen herangehe, habe ich aus meiner Zeit als Journalistin. Fragen zu stellen und herauszufinden, wie etwas funktioniert, fand ich immer interessant. Das geht mir in meinem jetzigen Beruf ein bisschen ab. Als Politiker musst du immer sofort sagen, wie etwas ist und eine Meinung äußern; manchmal auch, ohne dass man viel Zeit hat, sich etwas zu dem Thema zu überlegen. Wenn ich heute auf interessante Leute treffe, höre ich oft auch nur zu und hole mir Informationen, um mir meine Meinung zu bilden. Ich muss zwar nicht alles bis in das kleinste Detail herausfinden, aber ich muss den Zusammenhang kennen und Beispiele wissen. Mit Beispielen zu arbeiten, ist im Umgang mit Journalisten wichtig und hilft, Themen in die Öffentlichkeit zu transportieren.

Wer gibt die Themen der politischen Berichterstattung vor? Sind das Parteien und Pressesprecher oder Journalisten?

Sowohl als auch. Man ist als Politiker sehr davon abhängig, was sonst noch in Österreich, Europa und der Welt geschieht und wie viel Platz in den Medien bleibt. Ich habe Situationen erlebt, in denen es hieß, „Ja, wir machen etwas dazu", und dann geschah an diesem Tag etwas Unvorhergesehenes, wie etwa eine Umweltkatastrophe, ein Amoklauf oder ein Politikerrücktritt. Wenn so etwas passiert, müssen Journalisten darüber berichten und Politiker dazu Stellung nehmen. Da kann man sein Wunschthema noch so gut vorbereitet haben, es kommt trotzdem nicht in die

Medien. Auch abseits dieser speziellen Ereignisse ist es ein ständiger Kampf darum, dass die Themen wichtig und gut genug vorbereitet sind, damit sie in die Medien kommen. Wir versuchen es tagtäglich. Manchmal ist es von Erfolg gekrönt.

Sie haben einen „Blog" und sind auch auf der Social Media Plattform Facebook aktiv. Versuchen Sie dort Themen aufzugreifen, die in den klassischen Medien keinen Platz finden?

Ja, vor allem bei den Themen, die es schwierig haben, in den Medien Platz zu finden. Es ist eine andere Möglichkeit, Themen zu verbreiten. Vor allem kann man das mit „neuen Medien" zielgruppengerechter machen. Ich habe einzelne Mailverteiler zu Themengruppen wie Frauenpolitik, Lesben- und Schwulen- oder Entwicklungspolitik. Ich kann den Leuten, die meinen „Blog" interessant finden oder mir auf Facebook folgen, Informationen und Aspekte eines Themas weitergeben, die in den bundesweiten Medien sehr selten bis gar nicht vorkommen.

Die Berichterstattung über europäische Inhalte ist tendenziell negativ. Woher kommen diese Inhalte?

Als ich im EU-Parlament anfing, sagte mir ein österreichischer Korrespondent in Brüssel: „Wenn Sie etwas haben, das einen Konflikt mit der österreichischen Bundesregierung darstellt, dann ist das ein gutes Thema." Wenn es einen Konflikt gibt, ist das Interesse da. Wenn es jedoch etwas zu berichten gibt, das vielleicht erst zwei Jahre später in Österreich Gesetz wird, hat das viel zu selten Platz. Nur interessant zu sein, ist für ein europäisches Thema oft zu wenig.

Ein weiteres, gravierendes Problem liegt in der Struktur der europäischen Politik selbst. Österreichische Regierungen sehen Europapolitik oft als etwas, was sie selbst mitbeschließen, wo ihnen das Ergebnis aber nicht gefällt. Dann heißt es immer: „Wir haben eh gekämpft, aber …" oder noch schlimmer: „Die EU hat entschieden, wir waren nicht dabei!" Brüssel und die Europäische Union werden portraitiert als die Bösen da draußen, die uns etwas aufzwingen wollen. Dabei wird nicht erwähnt, dass auch österreichische Politiker selbst dabei sind und mitentscheiden. Das hat sich über Jahre hinweg etabliert und findet nicht nur in Österreich, sondern auch in anderen Mitgliedsländern, statt.

Das dritte Problem ist, dass wir als Abgeordnete wenig Zeit haben, in Österreich zu sein. Wir sind 19 EU-Abgeordnete und können nicht immer vor Ort in Österreich sein. Es ist leichter zu den Korrespondenten in Brüssel als zu den österreichischen Journalisten Kontakt zu halten. Leider müssen aber auch die Korrespondenten ständig darum kämpfen, Themen aus der EU in ihre eigenen Zeitungen zu bringen.

Gibt es einen Unterschied die Beziehung zu Journalisten betreffend zwischen der Tätigkeit als Abgeordneter im Nationalrat in Wien und jener im Europaparlament in Brüssel?

Das ist schwierig zu vergleichen, da wir auf europäischer Ebene keine solche Medienöffentlichkeit haben, wie in Österreich. Es gibt wenige explizit europäische Medien. Es gibt beispielsweise keine europäische Zeitung. Insofern haben wir auch in Brüssel vorrangig mit den österreichischen Korrespondenten zu tun.

Ein wesentlicher Unterschied zu Österreich ist, dass es in Brüssel diese ausgeprägte Form der „Verhaberung" nicht gibt. Das liegt daran, dass die Journalisten und Politiker aus 27 (bald 28) unterschiedlichen Ländern kommen. In Österreich und auch in den kleineren Mitgliedstaaten ist die „Verhaberung" ein Phänomen, das man in sehr vielen Bereichen findet. Zwar trifft sich die österreichische Community auch in Brüssel des Öfteren, aber das ist immer noch nichts im Vergleich zu Österreich. In Österreich kann man über persönliche Kontakte zu Journalisten immer mal eine Geschichte lancieren. Das läuft auf europäischer Ebene nicht so. Es gibt zu viele Themen, die untergebracht werden wollen. Da hilft es nicht viel, wenn man jemanden besonders gut kennt.

Wie bringt man sein Thema in die Medien?

Der regelmäßige Kontakt zu Journalisten hilft dabei, sein Thema zu platzieren. Wenn man ungefähr weiß, wen was interessiert, kann man gezielt Informationen weitergeben, die dann auch gebracht werden. Das Wichtigste ist aber, dass man sich überlegt, wie man aus seinem Thema eine Geschichte statt einer Presseaussendung machen kann. Das ist die tägliche Herausforderung für Politiker.

Wie macht man eine „Geschichte" aus seinem Thema?

Manchmal gelingt es mit einem guten Foto, aus einem Inhalt eine Geschichte zu machen. Ich beschäftige mich beispielsweise mit dem Kampf gegen den Belo-Monte-Staudamm in Brasilien. Dort soll das drittgrößte Kraftwerk der Welt entstehen. Hunderttausende Indigene würden vertrieben oder umgesiedelt werden. Anlässlich dieses Themas war ein indigener Stammesführer aus der Region in Brüssel und wir machten ein gemeinsames Foto. So ein Bild mit Federkranz finden dann viele Journalistinnen und Journalisten interessant.

Als es um die Band Pussy Riot *(Anm.: russische, weibliche Punkband; nach einer Protestaktion in einer Moskauer Kirche wurden drei Bandmitglieder zu einer Haftstrafe verurteilt)* ging, haben wir Grüne eine Lesung gemacht aus den Texten der Band und diese auf YouTube gestellt.

Ein anderes Beispiel ist die Diskussion um die Privatisierung des Wassers. Das ist auch für die Bevölkerung ein Thema. Die Leute empören sich: „Unser Wasser wird verkauft." Wenn dann sogar Kommissar Barnier einen „Kommentar der anderen" im Standard darüber schreibt, bekommt das Thema mehr Aufmerksamkeit. Das sind Wege, mit denen man Inhalte in die Medien bringen und vor allem Botschaften transportieren kann.

Welche Rolle spielen „off-the-record"-Informationen?

„Off-the-record"-Informationen sind solche, bei denen man es wichtig findet, dass der Journalist etwas erfährt, ohne dass diese Aussagen zitiert werden. Es geht darum, Informationen weiterzugeben, die bei der Recherche einem Journalisten von Nutzen sein können. Oft gibt es auch Dinge, die ein Journalist besser herausfinden kann als ein Politiker. Hier ist es durchaus legitim zu sagen: „Schauen Sie da doch mal genauer nach." Man sollte sich allerdings damit keine begünstigte Berichterstattung zu „erkaufen" versuchen. Es ist Teil unseres Jobs, Informationen weiterzugeben, deshalb sollte man sich dafür nicht erwarten oder gar verlangen, besser, sprich mit mehr Aufmerksamkeit, behandelt zu werden.

Halten Sie österreichische Medien für steuerbar?

Zynisch gesagt haben manche Politiker in Österreich über Inseratenschaltungen versucht, die Medien „zu steuern". Das ist mittlerweile sicher nicht mehr so leicht möglich. Wir haben es nie versucht. Aber ich weiß von Politikern, auch Grünen, denen gesagt wurde: „Schaltet Inserate, dann sehen wir, wie wir über euch berichten." Das war in der Vergangenheit tatsächlich so. Ich hoffe, dass das in Zukunft besser wird.

Sind inhaltliche Interventionen über Inseratenschaltungen eine Gefahr für die Unabhängigkeit der Medien?

Ja. Ich schätze es sehr, wenn einzelne Medien die Anzeigenschaltungen strikt von den redaktionellen Inhalten trennen. Aber es gibt immer eine gewisse Abhängigkeit von Inseratenkunden. Ich bin zwar nicht dafür, alles staatlich zu regeln, aber eine Presseförderung sollte diejenigen fördern, die keine starke Wirtschaftsmacht hinter sich haben. Außerdem ist es auf jeden Fall notwendig klarzustellen, wer wen finanziert und wer hinter welchen Zeitungen steht. Generell sorgen und kämpfen wir im EU-Parlament für eine starke und auch wirtschaftlich unabhängige Medienfreiheit. Leider ist die EU in dieser Hinsicht nicht sehr glaubwürdig. Die Medienkonzentration in Italien unter Berlusconi zum Beispiel ist eines modernen Rechtsstaats unwürdig. Innerhalb Österreichs, als krasses Beispiel etwa in Niederösterreich, gibt es keine pluralistische Medienlandschaft. Leider hat die EU nicht die Mittel, daran etwas zu ändern. Die Unabhängigkeit und die Pluralität der Medien sind in jedem Land immer wieder zu erkämpfen.

Welche Rolle hat der Journalist im Kampf um die Unabhängigkeit?

Für Journalisten ist es immer wieder eine Herausforderung, sich nicht beeinflussen zu lassen – auch von Politikern. Natürlich möchten wir, dass Journalisten die Dinge so schreiben, wie wir sie sehen. Trotzdem sollte sich ein Journalist den kritischen Geist bewahren, seine Themen gut zu recherchieren, bevor sie geschrieben werden. Das gibt es in Österreich mancherorts schon. Wichtig wäre diese kritische Kultur im Journalismus noch mehr zu etablieren.

Es stellt sich die Frage, wo Interventionen anfangen. Einerseits haben die Medien immer weniger Budget, andererseits wollen oder dürfen sich Journalisten oft nicht einmal die Reisespesen erstatten lassen. Wenn ich z.B. in meiner Funktion als Kosovo-Berichterstatterin des Europaparlaments Journalisten für einen Besuch im Kosovo einlade, kann das zu einem Problem werden. Ich versuche das zu verhindern, indem ich ihnen alle Freiheiten bei der Berichterstattung lasse. Daraus entsteht dann keine Form der Abhängigkeit, sondern im Gegenteil, wir ermöglichen einen Blick auf Ereignisse aus erster Hand.

Gehen Boulevardmedien anders mit Inhalten um als Qualitätsmedien?

In einem Qualitätsmedium wird auf jeden Fall mehr recherchiert und es wird versucht, mehrere Meinungen einzuholen. Journalisten dieser Medien fragen meistens sehr genau nach, wie etwas funktioniert. Im Boulevard ist meist weniger Platz dafür. Da gibt es ein Foto mit ein paar Sätzen dazu. Oft besteht dadurch die Gefahr, dass etwas anders rüberkommt, als man es dem Journalisten ursprünglich erzählt hat. Die Zeitung selbst lenkt die Themen mehr in eine gewisse Richtung, als das bei Qualitätsmedien der Fall ist, die unterschiedliche Positionen darstellen.

Medienkooperationen sind eine Grauzone zwischen Werbung und redaktionellen Inhalten. Wie stehen Sie dazu?

Ich finde Medienkooperationen sind dann in Ordnung, wenn sie genau gekennzeichnet sind. Wenn klar ist, dass ein Unternehmen, eine Partei oder Abgeordnete dafür bezahlen, dass dieses und jenes berichtet wird. Die zentrale Frage ist aber, ob die betroffenen Journalisten dann wirklich noch unabhängig sind, oder sich denken: „Das ist unser Kooperationspartner, da müssen wir so berichten." Das hängt sehr von der journalistischen Integrität und Persönlichkeit der Journalisten und der Chefredaktion einer Zeitung ab, ob es möglich ist, dass auch Dinge drin stehen, die dem Auftraggeber nicht so gefallen.

Es ist aber auch eine Frage des Geldes. Als Abgeordnete habe ich nicht so viel Budget, dass ich eine Medienkooperation bezahlen könnte. Im Wahlkampf kann man manchmal eine Kooperation machen. Hin und wieder organisieren wir eine Veranstaltung gemeinsam mit einer Zeitschrift. Das ist in Ordnung, aber es muss klar offengelegt sein. Generell stellt sich aber die Frage, wie viel Geld Parteien und Politiker für diese Dinge ausgeben. Deshalb ist hier nicht nur die Offenlegung von Parteifinanzen, sondern auch von „Personalspenden" wichtig. Wenn etwa jemand für eine Partei arbeitet, aber von einer anderen Institution, wie der Industriellenvereinigung oder der Wirtschaftskammer bezahlt wird, ist das eine Personalspende. Dadurch wird die Partei auch querfinanziert. Parteien tun sich so leichter, das Geld, das sie nicht ins Personal stecken müssen, für andere Sachen, wie Medienkooperationen, auszugeben.

Mein Anspruch ist, dass Journalisten in jeder Hinsicht die Möglichkeiten und Freiheit haben kritisch zu berichten. Das ist für mich entscheidend wichtig für die Qualität einer Demokratie. Und Politiker müssen sich kritisieren lassen können. Das müssen sie aushalten. Demokratie heißt eben gerade nicht, zu den Medien „Gusch!" sagen zu können.

■

Gerald Mandlbauer

Mag. Gerald Mandlbauer, geboren 1959, studierte Betriebswirtschaftslehre an der Universität Linz. Er war bereits neben dem Studium als Sportjournalist und freier Fotograf für diverse Zeitungen tätig. Ab 1983 war er Redakteur bei den OBERÖSTERREICHISCHEN NACHRICHTEN, zuerst im Sport- und Motor-Ressort, ab 1988 im Wirtschaftsressort. Von 1989 bis 1992 war Gerald Mandlbauer selbstständig und gründete eine Agentur für Werbung und Öffentlichkeitsarbeit. 1993 verkaufte er seine Gesellschaftsanteile an der Agentur und kehrte als Leiter der Wirtschaftsredaktion zu den OBERÖSTERREICHISCHEN NACHRICHTEN zurück, wo er 1994 auch Chefredakteur-Stellvertreter wurde. Seit 1.7.2003 ist Gerald Mandlbauer Chefredakteur der OBERÖSTERREICHISCHEN NACHRICHTEN.

„Die Mehrheit hat nicht immer recht"

Das Gespräch führte
Mathias Slezak

Warum es wichtig ist, manchmal gegen die Meinung des Stammtisches zu schreiben.

Die OBERÖSTERREICHISCHEN NACHRICHTEN produzieren täglich sechs Lokalteile und sehen sich selbst als Anwalt der Oberösterreicher. Chefredakteur Mag. Gerald Mandlbauer erklärt, welche Herausforderungen es für Regionalzeitungen gibt, und wie man sich davor schützen könne, zum Handlanger von Politikern zu werden. Er findet das Krisengerede der Zeitungsbranche schizophren und ist überzeugt, dass sich Gratiszeitungen auf dem Land niemals durchsetzen werden.

Wie schafft man es, eine Zeitung zu machen, die für den Landwirt im Mühlviertel genauso interessant ist wie für den Unternehmer in Linz?

Acht von zehn Entscheidungsträgern in Oberösterreich lesen unsere Zeitung. Aber wir wollen auch den sogenannten „kleinen Mann" erreichen. Das geht am einfachsten über einen intensiven und umfangreichen Regional- und Lokalteil. Das Verbindende zwischen Leuten der obersten Gesellschaftsschicht und den Menschen mit niedrigerem Bildungsniveau ist die Heimatbezogenheit. Die Oberösterreich-Thematik spielt bei uns eine große Rolle. Das darf aber nicht in Provinzialismus münden, diese Verwurzelung müssen wir mit Weltoffenheit und Modernität koppeln. Das gelingt uns ganz gut, ist aber nicht immer einfach.

Wie kommen die Inhalte einer Ausgabe der OBERÖSTERREICHISCHEN NACHRICHTEN zustande?

Wir haben insgesamt sechs Lokalteile. Wenn ich das summiere, sind das allein schon insgesamt 18 Seiten. Ich würde sagen, zu 70 Prozent kommt eine Ausgabe aus Eigenrecherche zustande. Der Rest kommt durch die APA, durch Agenturen und Presseaussendungen und sonstige Informationsquellen zusammen.

Welche Kriterien müssen erfüllt sein, damit es eine Geschichte in die OÖN schafft?

Neu, wichtig, interessant. Das hat vor dreißig Jahren schon gegolten und das gilt auch heute noch. Was wichtig ist, darüber kann man streiten. Daneben gibt es noch viele andere Kriterien. Was ist im Land politisch interessant, was erwarten die Leute von einer Regionalzeitung? Wir wollen aber nicht nur berichten, was ohnehin vorgefasste Meinung ist, sondern ab und zu auch bewusst gegen den Strich bürsten, gegen die Meinung des Stammtisches und gegen die Meinung des Boulevards schreiben. Die Mehrheit hat nicht immer recht.

Wie unterscheiden sich die Kriterien der einzelnen Ressorts?

Der Sportteil muss ebenso wie der Lokalteil ein „Menschenfänger" sein. Diese müssen die Laufkundschaft bringen, und das merkt man auch an den Leserzahlen. Der Politikteil tut sich schwer, weil ein Großteil der Leute in hohem Maße politikverdrossen ist. Trotzdem muss ich darüber berichten, wenn Eva Glawischnig als Bundesvorsitzende wiedergewählt wird, sonst wäre eine Zeitung nicht vollständig.

Gibt es Unterschiede zwischen Print und Online?

Natürlich gibt es Unterschiede, weil man online schneller merkt, was die Leute bewegt und interessiert. Gerade weil wir sofort wissen, was funktioniert, besteht aber die Gefahr, dass die Zeitungen dem Publikum hinterherlaufen und alles populärer oder im Extremfall populistischer wird. Im Innviertel hat sich ein Rehkitz in der Schlaufe eines Gewehrs verfangen und dem Jäger die Waffe weggerissen, das war im Internet sofort die Nummer eins. Das muss deswegen aber nicht unbedingt die wichtigste Geschichte für die Printausgabe sein. Wichtig ist, dass der Machtkampf in Ägypten vor der Eskalation steht *(Anm.: Dezember 2012)*. Da werde ich geopolitisch kaum ein wichtigeres Thema finden, auch wenn das die Masse der Leute nicht bewegt. Wir hatten Ägypten und nicht das Rehkitz auf Seite eins, weil wir glauben, dass man nicht alles dem Primat der Sensation unterordnen soll.

Werden die Lokalteile von Linz aus zentral gesteuert?

Es gibt so viel Steuerung wie notwendig, gleichzeitig aber eine lange Leine, und das schätzen die Kollegen sehr. Früher war das komplett verkehrt konzipiert. Die Leute müssen dort sitzen, wo die Geschichten passieren. Wenn wir das Innviertel als Beispiel nehmen: Dort sitzen unsere Journalisten in Ried, in Braunau und in Schärding. Die sind vor Ort und wissen sehr viel besser als wir, was die Leute draußen lesen wollen.

Wie sehr spielen ökonomische Interessen bei der Schwerpunktsetzung mit?

Am Ende des Tages läuft alles auf ökonomische Interessen hinaus, aber die spielen bei mir im Tagesgeschäft keine Rolle. Wir wollen, dass unsere Zeitung von möglichst vielen Leuten gelesen wird. Wenn ich einen interessanten Aufmacher habe, dann hilft das unter dem Strich auch dem Kaufmann. Dann verkauft sich die Zeitung besser und es ist mehr Geld in der Kassa. Aber im Tagesgeschäft berührt uns das überhaupt nicht. Wir wollen die beste Zeitung machen. Die beste Zeitung zu machen, bedeutet auch ab und zu etwas zu tun, das dem Kaufmann nicht schmeckt. Ich muss über wichtige Themen schreiben, die nicht breitenwirksam sind. Ich muss Mut und Bereitschaft zu Minderheitenthemen zeigen, auch wenn ich weiß, dass sie nicht von der Masse der Leute gelesen werden.

Ist das ein Punkt, den Sie oft mit der Geschäftsführung diskutieren müssen?

Nein, überhaupt nicht. Da bin ich bei den OBERÖSTERREICHISCHEN NACHRICHTEN privilegiert. Denn ich bekomme mit, wie das bei anderen Häusern ist. Unserer Geschäftsleitung und dem Herausgeber ist bewusst, was Unabhängigkeit einer Zeitungsredaktion bedeutet. Das macht das Arbeiten hier reizvoller als anderswo.

Was sind die größten Vorteile als Bundesländerzeitung?

Wir haben den umfangreichsten Regionalteil und einen klaren Oberösterreich-Bezug in der Kultur, in der Wirtschaft und in der Politik. Das Wesentliche ist, dass wir ausschließlich oberösterreichische Interessen im Kopf haben. Wir sind der Anwalt der Oberösterreicher, die anderen geben das nur vor. Die werden in Wahrheit von Wien aus gesteuert. Wir lassen uns nicht in irgendwelche Konzernüberlegungen oder politische Überlegungen einspannen. Wir machen eine unabhängige Zeitung und das stelle ich bei anderen Medien in Frage. Das hat man besonders in den letzten Jahren gesehen: Wenn man von bestimmten Ministerien Millionen bekommt, dann richtet sich die Schreibe danach aus. Das kann ich mir bei uns nicht vorstellen. Was das betrifft, spielen wir in einer anderen Liga.

Gibt es in Oberösterreich Interventionsversuche der Politik?

Wenn wir verlautbaren wollten, was gut für den Landeshauptmann, seinen Stellvertreter oder einen Landesrat ist, dann könnten wir gleich ins Landhaus übersiedeln. Das werden wir nicht tun. Es hat sich gerade in den letzten Monaten sehr deutlich gezeigt, dass wir der Schrittmacher im Aufzeigen der wesentlichen Themen sind. Wir schreiben permanent kritisch über die Politik, und das hat der Landespolitik nicht immer geschmeckt. Natürlich gibt es mit Politikern regelmäßig Kontakt. Man merkt auch, wenn bestimmte Geschichten in der Politik eingeschlagen haben. Aber uns direkt und konfrontativ zu beeinflussen, versucht man nicht mehr.

Wie kann man sich davor schützen, zum Handlanger von Presseabteilungen zu werden?

Ganz einfach, indem man nie nachgibt. Wenn man einmal nachgibt, hat man verloren.

Hat es eine Zeitung da leichter oder schwerer als andere Medien?

Das kommt immer darauf an, wem das Medium gehört. Wenn es wie der ORF unter öffentlichem Einfluss steht, dann gibt es Pressionen. Das bekommen wir alle mit. Wenn eine Zeitung unabhängig von der Politik ist, dann kann man gar nicht anders, als kritisch zu sein. Alles andere würde die Position der Zeitung infrage stellen.

Haben Anzeigenkunden Verständnis für kritische Berichterstattung?

Wir schreiben, was in den Unternehmen gut läuft oder eben nicht. Nehmen wir das Beispiel Raiffeisen: Die sind einer unserer größeren Inserenten und wir haben trotzdem über Pensionsprivilegien in einer Raiffeisen Wohnbau-Firma geschrieben. Man muss es so machen, dass die journalistischen und moralischen Ansprüche gewahrt bleiben. Solange man sie nicht unter der Gürtellinie trifft, verstehen das die Inserenten. Sie haben ein Bewusstsein dafür, was unabhängiger Journalismus bedeutet.

Sie waren drei Jahre lang in einer Werbe- und PR-Agentur tätig. Wie versucht man als PR-Berater, seine Geschichte in die Zeitung zu bringen?

Das ist ganz einfach und gleichzeitig auch kompliziert. Man versucht, die Texte und die Fotos so aufzubereiten, dass sie dem Journalisten schmecken und ihm einen Teil seiner Arbeit abnehmen. Wenn die Texte eins zu eins abgedruckt werden, dann ist das die Idealvorstellung. Der Artikel bildet dann genau die Wunschvorstellung eines Klienten ab. Wenn ich ein guter Journalist bin, dann muss ich genau bei solchen Texten Obacht geben. Ab und zu rutscht etwas durch, aber eigentlich kann es nicht sein, dass eine Presseaussendung eins zu eins abgedruckt wird. Sie sollte nur den Impuls für eine Recherche auslösen. Fakten können übernommen werden, aber das Interpretieren muss unseren Leuten überlassen werden.

Welche Unterschiede und welche Gemeinsamkeiten gibt es in der Arbeit als Journalist und als PR-Berater?

Als PR-Berater kommst du zum Kunden. Obwohl du der Fachmann bist, hat der Kunde immer das letzte Wort. Natürlich hat auch die PR-Branche ihren Reiz: Geld, weniger Zeitdruck. Aber ich würde nicht mehr tauschen wollen, denn als Journalist bist du frei und die Zeitung an sich ist eine Instanz. Das macht das Arbeiten viel reizvoller. Viele Journalisten wären gute PR-Berater, weil sie wissen, worauf es ankommt. Was muss ich dem Leser vorsetzen, damit es ihm „schmeckt"? Das gilt für den PR-Berater und das gilt für den Journalisten.

Dem Print-Bereich wird eine unsichere Zukunft vorhergesagt. Wie sehen Sie die Zukunft?

Das ist ein völliger Holler. Es ist fast schon schizophren, wie sich die Zeitungen selbst schlechtreden und schlechtschreiben. In den Jahren von 2002 bis 2012 hat es drei Zeitungen gegeben, die ihren Verkauf steigern konnten: KLEINE ZEITUNG, OBERÖSTERREICHISCHE NACHRICHTEN, STANDARD. Es wird schwieriger, das ist unbestritten. Aber wir haben 2011 deutlich mehr Papierzeitungen verkauft als 2002. Wenn ich noch den Onlinebereich dazunehme, dann haben wir jetzt einen so großen Kundenkreis wie noch nie zuvor.

Welche Veränderungen in der Leserstruktur hat es in den vergangenen zehn Jahren gegeben?

Der Leser, der von Montag bis Samstag liest und ein Voll-Abo hat, wird seltener. Wir haben Abos von Donnerstag bis Samstag; wir haben Leute, die lesen uns am Mittwoch und am Samstag oder nur am Montag. Wenn ich das alles summiere, dann komme ich zu dem Schluss, dass jeder zweite Oberösterreicher zumindest einmal pro Woche die Oberösterreichischen Nachrichten liest, das ist eine unvorstellbare Dichte. Aus diesen fallweisen Lesern müssen wir Dauerleser machen. Ich glaube, dass uns das durch vertiefte und weitere Lokalisierung gelingen wird.

Wird die Zeitung ihre Position behaupten können?

Anfang Dezember gab es wieder eine Umfrage, wo sich die Menschen informieren, wenn es darauf ankommt, dass die Information eine Substanz und einen Wert hat. Da werden sie sich nicht auf irgendwelche Internet-Foren konzentrieren und sie werden nicht zur Kronen Zeitung greifen. Sie werden zu uns gehen. Wir haben die Wahrheit auch nicht gepachtet, aber wir sind näher dran: „Riesenwirbel in der Gespag *(Anm.: landeseigene Spitalsgesellschaft)*. Landeshauptmann angeschlagen." Wo haben Sie es zuerst lesen können? In den Blogs? Nein. Im Internet? Nein. Später schon, aber die Primärquelle bleibt die Papierzeitung Oberösterreichische Nachrichten. Der Landeshauptmann ist nicht wegen der Blogs oder wegen der Leserbriefe nervös geworden, sondern wegen der Zeitung, die draußen im Land gelesen worden ist. Solange das so bleibt – und es wird so bleiben, dass man die wichtigen Dinge zuerst nur in der Zeitung liest, fürchte ich nicht um die Position. Wichtig ist, dass man den Leuten erklärt, dass es guten Journalismus nicht gratis geben wird. Alles, was da gratis kreucht und fleucht und verbreitet wird, hat keine Substanz.

Gratis-Zeitungen werden sich in Oberösterreich nicht durchsetzen?

Schauen wir uns Oberösterreich an: Wir haben 440 Gemeinden und nur vier, fünf Städte, die diesen Namen auch verdienen. Sie werden mit einer Gratiszeitung nicht aufs Land kommen, da müsste man sie schon zustellen. Jetzt funktioniert die Gratiszeitung im Großraum Wien nur, weil die Politik mehr als 40 Prozent der Inserate beisteuert. Unter normalen Bedingungen kann das nicht funktionieren; nicht in Wien und schon gar nicht in Munderfing, Pram, Tumeltsham oder Andrichsfurt.

Wie sieht es mit dem Internet aus?

Dass sich in der Tiefenströmung etwas verändert, ist mir klar. Unsere Inhalte werden sich teilweise ins Internet verlagern, aber das ist uns ziemlich egal, wenn die Kriterien der Marke erhalten bleiben. Das muss eine große Familie, ein großer Kundenkreis werden. Solange die Marke präsent ist und die Inhalte dieselben bleiben, ist es uns egal, ob die Oberösterreichischen Nachrichten als Printausgabe, auf dem iPad oder mit dem Android-Handy gelesen werden. Das funktioniert aber nur, wenn sich im Internet auch Geld verdienen lässt. Da denken jetzt alle nach, wie das funktionieren kann. Das ist die große Frage, auf die es noch keine Antwort gibt.

In welche Richtung möchten sich die OÖN entwickeln?

Wir wollen das wichtigste regionale Erklär-Medium in Oberösterreich bleiben und unsere Kriterien Qualität, Seriosität und Glaubwürdigkeit weiter forcieren. Wenn alles austauschbarer und flacher wird, dann kann man nur in die Gegenrichtung gehen, und wir glauben, dass sich Qualität letztendlich durchsetzt. Außerdem haben wir mit der Lokalisierung erst angefangen. Das ist noch unvollkommen, die Orte gehören uns noch nicht. Wir wollen dieselbe Strategie, die für die Papierzeitung gilt – Qualität, Seriosität, Glaubwürdigkeit –, auch ins Internet bringen. Das ist nicht einfach und da wartet viel Arbeit auf uns. Aber ich bin überzeugt, dass es funktionieren kann.

■

Christian Nusser

Dr. Christian Nusser, geboren 1963, begann seine journalistische Karriere 1984 als Polizeireporter bei der Arbeiterzeitung. Nebenbei beendete er 1989 das Doktoratsstudium Publizistik/Politikwissenschaft und wechselte 1990 zum Kurier. 1994 entwickelte er für den News-Verlag tv-media und wurde 1995 Gründungs-Chefredakteur. 1997 war Nusser Programmchef beim Privatradiosender Antenne Wien, ehe er ab 1999 im News-Verlag die Medienentwicklung leitete und unter anderem News online gründete. Von 2000 bis 2005 war er Chefredakteur von e-media, ab 2005 Gründungs-Chefredakteur der Nachrichtenplattform oe24.at der Tageszeitung Österreich. 2007 wechselte er in die Chefredaktion der Printausgabe. Im Jahr 2012 folgte der Wechsel zur Tageszeitung Heute, wo Christian Nusser seither Chefredakteur ist.

„Medien spielen als Überbringer der schlechten Nachricht ‚mitgehangen – mitgefangen‘ "

Das Gespräch führte
Michael Oberbichler

Medien sollten in der Politikberichterstattung sachbezogen argumentieren und eine negative Schlagseite vermeiden.

„50 Prozent der Themen werden von den Medien auf das Tapet gebracht. Die anderen 50 Prozent werden von der Politik geschaffen, weil Parteien oder Interessengruppen eine Thematik für sich besetzen wollen", sagt Heute-Chefredakteur Dr. Christian Nusser. Es gebe für Medien neben der Pflicht der Tagesaktualität eine Kür der Eigenleistungen. Ein Glaubwürdigkeitsproblem der Medien sieht Nusser aktuell nicht, stattdessen einen zu hohen Druck der Medien auf die Politik. HEUTE kriege oft die Kritik, dass „wir eine relativ harte Linie gegen Rot-Grün fahren", erzählt Nusser und kritisiert, dass HEUTE meist in einen Topf mit der KRONEN ZEITUNG geworfen werde.

Wie gut schätzen Sie den österreichischen Journalismus im internationalen Vergleich ein?
Kommerziell gesehen haben wir in den Ballungszentren einen überbesetzten Markt. Qualitativ betrachtet schlagen wir uns nicht so schlecht. Die Branche orientiert sich zu stark an sich selbst und weniger, als sie sollte, am Publikum.

Was will das Publikum?
Wir haben eine stark gewandelte mediale Aufmerksamkeit beziehungsweise ein stark gewandeltes Informationsbedürfnis. Während sich die potentiellen Leser durch Facebook, Twitter usw. in ihrem Kommunikationsverhalten geändert haben, sind das journalistische Angebot und die Präsentation desselben ziemlich ähnlich geblieben.

Was würden Sie ändern?
Im Print mutiger sein. Die Leser lieben Ausgefallenes, nicht zehn Verkehrsunfälle oder Brände am Tag, sondern etwas, das sie nicht ständig vorgesetzt bekommen. Ich glaube, im Gegensatz zur landläufigen Meinung, dass sich Print und Online auseinanderbewegen werden. Viele in der Branche beginnen, Ressorts zusammenzulegen und sagen, ich bespiele Online und Print mit demselben Team. Die Zukunft wird eher das Gegenteil bringen. Der Internetbereich wird sich emanzipieren und eigene Geschichten herstellen. Es ist eine wunderbare Entwicklung, dass sich ein neuer Medienzweig entwickelt, der auf eigenen Beinen steht.

Wie kann sich eine Zeitung von der Konkurrenz abheben?
Es gibt eine Pflicht und eine Kür. Die Pflicht ergibt sich aus der Tagesaktualität, die Kür ergibt sich aus der Eigenleistung der Zeitungen. Das Verhältnis muss möglichst ausgewogen sein. Wenn man die Pflicht weglässt, wird man verwechselbar. Man weiß nicht mehr, ist die Zeitung von heute oder von vorgestern. Wenn man die Pflicht übertreibt, hinkt man Fernsehen und Internet hinterher. Wenn sie zu wenig Kür haben, wird sich der Leser irgendwann fragen, warum er für die Zeitung bezahlen oder sie aus dem Aufsteller entnehmen soll, wenn er ohnehin alles über Internet und Fernsehen transportiert bekommt.

Wer gibt die Themen vor: Politik oder Medien?
Das ist ein Wechselspiel. Wenn man sich die politische Berichterstattung anschaut,

werden etwa 50 Prozent der Themen von den Medien auf das Tapet gebracht. Die anderen 50 Prozent werden von der Politik geschaffen, etwa weil Parteien oder Interessengruppen eine Thematik für sich besetzen wollen.

Wird seitens der Politik versucht, die Berichterstattung oder Nichtberichterstattung zu beeinflussen?

Dass es diese Versuche gibt, ist nicht wegzuleugnen. Der Job etwa eines Presse- sprechers ist es, für möglichst günstige Berichterstattung im Sinne einer Partei, eines Politikers, eines Unternehmens oder einer Interessengruppe zu sorgen. Die Frage ist, wie Sie mit Interventionen umgehen. Da gibt es eine große Bandbreite, die von Ignorieren bis Stattgeben reicht. Man darf Interventionen nicht von vornherein verurteilen. Einige bestehen zu Recht, weil ein Medium zum Beispiel einen Fehler gemacht hat und Dinge, die objektiv falsch waren, korrigiert werden sollten. So ist das Tagesgeschäft. Das ist keine Frage von Sieg oder Niederlage, sondern von Wahr- heit und Unwahrheit.

Wurde Ihnen schon mit einer Klage bei Gericht gedroht, damit Sie Sachverhalte anders darstellen?

Im politischen Bereich ist mir das nicht in Erinnerung, im chronikalen Bereich passiert das immer wieder. Wenn es stichhaltig ist, stellen wir Fehler richtig.

Wünschen Sie sich einen Presserat nach deutschem Vorbild?

Ich habe ein zwiespältiges Verhältnis zum Thema. Unser Problem ist, dass der öster- reichische Presserat auch stark vom Verband österreichischer Zeitungen initiiert wurde. Dieser akzeptiert Gratismedien wie HEUTE nicht als Zeitung. Wir können zum Beispiel nicht Mitglied werden. Dasselbe Gremium, das uns nicht als Zeitung wahr- nimmt, will aber über uns und unsere Artikel richten. Das ist ein ungelöstes Problem. Grundsätzlich bin ich für einen Presserat. Dieser soll breiter aufgestellt sein, als er jetzt ist.

Sind Anzeige und Inhalt getrennt?

Das ist hier komplett getrennt. HEUTE ist meine vierte Tageszeitung als Arbeitnehmer. Ich habe also einen ganz guten Überblick. Es gab zuletzt Unmut über FPÖ-Inserate in HEUTE. Ich habe den Beschwerdeführern zurückgeschrieben: „Ich sehe die Inserate nicht, ehe sie in Druck gehen, das sind komplett getrennte Abteilungen."
Ein anderer Vorwurf ist, dass wir viele Inserate aus öffentlicher Hand bekommen. Die erste Veröffentlichung nach dem Transparenzgesetz zeigt genau das Gegenteil. HEUTE hat von öffentlichen Stellen im Vergleich zur Auflage viel weniger Geld be- kommen als viele andere Zeitungen. Und das, obwohl wir in Wien mit 42 Prozent Reichweite klare Nummer eins sind und österreichweit mit fast 950.000 Lesern Nummer zwei. Wir erhalten auch, im Gegensatz zu vielen anderen Zeitungen, keinen Cent Presseförderung.
Es wird uns auch ständig unter die Nase gerieben, ein sozialdemokratisch gefärbtes Blatt zu sein. Dabei behandeln wir alle Parteien gleich gut oder gleich schlecht, je nach Sichtweise. Wir fahren – etwa bei der Berichterstattung über das Stadthallen- bad in Wien oder beim Parkpickerl eine relativ harte Linie gegen Rot-Grün. Die Partei-

lichkeit ist ein Angriffspunkt uns gegenüber, der gerne verwendet wird. Dem müssen wir uns stellen.

Bei der Wehrpflichtdebatte zum Jahreswechsel 2012/2013 klang die rote Linie schon durch.

Wir werden aus naheliegenden Gründen in einen Topf mit der KRONEN ZEITUNG geworfen. Bei der Wehrpflichtdebatte sind wir nie eine Linie gefahren. Wir haben versucht, möglichst ausgewogen zu berichten. Kommentare, die ausdrücklich als solche gekennzeichnet sind, sind eine andere Sache.

Versucht die Wirtschaft, sich über Inserate redaktionelle Inhalte zu erkaufen?

Nein. Bei den Geschäften der Inseratenabteilung sitze ich nicht mit am Tisch.

Welchen Anteil an Inserateneinnahmen haben die Parteien oder einzelne Politiker im Vergleich zu national und international agierenden Unternehmen?

Im Vergleich zu „Hofer" oder „REWE" sind die Inserate der Politik verschwindend gering.

Die Politikverdrossenheit nimmt überhand. Können Medien etwas ändern?

Ich unterscheide gerne zwischen Politikverdrossenheit und Politikerverdrossenheit. Es gibt keine Politikverdrossenheit, sondern nur eine Politikerverdrossenheit. Wenn man wie in den letzten Jahren mit allerlei Skandalen konfrontiert wird, ist es nachvollziehbar, dass man Unmut in der Bevölkerung bemerkt. Das Interesse an der Politik ist grundsätzlich vorhanden und hat meiner Ansicht nach sogar zugenommen. Sobald sich Politiker aber gegenseitig beflegeln, gibt es nur Verlierer. Das bemerken wir in unseren Politikerbarometern. Wenn ein Politiker einen anderen attackiert, sinken auch die Beliebtheitswerte des Angreifers. Bei Medien ist es so, dass man als Überbringer der schlechten Nachricht „mitgehangen, mitgefangen" spielt. Zeitungen haben Probleme mit Imagewerten, weil sie als Bote der schlechten Nachricht für diese verantwortlich gemacht werden. Aus diesem Dilemma kommt eine Zeitung schwer raus. Das Entscheidende ist, nicht immer einen negativen Unterton mitzutransportieren.

Fehlt der Mediendruck auf die Politik?

Das ist eher ein Problem der Politik als der Zeitung. Was die Parteien unterschätzt haben, ist die Frage, wie sie an ihre eigenen Leute herankommen. Es hat viele Jahre Parteizeitungen gegeben, die den Funktionären vermittelt haben: „Das ist jetzt wichtig und dazu stehen wir so und so." Ich sehe heute keinen mangelnden Druck der Medien auf die Politik, sondern vielmehr, dass der Druck zu hoch ist.

Den Medien wird in vielen Umfragen ein Glaubwürdigkeitsproblem attestiert ...

Das sehe ich nicht so. Das sind nur Schlagworte, die wenig Fundament haben. Diese Einschätzung stammt vor allem aus der Zeit der Wirtschaftskrise. Man wirft den Zeitungen vor, sie hätten nicht tief genug über bevorstehende Aktienverluste oder Börsenblasen informiert. Das stimmt zum Teil sicherlich. Mittlerweile sind das derart komplexe Bereiche geworden, dass nicht nur Journalisten, sondern auch Fachleute ins Schwitzen kommen.

Wenn Sie von diesen „komplexen Bereichen" sprechen, klingt das, als würden Sie sich wünschen, dass sich Journalisten spezialisieren. Fehlt Quereinsteigern die nötige Profession?

Ich habe einen trivialen Zugang zum Beruf: Ich halte ihn für ein Handwerk. Schreiben, Aufbau einer Geschichte und Recherche kann man lernen. Wichtiger ist, Fachkenntnis in den Beruf mitzubringen, fast egal welcher Art. Man muss nicht in allen Bereichen gut sein, aber man sollte in einem Feld ausgezeichnet sein. Ich halte das übrigens für eine gute Marktchance für Bezahlzeitungen. Wenn die Leserschaft den Eindruck hat, hier bekomme ich für mein Geld einen Mehrwert geboten, dann ist sie eher dazu bereit, Geld dafür herzugeben. Ich bin dafür, dass Journalisten eine fundierte Ausbildung erhalten. Ich kann mit Studienrichtungen wie Jus, Wirtschaftswissenschaft oder auch Politikwissenschaft gut leben, aber nicht mit dem Publizistikstudium. In der Publizistik sagt Ihnen der Professor in den ersten Semestern, dass Sie alles lernen außer Journalismus. Die Absolventen allerdings drängen dann alle ausgerechnet in diesen Beruf. Die Fachhochschule ist für mich okay, weil die Ausbildung näher an der Realität ist.

Sie waren bei Magazinen, etwa bei TV-MEDIA. Wie unterscheidet sich ein Magazin in den redaktionellen Abläufen von einer Tageszeitung?

Der Arbeitsrhythmus ist ein anderer. Die Inhaltsauswahl ist vom Grundstock gleich: Man blickt nach vorne und fragt sich, was könnte in der Erscheinungswoche für die Leser interessant sein. Manche Dinge ergeben sich aus dem Jahresablauf und durch entsprechende Ereignisse, etwa wenn ein Herr Baumgartner aus der Stratosphäre springt. Manche Themen muss man selbst kreieren oder so aufgreifen, dass es hintergründiger, erklärender und umfassender ist, als es eine Tageszeitung schaffen kann.

Sie waren lange Zeit bei ÖSTERREICH. Viele Journalisten haben sich schnell von diesem Projekt abgewendet. Sie sind geblieben.

Ich habe nicht bei ÖSTERREICH begonnen, sondern bei „OE24". In den ersten zweieinhalb Jahren habe ich den Onlineauftritt gestaltet und betreut, bis er flugfähig war. Dann habe ich zur Tageszeitung gewechselt und bin geblieben, solange ich es als spannend empfunden habe.

Was waren die speziellen Schwierigkeiten beim Aufbau von OE24?

Es passiert sehr, sehr selten, dass eine Internetseite eines Medienunternehmens innerhalb kürzester Zeit aus dem Nichts heraus in eine startfähige Position gebracht wurde. Relaunches und Redesigns gibt es immer wieder, aber wir haben quasi auf der grünen Wiese begonnen, bei null. Der Markt war zu diesem Zeitpunkt schon ziemlich gesättigt, wir mussten also etwas Neues erfinden. Das habe ich gelöst mit der sogenannten Konsole zum Durchklicken, mit einem News-Monitor zentral am Kopf der Seite. Den gab es damals noch nicht, ist heute aber Standard von vielen Webseiten. Von der BILD abwärts ist eine ganze Reihe von Medienunternehmen zu mir auf Besuch gekommen, um sich das anzuschauen. In Erinnerung sind mir auch noch die gravierenden, technischen Probleme, die wir am Anfang hatten, weil man die Last nach einem Neustart nicht ausreichend testen kann.

Warum sind Sie zu Heute gewechselt?

Ich wollte etwas anderes machen und finde es von der Zeitung her sympathischer. Die Gestaltungsmöglichkeiten sind größer. Bei Österreich gibt es drei oder vier Chefredakteure mit zehn Stellvertretern und bei Heute bin ich allein Chefredakteur mit allen Freiheiten und Unwägbarkeiten, die diese Tätigkeit mit sich bringt.

Haben Sie Einfluss auf die Onlinepräsenz?

Ich spreche mich mit Maria Jelenko ab. Ich bin zwar nicht im Tagesgeschäft, aber sie ist bei den Sitzungen im Print-Bereich dabei. Die Zusammenarbeit ist relativ intensiv, wenn wir Geschichten haben, bei denen wir sagen, das wäre gut, wenn man es online macht, oder wenn wir in der Zeitung darauf hinweisen, dass online mehr steht.

Es sollen keine unterschiedlichen Medien rauskommen?

Der Außenauftritt sollte ähnlich sein, sonst verliert man die Corporate Identity. Inhaltlich ist online weitgehend frei in der Herangehensweise. Aber es macht Sinn, wenn wir in der Zeitung von einer Geschichte ein Bild unterbringen und den Hinweis machen, dass Online mehr Bilder stehen. Ich sage nicht, dass die Geschichte so oder so sein soll. Wir entscheiden manchmal, dass wir mit Themen sofort online gehen oder noch warten, weil wir sie exklusiv haben.

Ist es online leichter für die Public Relations, Inhalte unterzubringen?

Es ist fast schwieriger. Die Inseratenabteilungen sind online fast noch mehr entkoppelt als im Printbereich – auch räumlich. Wenn Sie darauf anspielen, dass die Professionalisierung im Onlinebereich noch nicht so weit ist wie im Printbereich, muss ich sagen: Das gibt sich. Ich bin Optimist.

■

Claus Reitan

Claus Reitan, geboren 1954 in Innsbruck, wandelte bereits als Chefredakteur der Schülerzeitung auf journalistischen Pfaden. 1978 begann er für die TIROLER TAGESZEITUNG zu arbeiten, zunächst als Lokalredakteur, ab 1980 im Innenpolitikressort der Wiener Redaktion. Von 1987 bis 1991 war Claus Reitan Pressereferent des Bundesministers für Land- und Forstwirtschaft Vizekanzler Dipl.-Ing. Josef Riegler. Nach einem Auslandsjahr in Hamburg und zweijähriger Tätigkeit für das Nachrichtenmagazin NEWS, war Reitan von 1995 bis 2005 Chefredakteur der TIROLER TAGESZEITUNG. 2007 wechselte er als Chefredakteur zu der Tageszeitung ÖSTERREICH. Von 2008 bis 2012 war er Chefredakteur der Wochenzeitung DIE FURCHE.

„Man muss dem Volk auf's Maul schauen, aber nicht nach dem Mund schreiben"

Das Gespräch führte
Julia Karzel

Transparenz und Partizipation sind die Schlagwörter des modernen Journalismus.

Der Leser bestimme maßgeblich über die Inhalte eines Mediums mit, erklärt Claus Reitan. Gerade durch soziale Medien werde diese Entwicklung vorangetrieben. Auch Politiker üben Einfluss auf die Medien aus, ob durch direkte Pressionsversuche oder Verbrüderung mit den Redakteuren. Dieser „Verhaberung" müsse man durch fundierte Journalistenausbildung entgegenwirken, so der ehemalige Chefredakteur der Wochenzeitung DIE FURCHE (2008-2012) sowie der Tageszeitungen ÖSTERREICH (2006-2008) und der TIROLER TAGESZEITUNG (1995-2005). Ein Bewusstsein für die eigene

Rolle, eine gesunde Dosis an Berufsskepsis und Transparenz

in der Arbeitsweise seien einige der wesentlichen Zutaten

für Qualitätsjournalismus der Zukunft, meint Claus Reitan.

Wie sehr instrumentalisieren Politiker die Medien?

Man merkt das immer recht schön, wenn ein Politiker während eines Interviews sagt: „Lassen Sie mich, ehe ich das beantworte, Folgendes sagen." Er lenkt ab, weicht aus, probiert, seine Botschaften anzubringen. Diese Versuche, die Medien zu instrumentalisieren, gibt es am laufenden Band – schlicht und einfach deswegen, weil die Politik ganz andere Ziele und Bedürfnisse als der Journalismus hat. Beide brauchen einander, aber es gibt zwischen den nachrichtlichen Medien und der Politik einen ständigen Konflikt darum, was ein Thema ist und wie die Geschichte erzählt werden soll. Manch ein Politiker gibt ein Interview nur zu gewissen Bedingungen. Die Frage der Autorisierungen ist hier eine große Debatte. Es gibt auch Medien, die ihrerseits versuchen, Politiker zu instrumentalisieren, indem sie ihnen prominente Platzierung versprechen, aber im Gegenzug einen aufsehenerregenden Sager fordern. Denn sonst ist es keine „G'schicht", wie wir Journalisten sagen.

Ist die „Verhaberung" zwischen Journalisten und Politikern etwas Österreichspezifisches?

Man hält in Österreich kaum Abstand und lässt nicht ausreichend den Respekt für die Grenzen der eigenen Aufgabe erkennen. In Skandinavien oder Deutschland ist das jeweilige Rollenverständnis klar, genauso wie dort distanzierter Umgang miteinander herrscht. In Österreich haben die Herrschenden seit jeher versucht, die Herolde, die Bänkelsänger und die Journalisten für ihre Interessen zweckdienlich zu machen. Die Kultur des unabhängigen Journalismus konnte sich erst mühsam in der zweiten Hälfte des 20. Jahrhunderts entwickeln und hat gemessen am Bestand des Medienwesens eine kurze Lebensdauer. Erst dieser unabhängige Journalismus bedeutet, dass die dienstlichen Obliegenheiten der Beteiligten über der persönlichen Beziehung stehen.

Wie lässt sich dieser Prozess beschleunigen?

Durch mehr Journalistenausbildung, einen besseren ökonomischen und sozialen Status für Journalisten und dem Bewusstsein für diese Problematik, vor allem bei denjenigen, die ein Medienunternehmen besitzen und leiten.

Dürfen Journalisten Geschenke annehmen?

Zunächst muss man definieren, was ein Geschenk im Journalismus ist. Ist es illegitim, als Sportreporter eine Karte für ein Fußballspiel anzunehmen? Ist es falsch, bei einer Jagdeinladung zuzusagen, wenn man in der kleinen Runde Dinge erfährt, die man sonst nie erfahren hätte? Die wirklich unabhängigen Zeitungen zahlen sich alles selbst, bis hin zu Langstreckenflügen. Aber das ist schwierig in der heutigen Situation, im Wettbewerb, unter Zeitmangel und Kostendruck. Im Ehrenkodex der österreichischen Presse ist diese Problematik geregelt: Journalisten ist es nicht gestattet, Geschenke oder Zuwendungen persönlicher Vorteile anzunehmen, die über den Bereich unmittelbarer beruflicher Tätigkeit hinausgehen. Das gilt als unzulässige Einflussnahme.

Bei einem Verstoß gegen den Ehrenkodex werden allerdings nur die Mitglieder des Presserats durch eine Rüge gestraft.

Der Ehrenkodex ist Bestandteil der sogenannten freiwilligen Selbstkontrolle. Die Medien sind grundsätzlich frei, und diese Freiheit ist Bestandteil der Grundrechte. Es ist ebenfalls Konsens, dass diejenigen, die die Meinungsäußerungsfreiheit ausüben, akzeptieren müssen, dass damit eine Verantwortung verbunden ist. Deshalb gibt es allgemeine Regeln, wie den Ehrenkodex. Aber nicht jeder österreichische Zeitungstitel bekennt sich zum Presserat und nicht jeder bekennt sich zum Ehrenkodex. Diejenigen, die den größten Bedarf nach Klarheit und Regelkonformität haben, sind nicht dabei: ÖSTERREICH, HEUTE und die KRONE. Auch kann der Presserat keine Sanktionen verhängen. Er kann keine ordentliche Gerichtsbarkeit aushebeln oder ersetzen.

Bringt es Vorteile, wenn ein Journalist zuvor als Pressesprecher tätig war?

Man bekommt einen größeren Horizont, dadurch, dass man beide Seiten des Kommunikationsgeschäfts kennt. Wer als Pressesprecher tätig war, hat die Möglichkeit gehabt, sich mit politischen Strukturen und Prozessen auseinanderzusetzen. Somit haben Pressesprecher ein tieferes Verständnis davon, wie man politische Mitteilungen und Ankündigungen einzuordnen hat.

Das heißt, Sie erkennen den klassischen Dampfplauderer innerhalb der ersten paar Sätze?

Ja. Ich will Kollegen nicht absprechen, dass sie das nicht auch verstünden. Aber man erkennt die Ablenkungsmanöver, die Zynismen, die Versuche der Banalisierung, das Zeitschinden. Journalisten, die einfach nur das Mikro hinhalten und keine Zeit haben, fragen dann nicht nach.

Sind Sie trotzdem jemandem aufgesessen, der aus einer Sache mehr gemacht hat, als es eigentlich war?

Ich glaube derartig an das Gute im Menschen, dass ich auf solche Leute durchaus reinfalle. Ich bin schon sehr vorsichtig geworden, was Meinungsfragen und Prognosen tatsächlich aussagen. Den „Arabischen Frühling" hat beispielsweise in dem Ausmaß niemand prognostiziert. Das ist auch Berufsskepsis. Beim Journalismus gehören Zweifel zur Grundausstattung.

Sie haben in Deutschland gearbeitet. Welche Unterschiede gibt es in puncto Medieninhalte und Recherche verglichen mit Österreich?

Im Vergleich mit Österreich gibt es mehr Journalisten, die besser ausgebildet sind. Es gibt in Deutschland auch offeneren und strukturierteren Zugang zu Quellen, Daten und Informationsbeständen. Wenn man beispielsweise eine Auskunft darüber will, was im Parlament gerade behandelt wird, bekommt man das in Österreich über Parteien mit, in Deutschland ist der Vorgang transparenter. Bei uns legen insbesondere die Regierungsparteien und die Sozialpartner keinen Wert auf Transparenz, sondern auf ihre strategische Öffentlichkeitsarbeit, für die sie uns dann gerne als Herolde gebrauchen.

Wie kommen Sie an Ihre Informationen?

Kontakte, Beziehungen, Recherche, Zuspielungen, Glücksfälle, Hartnäckigkeit, Kombinationsgabe.

Wirken sich persönliche Vorlieben von Redakteuren auf Medieninhalte aus?

Das abzustreiten wäre sinnwidrig und erfahrungswidrig. Man sollte das nicht abwertend oder diskreditierend verstehen. Ich habe zum Beispiel eine persönliche Vorliebe für politische Themen. Das heißt aber nicht, dass ich sie deswegen verzerrt, unrichtig oder unsachlich wiedergebe. Leidenschaft ist eine positive Motivation. Journalisten, die für eine Sache brennen, arbeiten bis zur Selbstausbeutung. Es besteht natürlich die Gefahr, dass man Gruppierungen oder Personen vorzieht, wenn man sie gut findet. Aber das ist eben eine Frage der Professionalität. Ein Journalist darf sich von seinen Gefühlen, seinen Neigungen und anderen Formen der unzulässigen Einflussnahme nicht leiten lassen. Er muss begründen können und dazuschreiben, warum dieser Mensch, sein Werk und seine Wirkung so relevant und bedeutsam sind.

Wie sehr setzen PR-Agenturen und Politiker emotionalisierte Botschaften gezielt ein, um Journalisten zu beeinflussen?

Wir als Menschen werden von einem hohen Anteil an Gefühl in unserer Wahrnehmung und in unserem Verhalten gesteuert. Das wirkt auch bis in den beruflichen Alltag mit ein – selbst wenn die höchsten Ambitionen bestehen, emotionslos, vorurteilsfrei und unvoreingenommen an Themen heranzugehen.

Haben Sie persönliche Unterredungen mit Politikern?

Ja, aber leider zu selten. Es gibt nichts Wichtigeres, als direkt aus erster Hand von den Politikern zu erfahren, wie es geht, wie es steht, was sie tun, was sie denken, was ihre Themen sind, welches Echo und welche Wahrnehmung der Wirklichkeit sie haben.

Sind Politiker ehrlich in persönlichen Gesprächen?

Politiker sind unterschiedlich wie wir alle. Ein Erhard Busek oder ein Franz Fischler geben recht klare und sachliche Antworten. Jemand wie ein Josef Cap banalisiert vieles in einer zynischen Art und Weise.

Wie geht man als Journalist mit so einem Gesprächspartner um?

Naja, schauen, dass einem nicht zu viel Zeit gestohlen wird.

Wenn man daraus einen Artikel machen muss?

Schrecklich. Das Magengeschwür lässt grüßen.

Welche Unterschiede in der Themenwahl gibt es zwischen regionalen und überregionalen Medien?

Für lokale Medien gibt es einen einfachen Grundsatz der Nachrichtenselektion: Nah, neu, nützlich. Das ist für überregionale Medien, Sach- oder Fachmedien gänzlich anders. Die eruieren, was von Relevanz ist, egal wo die Rezipienten sitzen.

Ist man als Lokalredakteur anfällig für Einflussnahmen, weil man die Leute aus Politik und von Unternehmen persönlich kennt?

Bei regionalen Medien erfolgt eine rasche Rückkoppelung vom Markt, von Politikern, Wirtschaftstreibenden und den Lesern. Das tut allen Journalisten sehr gut. Natürlich ist es manchmal für Einzelne schwierig. Da werden Familien unter Druck gesetzt. Wenn Sie in einem Ort überschaubarer Größe für eine lokale Zeitung arbeiten, kann es Ihnen passieren, dass Sie die Gemeinderatsgebarung kritisieren und einer der Gemeinderäte ist zugleich der Bäcker, bei dem Ihre Kinder immer die Semmeln holen. Der hat schon Möglichkeiten, sich zu „rächen". Lokalredakteure sind erreichbar und erpressbar.

Gibt es bei überregionalen Medien weniger Möglichkeiten, Druck auf Journalisten auszuüben?

Bei überregionalen Medien erfolgen selten Versuche direkter Einflussnahme, häufiger sind Aufforderungen an Journalisten, gründlich zu recherchieren, denen aber keine Bereitschaft zur Auskunft folgt.

Wie unterscheiden sich Print-, TV-, Radio- und Onlinemedien in ihren Qualitätsansprüchen?

Eine der ersten Kategorien für Qualität ist, eine Geschichte medienadäquat zu bringen. Für Onlinemedien bedeutet das, schnell, verständlich und kurz zu sein. Radio ohne O-Ton kann man vergessen, genauso wie Fernsehen ohne Bild. Printmedien haben den längsten Vorlauf, bevor sie beim Rezipienten ankommen. Wenn hier eine Geschichte nicht durchdacht ist, sondern nur möglichst schnell veröffentlicht wird, ist das keine Qualität.

Wie unterscheiden sich Boulevard- und Qualitätsmedien bei der Themenauswahl und -darstellung?

Boulevardmedien bringen nicht als erstes die Nachricht, sondern die mögliche moralische Reaktion darauf. Dort heißt es nicht: „Fußballspiel endet 1:1", sondern „Depression nach Unentschieden". Boulevardmedien leben von der Zuspitzung und daher dreht sich alles um Sex, Krieg, Duell, Flop, Top. Es ist wichtig, dass die Geschichte einen Menschen, ein Schicksal behandelt und zwar in strikter Schwarzweißzeichnung. Die Empörung der Bürger muss befeuert werden. Qualitätsmedien sind für die Zwischentöne und die differenzierte Beobachtung, nicht die Zuspitzung auf das Einfache zuständig.

Österreich ist ein Land mit einer konzentrierten Medienmacht, nämlich in der KRONEN ZEITUNG. Wie wirkt sich das auf die Medienlandschaft aus?

Die KRONEN ZEITUNG hat hohen Einfluss auf die Wirklichkeitswahrnehmung ihrer Leser.

Das hat damit zu tun, dass für uns Menschen die Massenmedien als Orientierung in der Wirklichkeit dienen. Leser der Kronen Zeitung fürchten sich mehr vor Kriminalität und Ausländern als Leser anderer Tageszeitungen in Österreich. Dazu kommt die vermutete Macht: Politiker antizipieren oftmals einen Einfluss der Krone, den sie im Grunde genommen nicht hat. Die frohe Botschaft nach der Volksbefragung zum Heer im Jänner 2013 besteht darin, dass die Boulevardmedien in ihrer Wirkungslosigkeit, bestimmte Abstimmungsergebnisse herbeizuschreiben, bloßgestellt wurden.

Beeinflusst die Kronen Zeitung andere Medien bestimmte Tendenzen aufzugreifen?
Nein.

Welche Risiken und Chancen bringen Social Media den Journalisten im Alltag?
Social Media sind eine enorme Bereicherung – abgesehen davon, dass sie für das Geschäftsmodell Zeitung eine Herausforderung sind. Auch für die Recherche haben soziale Medien eine Funktion, aber ergänzend zu den klassischen Recherchemitteln. Es geht im Endeffekt immer noch darum, die Quelle zu fragen, die Quelle zu prüfen und unabhängige, sachkundige und sachlich zuständige Experten zu befragen. Es ist auf jeden Fall zu begrüßen, dass die Möglichkeiten der Transparenz und der Partizipation zunehmen. Das ist durchaus im Dienst der Sache einer unabhängigen, qualitätvollen Medienlandschaft.

Inwieweit kann in geförderten Medienprojekten unabhängig berichtet werden?
Kooperationen werden bezahlt, insofern hat der Kooperationspartner Mitsprache-recht. Es kommt immer darauf an, zu welchen Bedingungen man diese Zusammen-arbeit vereinbart.

Wie sehr hat sich der Umgang mit Advertorials in den letzten Jahren verändert?
Unter dem Medientransparenzgesetz, welches seit 1. Juli 2012 gilt, ist die Situation besser geworden. Die Kennzeichnung entgeltlicher Einschaltungen nimmt zu.

Ist es trotz ökonomischem Druck, Personalabbau und Zeitmangel möglich, journalistische Qualität aufrechtzuerhalten?
Zunächst muss man sich Gedanken um die Qualität machen. Für gewöhnlich definiert sich Qualität im Journalismus über den Prozess. Das bedeutet: Bewältigung der Nähe-Distanz-Problematik, Offenlegung der Quellen, Nachvollziehbarkeit der Quellen, Überprüfbarkeit der Quellen, Verständlichkeit der Darstellung, Vollständig-keit in der Erfassung des Sachverhalts, angemessener Sprachgebrauch. Heute geht man noch einen Schritt weiter und sagt, das Wesentliche im Journalismus ist Trans-parenz und Klarheit über die jeweilige Position. Das ist essentiell, damit für die Rezipienten mögliche Interessenkonflikte oder Allianzen offengelegt werden. Die journalistische Qualität aufrechtzuerhalten ist auch eine Frage der journalistischen Qualifikation. Wenn man in Österreich endlich einsieht, dass man Journalisten genauso ausbilden muss wie Steuerberater, Architekten oder Verwaltungsbeamte, dann ist es möglich, Qualität zu halten. Da geht es um ganz grundlegende Punkte wie das journalistische Verständnis für Plausibilität. Das ist ähnlich wie mit der Über-schlagsrechnung in der Schule: Wenn ich lese, dass bei einem Bergwerksunglück in

China zwei Menschen gestorben sind, muss mir als Journalist etwas faul vorkommen. In China stehen nicht einfach nur zwei Menschen in einem Bergwerk zusammen, da kann ich sofort zwei Nullen anhängen.

Hat sich ein Journalist bei Informationen „off-the-record" immer an die Abmachung des Stillschweigens zu halten?

Informationen „off-the-record" helfen dem Journalisten, Dinge richtig einzuordnen. Ist die Info sehr brisant, wird das aber in seine Berichterstattung miteinfließen. Wenn jemand nicht will, dass Journalisten etwas wissen, dann muss er einfach die Klappe halten.

Wie viel Mitspracherecht hat der Herausgeber über die Inhalte seines Mediums?

Der Herausgeber ist nach Mediengesetz derjenige, der die grundlegende Richtung zu bestimmen hat. Manche Herausgeber sind auch operativ tätig und wirken bis ins Tägliche mit ein. Klassische Beispiele dafür sind Hans Dichand, Kurt Falk und Wolfgang Fellner.

Ist es der Qualität des Mediums abträglich, wenn der Herausgeber ein wirtschaftlich denkender Unternehmer ist und keine journalistischen Qualifikationen besitzt?

Im vorliegenden Zusammenhang: Nein, wenn er sich beschränkt. Aber ja, wenn Verständnis für Verantwortung der Publizistik fehlen oder andere, nichtdeklarierte Ziele verfolgt werden. Unternehmer ok, aber Investoren in Medien sollten nicht gänzlich branchenfern sein. Berlusconi beispielsweise hat mit Journalismus, Unabhängigkeit und Kritik nichts am Hut. Er braucht die Medien als Propagandainstrumente. Es kann sich natürlich kaum ein Medium leisten, solche Sponsoren dann tatsächlich abzuweisen.

Wie sehr beeinflussen sich Medien untereinander bei der Themenauswahl und -gewichtung?

Erstens wird viel gefladert. Zweitens beobachtet in der Medienlandschaft sowieso jeder jeden, um herauszufinden, welche Themen wichtig sind. Medien beeinflussen einander sehr, etwas zu machen oder etwas genau nicht zu machen.

Wie sehr kann der Leser auf die Inhalte eines Mediums einwirken?

Eine Redaktion, die wirklich gut aufgestellt ist, ist in einem ständigen Austausch mit ihren Lesern. Allerdings gilt: Man muss als Journalist dem Volk auf's Maul schauen, aber nicht nach dem Mund schreiben. Man ist in Redaktionen sehr versucht, sich von Quoten oder Klickzahlen leiten zu lassen. Ein Journalist sollte aber auch sagen können, ich halte dieses oder dieses Thema unabhängig von den Präferenzen des Lesers für so wichtig, dass ich darüber berichten möchte. Der Leser schätzt und wünscht auch Überraschungen.

■

Andreas Rudas

Andreas Rudas, geboren 1953 in Budapest, studierte Medizin an der Universität Wien. Von 1983 bis 1986 war er Pressesprecher des Bundesministeriums für Inneres. Ab 1986 war er als Pressesprecher und Leiter der Abteilung Öffentlichkeitsarbeit und von 1994 bis 1997 als Generalsekretär beim Österreichischen Rundfunk tätig. Von 1997 bis 2000 war er SPÖ-Bundesgeschäftsführer, wechselte danach zur Magna Europe AG und war ab 2005 Geschäftsführer der WAZ Ostholding mit Sitz in Wien. Seit Jänner 2009 ist Andreas Rudas Medienmanager bei der RTL Group. Zudem veröffentlichte er diverse Publikationen zu den Themen Gesundheitspolitik, Öffentlichkeitsarbeit, Medienpolitik und neue Medien.

„Einen Politiker wirklich bekannt zu machen, ist nur über Kontroverse möglich"

Das Gespräch führte
Barbara Dürnberger

Ein Volksvertreter kann unintelligent und ahnungslos sein, über gekaufte Printstrukturen kann man ihn trotzdem als eloquenten Visionär darstellen.

Andreas Rudas, Medienmanager bei der RTL Group, ehemaliger Bundesgeschäftsführer der SPÖ und Pressesprecher des ORF, sieht das Fernsehen nach wie vor als bedeutendstes Medium, um als Politiker Botschaften zu übermitteln. Übermäßiges Medientraining sei dabei eher kontraproduktiv. Viele Kommunikationstechniken haben mittlerweile nicht nur professionelle Politiker intus, sondern auch die Zuseher. Der heutige authentische Politikertypus sei daher der untrainierte Politiker, der totale Ehrlichkeit und Emotion

zeigen müsse, um bei den Wählern Erfolg zu haben.

Wer beeinflusst wen: Die Politik die Medien oder die Medien die Politik?

Das ist eine absolute Wechselwirkung, ein ständiger Kampf. Als ehemaliger Presse-sprecher habe ich beide Seiten kennengelernt und bin immer davon ausgegangen, dass nicht der Schwanz mit dem Hund wedeln soll, sondern umgekehrt. Das bedeutet: Politiker müssen wissen, welche politischen Inhalte sie kommunizieren sollen und wollen. Wenn sie zu ihren Inhalten stehen, ist es völlig unwichtig, wie diese in den Zeitungen kommentiert werden. Wenn man von etwas inhaltlich überzeugt ist, dann kommt es auch bei den Lesern richtig an, unabhängig davon, wie es die Zeitung aufbereitet.

Es gibt einen großen Unterschied zwischen öffentlicher Meinung und veröffentlich-ter Meinung. Journalisten wollen oft selbst Politik machen. In Österreich haben wir Medien, die mehr politischen Einfluss haben wollen und Politiker zu bestimmten Handlungen drängen. Schwache Politiker, die eine vollkommene Verkennung der medialen Macht haben, folgen ihnen. Das Verhältnis zwischen Journalist und Politi-ker sollte auf gleicher Augenhöhe sein. Wenn man aber Inhalte vertritt, die nicht der eigenen persönlichen Meinung entsprechen, ist man nicht gut. Man muss dabei aber auch bedenken, dass Politiker sehr oft nicht das sagen, was sie wirklich meinen, son-dern was ihnen von außen aufgedrängt worden ist. Es gibt politische Entscheidungs-träger, die im Vorfeld einer Personal- oder Sachentscheidung bei Zeitungsherausge-bern oder Journalisten nachfragen, ob sie mit der Entscheidung einverstanden sind.

Müssen Handlungen von Politikern speziell inszeniert werden oder finden Handlungen und Positionen sowieso ihren Weg in die Medien?

Da muss man unterscheiden. Wir haben derzeit eine dreigeteilte Medienwelt: Fernsehen, Print und Online. Im Fernsehen muss auf die Inszenierung geachtet werden. Dadurch, dass im Fernsehen die optische Wahrnehmung zirka 70 Prozent ausmacht, sind die Bilder, der Hintergrund, die Sprache und das Aussehen wichtig. Im Print kommt es hingegen nur auf den Inhalt an. Im Onlinebereich ist wiederum die Authentizität das Wichtigste, also das Gefühl mit dem Politiker auch wirklich zu kommunizieren.

Das Fernsehen ist das wichtigste Medium, um Botschaften zu übermitteln?

So ist es, das kann ich als TV-Manager nur bestätigen. Wenn wir gerade Casting-shows im Programm zeigen, steigt der Traffic auf Twitter und Facebook um ein Viel-faches an. Man darf auch nicht vergessen, dass der Fernsehzuschauer am ehesten das Auftreten eines Politikers scheinbar unbeeinflusst beurteilen kann. Ein Politiker kann einen Sprachfehler haben, unintelligent und ahnungslos sein – in einem ihm sehr gewogenen Printmedium kann er bestens dargestellt werden. Theoretisch können sich vier, fünf Printmedien ausmachen: „Wir bringen diesen Politiker ganz groß raus und schreiben über ihn, dass er eloquent ist, ein Visionär, ein tatkräftiger Politiker, der dies und jenes sagt." Spätestens beim ersten TV-Interview, kann man dieses Konstrukt nicht mehr aufrechterhalten. Dort ist für den Zuschauer die eigene Beurteilung das Wichtigste. Es gibt ein berühmtes historisches Beispiel: Roosevelt. Der war auf Grund von Kinderlähmung gelähmt. Man wird aber kein Bild von ihm sehen, vor allem nicht im Wahlkampf, das ihn im Rollstuhl zeigt. Man hat es fotografisch so dargestellt, als ob er gehen könnte.

Wie war Ihre Zusammenarbeit mit den Medien als Pressesprecher im ORF und später bei Viktor Klima?

Als Kommunikator ärgert man sich natürlich über manche Medienberichte. Aber egal in welcher Form – sie sind extrem wichtig. Kritische Artikel haben sehr oft eine Berechtigung. Gäbe es die Medien nicht oder gäbe es regulierte Medien, dann will man sich überhaupt nicht vorstellen, was Politiker oder Wirtschaftsleute alles anstellen würden. Eine der letzten Schranken, die Politiker oder Wirtschaftsleute davon abhält unsaubere Dinge zu machen, besteht darin, dass sie Angst vor Medien haben.

Sie sehen die vierte Macht, die den Medien eingeräumt wird, als reale Macht?

Ja, die Medien haben eine reale und entscheidende Macht. Wenn man die Struktur kennt und merkt, wozu Politiker fähig sind, und was sie alles gerne machen würden, in politischer Hinsicht, in personeller Hinsicht, in eigener „Bereicherungs-Hinsicht", und es dann letztendlich nicht passiert, dann ausschließlich, weil es Medien gibt. Politiker denken darüber nach, wie die Medien reagieren, und fragen sich, was geschehen würde, wenn ihre Machenschaften aufgedeckt werden.

Wie können Pressesprecher einen Politiker in die Medien bringen?

Die einzig wirkliche Form, einen Politiker bekannt zu machen, einen politischen Inhalt zu transportieren, ist am besten über kontroversielle Diskussionen möglich.

Bestes Beispiel in Österreich: Jörg Haider?

So ist es. Wenn es nach den Medien gegangen wäre, hätte Jörg Haider vielleicht zwei Prozent der Wählerstimmen erhalten. Haider hat auch bewusst mit der Provokation gelebt. Jeder Konflikt mit dem damaligen „Zeit im Bild"-Moderator Josef Broukal hat ihm Stimmen gebracht. Damals bei der SPÖ habe ich mit der Provokation, mit der Kritik an bestimmten Handlungen, bewusst gearbeitet. Wir haben zum Beispiel eine Kampagne für die Neutralität gefahren. Die Journalisten waren außer sich und haben den damaligen Bundeskanzler Viktor Klima massiv kritisiert. Es waren auch einige in der Partei, die gesagt haben: „Siehst du nicht, wie die uns zerfetzen und niederschreiben?" Wir haben damals aber gewusst, dass die Neutralität ein zentrales Thema der Sozialdemokratie und Identifikationsmerkmal der Österreicher ist. Je stärker die Zeitungen gegen die Neutralität geschrieben haben und Viktor Klima kritisierten, desto stärker haben uns die Leute wahrgenommen und bemerkt: „Der kämpft für etwas, was ich auch will."

In einem Artikel der PRESSE von 2008 wird der ehemalige ORF-Generalintendant Teddy Podgorski zitiert, der Sie einmal, durchaus positiv, als „perfekten Intriganten" beschrieb.

Ich weiß, was Teddy Podgorsky gemeint hat, und glaube nicht, dass er hier aus Böswilligkeit das falsche Wort geprägt hat. „Intrigieren" funktioniert nämlich nicht wirklich. Um ein guter Kommunikator zu sein, muss man glaubwürdig bleiben. Wenn ein Journalist das Gefühl hat, dass er permanent belogen und um ihn herum ständig intrigiert wird, wird man als Kommunikator Probleme haben. Aber andererseits ist es für PR-Leute wichtig, eine direkte – manchmal auch persönliche – Beziehung zu Journalisten zu haben. Ich persönlich bin immer gut damit gefahren, Leute nicht zu belügen.

Als Pressesprecher ist eine enge Beziehung zu Journalisten ein Vorteil?

Es wird immer Grenzsituationen geben, in denen man offiziell nicht die Wahrheit sagt. Aber auch da ist die Frage: Kann man einen Deal mit einem Journalisten machen? Habe ich eine enge Beziehung zu ihm, kann ich zum Beispiel sagen: „Wir sind mitten in einer Aktion und wenn die abgeschlossen ist, bekommst du die erste Information." Was auch wieder schwierig ist, weil dann alle anderen Journalisten „böse" sind. Eine Vertrauensbasis ist gut. Man muss nur aufpassen, dass sie nicht zu eng wird. Dann ist man als Pressesprecher erpressbar.

Wie oft werden Informationen „off-the-record" preisgegeben?

Ich bin überzeugt davon, dass es jeden Tag vorkommt. Zu 90 Prozent besteht die Zeitung aus Inhalten, die „off-the-record" weitergegeben werden. Vor allem beim sogenannten „dirty campaining" wird fast alles „off-the-record" gespielt. Ich war sehr kritisch und habe das nicht sehr gerne gemacht, weil man sich den Journalisten dabei ausliefert.

Es erweckt den Anschein, als hätten Sie während Ihrer Zeit als Bundesgeschäftsführer der SPÖ nur mit der KRONE, NEWS und dem ORF zusammengearbeitet.

Diese Beobachtung ist richtig. Das hing mit der inhaltlichen Schwäche der SPÖ zusammen. Je mehr man darauf angewiesen war, politische Kommunikation vor Inhalt zu stellen, desto mehr musste man die großen Medien mit hoher Reichweite nützen, die auch wenig Platz und Zeit für Inhalte haben. Ich schätze DIE PRESSE, den STANDARD und die WIENER ZEITUNG sehr. Um mit diesen Zeitungen auf politisch-inhaltlicher Basis zu kommunizieren, muss ich eine Agenda haben. Ich konnte zu dieser Zeit beispielsweise mit Anneliese Rohrer *(Anm.: damals Innenpolitikchefin der PRESSE)* kein Interview machen, weil sie bestimmt nach dem zweiten Satz zu mir gesagt hätte: „Herr Rudas, jetzt erzählen Sie mir schon wieder das Gleiche!"

Es war die „Angst" vor den Qualitätsmedien, die diese Selektion verursachte?

Genau. Die Angst, dass die mangelnden Inhalte für die Qualitätsmedien nicht ausreichen.

Wie sehen Sie die Inseratenaffäre, die Österreichs Medienlandschaft 2012 prägte?

Ich möchte nicht die österreichische Innenpolitik bewerten. Aber ich kann mir nicht vorstellen, dass sich Matthias Döpfner *(Anm.: Vorstandsvorsitzender des deutschen*

Medienunternehmens Axel Springer AG) mit Angela Merkel zusammensetzt und ihr eine Inseratenkampagne vorschlägt, woraufhin Frau Merkel die Deutsche Bahn anruft und sagt: „Geh', das wäre gut für euch, wenn ihr beim Springer Inserate schaltet." Dass diese Situation jemals eintritt, halte ich für unwahrscheinlich.

Haben Sie in Ihrer Zeit bei Viktor Klima Inserate vergeben?

Wir haben als SPÖ Inserate vergeben, aber aufgrund unserer finanziellen Situation eigentlich nur rund um Wahlkämpfe.

Was war Ihr größter kommunikativer Fehler in Bezug auf Viktor Klima?

Ich habe gegen ein absolutes No-Go verstoßen, das da wäre: „Good advertising kills a bad product faster." Es wurde damals mehr über die professionelle politische Kommunikation der SPÖ berichtet als über den politischen Inhalt. Das war sicher ein Fehler. Die politische Kommunikation hat zu funktionieren und das ist nicht etwas, worüber man berichten muss. In den USA ist das anders, auch im Wahlkampf 2012 wurde sehr viel über die Art des Wahlkampfes und nicht über politische Inhalte berichtet. Wir waren damals die ersten, die diese US-Methoden nach Europa gebracht haben. Aber es wurde viel zu stark darüber berichtet. Warum uns dieser Fehler passiert ist? Weil die Sozialdemokratie zu dem Zeitpunkt inhaltlich ausgelaugt war, ihre wesentliche Kernidentität verloren hatte und zu einer konservativen Partei mutiert ist.

Damals wurde Ihnen vorgeworfen, Sie hätten Viktor Klima versucht „zu lenken", ließen ihn nicht mehr „er selbst sein".

Ich habe von der Partei Dinge verlangt, zu der sie nicht bereit war, jedenfalls noch nicht. Viktor Klima ist ein großartiger Mensch, der anderen nicht weh tun wollte. Er war sehr auf innere Harmonie bedacht, wollte die ganze Partei mitnehmen und niemanden vor den Kopf stoßen. Deshalb ist er auch keine Konflikte eingegangen, die innerhalb der Partei aber notwendig gewesen wären. Im Vergleich dazu hat zum Beispiel Franz Vranitzky in der Verstaatlichten Industrie-Frage, der EU-Frage oder der Antisemitismus-Frage, auf die Partei „gepfiffen" und seine Überzeugung durchgezogen.

Können Sie ein Beispiel für eine perfekte politische Kommunikationsarbeit in Österreich nennen?

Das erste Mal, dass in Österreich überhaupt professionell politische Kommunikation betrieben wurde, war in der Zeit von Bruno Kreisky. Dieser galt als der größte politische Kommunikator, den es in Österreich jemals gegeben hat. Der Mann hinter Bruno Kreisky, der ganz wesentlich mit seinen für die damalige Zeit revolutionären Methoden am Erfolg Bruno Kreiskys mitbeteiligt war, war Karl Blecha. Ohne Karl Blecha hätte es die großen Wahlerfolge von Bruno Kreisky nicht gegeben.

Wie ehrlich darf ein Politiker sein?

Es hat eine Zeit gegeben, in der man mit politischen Kommunikationstechniken bestimmte Mängel ausbessern konnte. Es gab Tricks, die wir den Politikern beigebracht haben, wie zum Beispiel die Frage eines Journalisten nur als Sprungbrett für die eigene politische Botschaft zu nutzen. Das haben inzwischen die meisten professionellen Politiker intus. Das haben aber auch die Zuseher gelernt. Inzwischen ist wieder totale Authentizität gefragt, Ehrlichkeit und Emotion. Der heutige authentische Politikertypus ist der untrainierte Politiker. Der erste dieser Art in Österreich, der dadurch eine extrem hohe Beliebtheit erfahren hat, war Alexander Van der Bellen.

Medientraining für Politiker ist somit kontraproduktiv?

Derzeit sind Politiker wieder in Mode, die ein Anliegen haben, etwas Bestimmtes verändern wollen, „brennen". Natürlich gibt es handwerkliche Grundlagen, die man bei einem TV-Auftritt beachten muss – wie Hintergrund, Kleidung, Licht, aber auch die Sprache. Um diese Rahmenbedingungen müssen sich die Berater kümmern, aber es ist wie gesagt ein Fehler, wenn dies das politische Wollen überdeckt. Denn übertrainierte Politiker, die Technik und Form über Inhalt stellen, sind nicht glaubwürdig. Sehr viele Politikberater und Politiker unterschätzen die Bevölkerung in dieser Hinsicht.

Wo sehen Sie die österreichischen Medien in 20 Jahren?

Durch die Diversifikation der Medien werden sich die PR-Arbeit und die politische Kommunikationsarbeit völlig verändern. Das gilt für das Fernsehen und vor allem für den Printbereich. Man muss leider sagen, dass sich Print in einem riesigen Umgestaltungsprozess befindet, der auf eine Zweiteilung in der Printszene hinausläuft. Dann gibt es entweder hohe Qualität oder extremen Boulevard und die Mitte wird ganz verschwinden. Der extreme Boulevard bedeutet noch weniger Politik, noch kürzere inhaltliche politische Botschaften und dadurch noch weniger Wertigkeit in der politischen Meinungsbildung. Qualitätsmedium bedeutet dann aber auch echte Qualität. Es ist kein Zufall, dass die ZEIT heutzutage nach wie vor an Reichweite zulegt. Wenn ich als Politiker in der ZEIT vorkommen möchte, muss ich auch etwas zu sagen haben. Letzten Endes werden sich entweder die Politiker dieser neuen Mediensituation bewusst werden oder wir werden einen kompletten Umbau der politischen Situation brauchen.

■

Siegmar Schlager

Mag. Siegmar Schlager, geboren 1955, studierte Betriebswirtschaftslehre an der Wirtschaftsuniversität Wien. Von 1982 bis 1987 war er Geschäftsführer der ÖH-Wirtschaftsbetriebe GmbH. Seit 1999 ist er Geschäftsführer der ST Verlagsbeteiligungsgesellschaft mbH, der Falter Verlagsgesellschaft mbH und der Falter Zeitschriften GmbH. Zwischen 1997 und 1999 war er Lektor für Publishing an der Donau-Universität Krems, seit 2004 unterrichtet er Medienmanagement im Studiengang Journalismus und Medienmanagement an der FHWien. Seit 2011 ist Mag. Schlager zudem Geschäftsführer der „The Vienna Review Publishing GmbH".

„Das Umfeld der Medien hat sich völlig verändert, darauf muss man dringend reagieren"

Das Gespräch führte
Barbara Dürnberger

Der Druck des Internets wird immer größer.

Mag. Siegmar Schlager ist Geschäftsführer der Unternehmen der Falter Verlagsgruppe, in denen u.a. auch die Wochenzeitung FALTER erscheint. Im Gespräch betont er die Bedeutung seriöser Berichterstattung im gegenwärtigen Wandel der Medienwelt. Sie ist nicht nur durch die Gratis-Nachrichten im Internet bedroht, sondern auch durch die Kombination aus andauernder Wirtschaftskrise und ständig neuen, zusätzlichen Informationskanälen, was weltweit zu sinkenden Anzeigen- und

Verkaufserlösen führe. Der seriöse Gratis-Content, der

Medienkonsumenten im Internet durch seriöse Journa-

listen (meist unfreiwillig) zur Verfügung gestellt wird,

müsse kompensiert werden. Eine höhere und auf quali-

tative Faktoren ausgerichtete neue Presseförderung sei

mit eine Lösung. Dadurch könnte die Qualität in der Be-

richterstattung generell gehoben werden.

Wer bestimmt die Medieninhalte in Österreich? Sind es die Politiker oder die Journalisten?

In den einzelnen Zeitungen sind es die jeweiligen Chefredakteure. Bei der Schwer-
punktsetzung haben sie massive Einflussmöglichkeiten, auch wenn ich nicht glaube,
dass Chefredakteure tatsächlich ganz konkrete Inhalte diktieren. Natürlich hat auch
die Politik Einflussmöglichkeiten. Wenn zum Beispiel auf Regierungsebene ein
Thema kommuniziert wird, müssen die Medien in der Regel darüber berichten. Aber
was wichtig ist und was nicht, bestimmen die Medien schon selbst.

Die Themenwahl bleibt in medialer Hand?

Ja! Es gibt viele Inhalte, die Politiker kommunizieren möchten, ohne Chance, damit
in die Medien zu gelangen. Doch wenn eine größere Zeitung beginnt, ein Thema
aufzugreifen, bleibt den anderen gar nichts anderes übrig als zu folgen. Also wird es
automatisch zum Thema. Wir erleben es beim FALTER: wenn wir am Dienstag eine
Geschichte online stellen, sind die anderen Medien am Mittwoch „drauf" und berichten darüber.

Haben Sie als Geschäftsführer Einfluss darauf, was in die nächste Ausgabe des FALTER kommt?

Ich weiß vorab nicht einmal, was in der aktuellen Ausgabe steht. Dienstag um 14
Uhr bekomme ich die Headlines der von der Redaktion ausgewählten Top Storys, die
ab 17 Uhr auf unserer Website veröffentlicht werden. Welche Artikel sonst in der
aktuellen Ausgabe sind, sehe ich am Mittwoch in der Früh, wenn ich zu Hause den
FALTER von der Fußmatte nehme. Ich bin nur involviert, wo eventuell rechtliche
Komplikationen auftreten könnten. Wenn wir etwas aufdecken, das wirklich „heiß"
ist, erfahre ich es vorher, weil mir gesagt wird, wie die Redaktion das schreibt.

Was sind die inhaltlichen Unterschiede zwischen einer Tageszeitung und einer Wochen-zeitung?

Die Tageszeitungen sind in der Regel gezwungen, relativ schnell Stellung zu tages-aktuellen Themen zu nehmen. Was heute passiert, muss morgen in der Zeitung stehen. Dieses Problem haben Wochenzeitungen nicht; sie können Themen kom-mentieren, teilweise vielleicht verstärken, indem sie Hintergründe aufzeigen.

Ist das ein Vorteil?

In der jetzigen Zeit ist das für die Tageszeitungen oft ein Nachteil. Was aktuell ist, steht innerhalb von fünf Minuten auf den Websites aller Zeitungen und läuft im ORF. Darüber morgen zu schreiben, ist in Bezug auf Aktualität nicht mehr möglich. Das bedeutet wiederum, dass Tageszeitungen zwar über die Ereignisse von gestern berichten müssen, aber mehr Informationen liefern sollten als das Web. Eine sehr schwierige Situation.

Hat das Internet diesen Wandel ausgelöst?

Ja. Neben den Tageszeitungen kommen nun auch die Monatsmagazine unter Druck. Im Web steht heute, was die Tageszeitungen früher am kommenden Tag berichtet haben. Daher beginnen die Tageszeitungen das zu schreiben, was früher Metier der Wochenzeitungen war. Und die wiederum schreiben, was früher in Monatszeitungen stand. Für die Monatszeitungen bleibt überhaupt nichts mehr übrig.

Der FALTER hat eine sehr spezielle Leserklientel, 70 Prozent hat Matura. Muss auf diese Klientel speziell eingegangen werden?

Natürlich. Wir können einfach keine „Trash-Geschichten" schreiben. Und wenn, müssen sie mit viel Ironie abgefasst sein, sonst fragen uns unsere Leser, ob wir verrückt geworden sind. Was auch hin und wieder passiert.

Das heißt aber, die Leser bestimmen zu einem Teil mit, was produziert wird?

FALTER-Leser sind relativ kritisch. Trotzdem wollen wir uns nicht von ihnen anschaffen lassen, was wir schreiben. Wenn es ihnen nicht passt, ist bei uns halt die Hölle los. Die Frage ist dann, wie wir reagieren. Unsere Positionierung ändern wir aber nicht.

Sie sagten 2011 in einem Interview: „Am Ende des Tages geht es darum, dass ein Produkt dem Konsumenten eine Heimat bietet und dass der Leser das Gefühl hat, ein Medium ist nur speziell für sie oder ihn gemacht. Man darf auch nicht einfach austauschbar sein. Ich würde in eine schwere Krise stürzen, wenn jemand den FALTER einfach austauschen könnte." Wie entwickelt man solche Medieninhalte?

Die Leserin oder der Leser muss immer das Gefühl haben, nicht verraten zu werden. Die Meinung zu einem Thema muss sie oder er sich auf Basis unserer Berichterstattung selbst bilden. Diesen Kurs muss man durchhalten und die Glaubwürdigkeit jede Woche in jedem Artikel unter Beweis stellen. Die Menschen wollen Seriosität von uns.

Wie sehen Sie die Beziehung zwischen Pressesprechern und Journalisten?

Sie sind wechselseitig voneinander abhängig. Der Journalist will etwas wissen und muss sich darauf verlassen können, dass er die Informationen rasch erhält, da er wenig Zeit hat. Umgekehrt wollen Pressesprecher Themen unterbringen, dazu brauchen sie eine Gesprächsebene mit Journalisten. Im Regelfall einer seriösen Berichterstattung schreiben Journalisten nicht, was ein Pressesprecher will. Auch sagen Pressesprecher Journalisten nicht unbedingt, was sie hören wollen. Ich glaube, dass sich das Verhältnis über weite Strecken professionalisiert hat. Natürlich gibt es immer die eine oder andere „Verhaberung". Das ist zwar schlimm, aber menschlich.

Besteht die Möglichkeit, dass die PR-Branche den Journalismus einmal vollständig ersetzen wird?

Das hängt von der Mediengattung ab. Aber es wird immer schlimmer. Je mehr Medien ökonomische Probleme bekommen, umso weniger Journalisten werden sie beschäftigen können und umso dankbarer sind sie, wenn sie fertige Texte erhalten. Es gibt Studien in Großbritannien, laut denen selbst seriöse Zeitungen bis zu 80 Prozent ihres Inhalts direkt von Agenturen beziehen, ohne die Information noch einmal zu überprüfen. Das ist vielleicht in Österreich noch nicht so schlimm.

Wie beurteilen Sie den Umgang mit Nachrichtenagenturen?

In Österreich gibt es auf den großen Websites der Zeitungen eine sehr starke Copy-and-paste-Kultur. Die Nachrichtenagentur schickt etwas aus und 10 Minuten später erscheint es auf diversen Websites – völlig unverändert. Da nach wie vor sehr wenig Geld im Web mit klassischen Nachrichten verdient werden kann, ist die Wahrscheinlichkeit hoch, dass man sich wenige Redakteure leistet und viel Material von den Nachrichtenagenturen übernimmt. Das ist billiger.

Sie haben in einem Interview mit dem Horizont im September 2012 gesagt: „Man kann sich beim Falter vieles kaufen, vor allem jede Menge Anzeigen, nur keine redaktionellen Geschichten." Wie viele von den in Österreich erscheinenden Geschichten in den Medien sind „gekauft"?

Diese Frage kann ich schwer beantworten, weil ich manchmal zwar einen einschlägigen Verdacht habe, es aber nicht beweisen könnte. Wenn Sie von irgendwo in der Welt ein E-Mail erhalten, mit der Anfrage: „Wir wollen bei Ihnen zwei Seiten Werbung schalten – wie sieht es mit einer redaktionellen Berichterstattung aus?", dann bestätigt sich dieser Verdacht. Ich gehe davon aus, wenn so eine Vorgangsweise schon bei uns manchmal der Fall ist, wird es anderen in der Branche ebenso ergehen.

Warum bringt der Falter so viele Corporate Publishing-Magazine heraus, wie zum Beispiel das Complete Magazin oder das Mitarbeitermagazin der Post?

Der Falter bringt nur sich selbst heraus, er ist eine eigenständige Gesellschaft. In der Falter Verlagsgruppe gibt es neben dem Falter, einem Buchverlag und dem Datenbankservice auch den Bereich Corporate Publishing. Er ist personell und inhaltlich völlig autark. Wir betreiben diesen Geschäftszweig bereits seit 1986 und das äußerst erfolgreich.

Sind die Medien in Österreich speziellen Zwängen von Verlegern oder Anzeigenkunden ausgesetzt?

Ja! Auch wir sind dem Druck ausgesetzt. Aber die Redakteure des Falter merken das gar nicht. Die Geschäftsführung weiß nicht, was die Redakteure schreiben, umgekehrt wissen die Redakteure nicht, wer in der jeweiligen Ausgabe inseriert. Das klingt seltsam, aber Nichtwissen ist oft ganz gut. Die Versuchungen sind vielfältig, keine Frage. Da muss man gelassen bleiben. Die Anzeigenkunden dürfen nicht bestraft werden, weil sie Anzeigenkunden sind, und sie dürfen nicht geschont werden, weil sie Anzeigenkunden sind.

Ist es durch die neuen Medien einfacher geworden, die Aufmerksamkeit der Medien auf ein bestimmtes Thema zu lenken?

Es ist schwieriger geworden. Früher gab es drei mediale Kanäle der Informationsvermittlung: Fernsehen, Radio und Zeitung. Wenn es gelungen ist, ein Thema dort unterzubringen, dann war es draußen. Heute gibt es zwischen sieben und zehn mediale Kanäle. Die Wahrnehmung hat sich in vielen Fällen sequenziert und extrem differenziert. Es hat keiner mehr den Überblick. Manchmal ruft mich jemand an und sagt: „Da ist auf Twitter ein ‚Shitstorm‘, da müssen wir was tun." Ich beobachte das einen Tag lang und komme drauf, dass es genau fünf Personen sind, die sich über ein Thema austauschen. Da von einem „Shitstorm" zu reden, ist übertrieben. Wir, die aus dem Mediengeschäft kommen, haben schon Schwierigkeiten, Inhalte nach ihrer Bedeutung zu gewichten. Jetzt stelle man sich einmal die Konsumenten vor. Die tun sich da sicher oft sehr schwer.

Mit dem Internet kam zunehmend ein neues Genre von Journalismus auf: der Citizen Journalism. Was halten Sie davon?

Wenn die Personen, die das machen, seriös agieren, ist es gut. Wenn sie im journalistischen Sinn unseriös agieren, ist es nicht gut. Ich glaube allerdings, dass Verleger oder Redaktionen ihre eigene Bedeutung zu wenig herauskehren. Wenn Geschichten von außen geliefert werden, müssen sie von den Redakteuren kritisch hinterfragt werden. Diese Art Filterfunktion ist sehr wichtig und wird doch laufend unterschätzt. Darüber muss man auch die Medienkonsumenten aufklären. Was hat ein Redakteur/eine Redakteurin für eine Aufgabe, außer Geschichten schreiben? Er/Sie betreibt eine Art Qualitätssicherung. Das unterscheidet letztendlich einen in klassischen Medien erscheinenden Text von einem irgendwo von irgend jemanden veröffentlichten „Internettext". Ich glaube, dass wir alle miteinander der Öffentlichkeit zu wenig erklären, was wir eigentlich tun, was die Aufgabe und Leistung einer Redaktion, einer Redakteurin, eines Redakteurs ist.

Wie könnte man die Berichterstattung oder auch die Inhalte verbessern?

Die Kombination aus andauernder Wirtschaftskrise und gleichzeitigem Öffnen vieler zusätzlicher Informationskanäle verursacht sinkende Anzeigenerlöse und sinkende Verkaufserlöse bei gedruckten Medien. Was die Menschen im Web oft gratis bekommen, müsste man durch eine sinnhafte Presseförderung in den Printmedien kompensieren. Das wäre eine Möglichkeit, um die Qualität in den Redaktionen deutlich zu erhöhen.

Also mehr Presseförderung für mehr Qualität?

Ja. Wenn Sie sich das aktuelle Presseförderungsgesetz anschauen, sind die enthaltenen

Erfordernisse so konstruiert, dass kleinere Medien stärker bevorzugt werden als große. Doch nur anhand von quantitativen Parametern. Eine dringend nötige Änderung des Presseförderungsgesetzes muss neben quantitativen auch qualitative Merkmale als Förderungsvoraussetzung beinhalten. Das Umfeld der Medien hat sich völlig verändert, wie wir ja anhand des Internets besprochen haben. Von daher rechtfertigt sich eine qualitative Presseförderung auch, denn man darf nicht vergessen, dass die meisten seriösen Nachrichten, die im Internet kursieren, von seriösen Journalisten professioneller Medien recherchiert und dann unentgeltlich „übernommen" wurden und weitertransportiert werden. Wer im Internet seriöse Berichte haben will, muss auch ihre Quelle in den professionellen Medien fördern. Die Politik tut sich damit schwer. Es ist einfacher quantitative Kriterien festzulegen, weil die dann auch leichter zu überprüfen sind. Doch ist das mittlerweile zu wenig. Noch dazu ist die Presseförderung die letzten zehn Jahre von ihren Beträgen her nominell gleich geblieben, ja eher gesunken. Gibt es künftig auch qualitative Kriterien bei der Förderung, wird sich das Niveau der Berichterstattung erhöhen, zumindest aber nicht absinken. Denn die Verleger werden darauf bedacht sein, weiterhin Presseförderung zu erhalten und daher versuchen, qualitativen Kriterien zu genügen. Das hat dann auch eine Art Multiplikator-Effekt.

Werden sich die Medieninhalte in den kommenden Jahren ändern?
Sie werden sich sicher ändern, weil sich auch die Gesellschaft ändert. Ich glaube, es wird im Bereich der Massenmedien noch „tiefer" werden und die Qualität in den Qualitätsmedien wird steigen. Medien, die versuchen in der Mitte durchzukommen, werden Probleme haben, denn es wird bald nur mehr „qualitativ hochwertig" oder „sehr tief" geben.

■

Susanne
Schnabl-Wunderlich

Dr. Susanne Schnabl-Wunderlich, geboren 1980 in Klagenfurt, studierte an der Universität Graz u.a. Deutsche Philologie, Anglistik/Amerikanistik und Angewandte Kulturwissenschaften. Die promovierte Germanistin startete ihre journalistische Karriere 2002 als Nachrichtenredakteurin bei Ö3, ehe sie 2006 in die Radio-Innenpolitik zu Ö1 wechselte. Über ihre Schwerpunktthemen Bildungs- und Sozialpolitik berichtet sie seit Anfang 2010 als Fernsehredakteurin. 2011 erhielt Schnabl den „Österreichischen Staatspreis für Bildungsjournalismus". Die Kärntnerin ist Moderatorin der „ORF-Pressestunde" und präsentiert seit Dezember 2012 das TV-Politmagazin „Report" auf ORF2.

„Sobald jemand Druck ausübt, hört der Spaß auf"

Das Gespräch führte
Franz Hubik

Versuche, die Berichterstattung zu beeinflussen, werden meist als gut gemeinte Ratschläge getarnt.

Wer Jubelmeldungen der Regierung eins zu eins übernehme, habe den Beruf des Journalisten verfehlt, meint Dr. Susanne Schnabl-Wunderlich. Die ORF-Journalistin und Moderatorin des TV-Politmagazins „Report" kritisiert das „offenkundige Wechselspiel zwischen Politik und ORF", und erklärt, warum im Fernsehen kaum Enthüllungsgeschichten zu sehen seien. Interventionen innerhalb des ORF habe sie noch nie erlebt, nur jene „täglichen von außerhalb, mit denen jeder Journalist konfrontiert ist." Die Reporterin wünscht sich, dass Politiker weniger ankündigen und dafür mehr umsetzen.

Trauen sich Politiker nur noch nach intensivem Medientraining vor die Kamera?

Das ist die falsche Frage an die falsche Person, ich bin ja keine Politikerin. Aber dass Politiker heute gecoacht sind, ist offenkundig für jeden, der fernsieht. Das natürliche Kommunikationsverhalten der Menschen ist schließlich nicht, aneinander vorbeizureden oder Fragen bewusst nicht zu beantworten. Das machen sie nur, wenn sie eine Strategie verfolgen.

Wie reagieren Sie als Journalistin darauf?

Nachfragen, nachfragen, nachfragen. Das bringt einem den Ruf ein, unhöflich und lästig zu sein. Aber wenn Sie Politiker in ihrem Redeschwall nicht unterbrechen, entsteht zwangsläufig ein Monolog. Ein Interview sollte ein spannender Dialog sein, keine Ansprache.

Gibt es Politiker, die nicht gecoacht sind?

Die Spitzenrepräsentanten sind alle gecoacht. Eine gewisse Erfahrung oder Schulung im Umgang mit Medien braucht man auch. Für einen Journalisten, der in einem audiovisuellen Medium arbeitet, gibt es nichts Schlimmeres, als wenn Sie bei einem Live-Interview merken, dass Ihr Gegenüber nervös wird und sich verzettelt.

Trainierte Politiker sind besser als untrainierte?

Es kommt nicht darauf an, ob jemand trainiert ist oder nicht, sondern, ob jemand kommuniziert oder nicht. Ich gebe Ihnen ein Beispiel: Der ehemalige Vizekanzler Herbert Haupt *(Anm.: damals FPÖ)* hatte eine derart komplizierte Ausdrucksweise, dass Sie am Ende seiner Schachtelsätze beim besten Willen nicht mehr wussten, was er eigentlich sagen wollte. Selbst wenn Herr Haupt jemals Medientraining gehabt hat, er war schlicht kein guter Kommunikator.

Die PROFIL-Kolumnistin Elfriede Hammerl ortet einen immer verächtlicher werdenden Ton zwischen Politikern und kritisch fragenden Journalisten. Als Beleg dafür nennt Hammerl die ORF-Pressestunde vom 30. September 2012, die Sie moderiert haben. Zu Gast war der Kärntner Landeshauptmann Gerhard Dörfler, der Sie laut Hammerl behandelte „wie ein Oberlehrer eine vorlaute Schülerin". Teilen Sie Hammerls Einschätzung und beeinflussen solche Erfahrungen die Art und Weise, wie Sie Fragen stellen?

Eigentlich ist das die alte Schule der FPÖ: Wenn jemand lästig daherkommt, versucht man ihn kleiner zu machen, als er ist. Jörg Haider hat das vorgemacht und offenbar ist es noch immer „State of the Art". Wann immer ich Gerhard Dörfler in dem Gespräch eine kritische Frage gestellt habe, hat er despektierlich geantwortet und gemeint, ich solle nicht so stürmisch sein. Das waren pure Respektlosigkeit und plumpe Ablenkungsmanöver, nicht mehr und nicht weniger.

Hat es funktioniert?

Seine Strategie hat nicht funktioniert, weil ich trotzdem weiter kritisch nachgefragt habe. Aber zwischenmenschlich war es unangenehm. Zu einem männlichen Kollegen hätte er so etwas nie gesagt. Gerade als Frau steckt man da in einem Dilemma: Wie soll man auf so etwas reagieren? Soll man sich auf einen Diskurs einlassen und fünf Minuten vergeuden, indem man über seine Aussage streitet? Ich möchte dem

Herrn Dörfler nicht zu nahe treten, aber ich denke sein Frauenbild spricht für sich selbst und muss nicht weiter kommentiert werden.

Wie wird das von Ihrem Publikum aufgenommen?

Gemischt. Wir bekommen total unterschiedliches Feedback. Es gab viele Reaktionen von Leuten, die den Auftritt des Landeshauptmanns als rüpelhaft und respektlos empfanden. Gleichzeitig fanden das wohl viele Funktionäre ganz toll. Es gibt sicher einige Leute, die sich darüber freuen, wenn jemand den „frechen" und „oberge-scheiten" Journalisten ein bisschen „einschenkt".

Unterliegen Sie beim ORF Systemzwängen, die Ihre Berichterstattung beeinflussen?

Ich habe noch nie erlebt, dass sich ORF-Obere aktiv in die Berichterstattung einge-mischt haben. Es war noch nie der Fall, dass mir beim „Report", bei der „ZiB" oder bei der „Pressestunde" ein Interviewpartner aufgezwungen wurde.

Können Sie beim ORF unabhängig arbeiten?

Ich bin jetzt seit zehn Jahren beim ORF und muss sagen: Ja! Auch wenn das für manche von außen oft unglaubwürdig klingt und medial gerne anders kolportiert wird. Aber mir ist es noch nie passiert, dass jemand von oben herab interveniert hätte. Im Haus hat mir noch nie jemand gesagt, wie mein Beitrag auszusehen hat oder wie eine Sequenz klingen muss. Wenn es Interventionen gibt, dann die täglichen von außerhalb, mit denen jeder Journalist konfrontiert ist.

Wer ruft bei Ihnen an?

Zum Beispiel Pressesprecher, die sagen, dass ihr Minister das Gesagte doch völlig anders gemeint hätte.

Das ist legitim?

Naja, was heißt legitim? Das ist der Job des Pressesprechers. Wenn jemand die Gestaltung einer Sendung kritisiert und seine Meinung kundtut, ist das sein gutes Recht. Sobald aber jemand versucht, Druck auszuüben, in welcher Form auch immer, hört sich der Spaß auf. Vieles lässt sich im Vorhinein durch eine gewisse Abgrenzung unterbinden. Man muss Grenzen setzen und seinem Gegenüber klar sagen, was geht und was nicht. Alles andere ist unprofessionell und trägt dazu bei, dass der österreichischen Innenpolitik der Ruf der innigen Verhaberung anhängt.

Ist es schon unprofessionell, wenn ich mit ihnen per Du bin?

Diese Grenzziehung halte ich für zu einfach. Entscheidend ist vielmehr, ob ich offen für Beeinflussungen bin oder nicht. Die Versuche der Einflussnahme kommen meist als gut getarnte Ratschläge oder als Erklärungsversuche daher. Es liegt an mir selbst, ob ich dieser Propaganda aufsitze oder nicht. Mein Job als Journalistin ist es schluss-endlich, allen Informationen nachzugehen und sie auf ihren Wahrheitsgehalt zu prü-fen.

Nach welchen Kriterien entscheiden Sie, worüber Sie berichten?

Das sind objektive und allgemeingültige Kriterien. Relevanz und Aktualität sind die zwei wichtigsten Kriterien, anhand derer wir ableiten, welche Themen in die Sendung kommen und wie viel Platz sie einnehmen. Orchideenthemen sind schön und gut, aber wenn die nur ein paar Feinspitze in der Szene interessieren, dann sind wir im „Report", in der „ZiB" oder in den Radio-Journalen schlecht bedient, weil wir für die große Mehrheit der Bevölkerung Sendungen machen.

Sind die Kriterien beim Fernsehen anders als beim Radio?

Wirkliche Unterschiede gibt es nur zwischen tagesaktueller Berichterstattung und der Arbeit für ein Wochenmagazin. Beim „Report" sind wir zwar hoffentlich immer aktuell, aber liefern mehr Hintergrund und recherchieren investigativer.

Verkommen Journalisten zu einem Verlautbarungsorgan der Politiker?

Es gibt die Gefahr der Routine. Im Journalismus muss man jeden Tag die Dinge auf ihren Grund abklopfen. Das ist das Anstrengende, aber auch das Spannende an dem Job. Wenn Sie Jubelmeldungen der Regierung eins zu eins übernehmen, anstatt sie Satz für Satz auf ihren Gehalt zu überprüfen, dann haben Sie Ihren Beruf verfehlt. Aber in der derzeitigen ökonomischen Situation wird es zugegebenermaßen immer schwieriger, alle Informationen zu verifizieren. Weltweit stehen einige tausend Journalisten hunderttausenden PR-Leuten gegenüber. Da ergibt sich automatisch ein Ressourcenproblem. Wir bräuchten mehr Zeit und mehr Manpower.

Worüber berichten Sie nicht?

Wir berichten nicht über Geschichten, die weder von gesellschaftlicher noch von politischer Relevanz sind. Wenn beispielsweise die ÖBB eine tolle Bilanz einfahren würde, dann kann es nicht die Aufgabe der Medien sein, die ÖBB dafür zu loben.

Wie gehen Sie mit Informationen um, die Ihnen im Vertrauen gesagt werden?

Vertrauenswürdig. Man geht jeder Information nach, recherchiert akribisch und entscheidet anhand des Rechercheergebnisses, was damit passiert.

Suchen Sie sich dann einen Dritten, der diese Informationen bestätigen kann?

Man braucht immer eine Bestätigung. Keine Quelle geht ungefiltert on air, sonst würden wir die Gerüchteküche Österreichs senden.

Wie oft erhalten Sie Anrufe aus Parteizentralen?

Oft, aber ich zähle nicht mit. Tendenziell lässt sich sagen, dass mein Telefon besonders häufig in Wahlkampfzeiten läutet. Da will jede Partei ihre Botschaft unters Volk bringen.

Gehen Sie auf die Dinge ein, die Ihnen mitgeteilt werden?

Man hört demjenigen zu. Wenn die Informationen relevant sind, überprüft man ihren Wahrheitsgehalt. Das sind aber keine Befehlsempfängeranrufe, die auf meinem Handy landen.

Der Journalist Michael Völker hat im Herbst 2012 im Standard **geschrieben, dass man üblicherweise im ORF gar nicht intervenieren muss. Denn: „Bei manchen Redakteuren im Öffentlich-Rechtlichen funktioniert die Schere im Kopf in Eigenregie. Der vorauseilende Gehorsam als Teil der Job-Description, verinnerlicht durch jahrelange Übung." Hat er recht?**

Ich kann nur über meine Erfahrungen sprechen und über das, was ich von meinen Kollegen wahrnehme. Nein, da hat Herr Völker nicht recht. Wir waren in der Vergangenheit zwar immer wieder mit Negativbeispielen in Richtung parteipolitischer Interessen konfrontiert. Aber deswegen kann ich nicht gleich alle über einen Kamm scheren.

Was ist ein Negativbeispiel?

Ich meine kein Beispiel, wo ein Redakteur eine Schere im Kopf hätte, sondern Beispiele, wie die Beinahe-Bestellung von Niko Pelinka *(Anm.: ehemaliger Leiter des „SPÖ-Freundeskreises" im ORF-Stiftungsrat)* zum Büroleiter des ORF-Generaldirektors. Diese Dinge kann man nicht leugnen. Wir Redakteure wehren uns gegen dieses offenkundige Wechselspiel zwischen Politik und ORF. Aber ich finde es unfair, gleich alle in einen Topf zu werfen. Ich kann auch nicht sagen, dass alle Printredakteure in eine bestimmte Richtung schreiben, nur weil ihre Medien aus dem einen oder anderen Ministerium Inserate bekommen.

Haben Sie bei der Auswahl bzw. Aufbereitung der Themen auch die Quote im Hinterkopf?

Nein und manchmal ja. Nein in dem Sinne, dass wir keine Quotenberichterstattung machen. Wenn wir uns die Quoten der vergangenen Jahre hernehmen, dann müssten wir ständig Karl-Heinz Grasser oder Frank Stronach ins Studio einladen. Das wäre dann aber auch wieder fad. Die Quote habe ich im Kopf, weil sie fast automatisch mit spannenden Interviewgästen einhergeht. Wenn die Gäste langweilig sind, schalten die Leute weg. Im Gegensatz zu Print hat Fernsehen dazu noch weitergehende dramaturgische Elemente. Im Fernsehen werden Sie einen Experten viel schneller langweilig finden als in der Zeitung, weil im Fernsehen noch Stimme und Körperhaltung dazukommen. Schlussendlich geht es nicht um die Quote, sondern um die Frage, welcher Gast ist spannend und hat zu einem aktuellen Thema etwas zu sagen?

Bestimmen Sie als Moderatorin des „Report" selbst, welcher Gast zu Ihnen ins Studio kommt?

Wir entscheiden gemeinsam in der Redaktionssitzung. Ich kümmere mich dann darum, die Gäste einzuchecken.

Wer bestimmt, welche Beiträge gesendet werden? Wie viel Prozent kommen von der Redaktion und wie viel Prozent kommen von außen?

Für die bisherigen Sendungen kann ich sagen, dass die Beiträge zu hundert Prozent von der Redaktion selbst bestimmt wurden. Es gibt auch keine Wunschzettel mit Themen, die wir behandeln sollen, die von irgendwelchen oberen Ebenen an uns gereicht werden.

Fernsehen ist nicht unbedingt das klassische Aufdeckermedium. Bebildern TV-Journalisten nur das, was ohnehin in den Zeitungen steht?

Das wäre schlechtes Fernsehen. Gutes Fernsehen bietet tolle Bilder und einen unkonventionellen Zugang zum Thema, den das Radio und die Zeitungen nicht haben. Natürlich ist es beim Fernsehen viel schwieriger, investigativ zu arbeiten. In Print können Sie Informanten super anonymisieren, im Radio auch, weil kein Gesicht zu sehen ist, aber im Fernsehen? Da müssen Sie mit einer verzerrten Stimme und speziellen Kameraeinstellungen arbeiten, um jemanden unkenntlich zu machen. Die Hemmschwelle für jemanden, da mitzumachen, ist riesig. Die Enthüllungsstorys finden im Spiegel oder anderen Politmagazinen statt, weil es im Fernsehen ungleich schwerer ist, Informanten sprechen zu lassen.

Welchen Einfluss haben Nachrichtenagenturen auf die Inhalte der ORF-Sendungen?

Die Agenturen sind wichtig, weil sie eine Palette der neuesten Informationen bieten. Aber nur die Nachrichtenagenturen machen nicht die Nachrichten der „ZiB" oder des „Report" aus. Es geht in erster Linie darum, selbst Kontakte zu haben, raus zu gehen, Interviews zu machen und neue Bilder einzufangen. Nachrichten von Agenturen sind eine gute Basis, aber die Meldungen werden nicht eins zu eins übernommen, wie das teilweise bei Printmedien passiert.

Welche Bedeutung haben soziale Medien wie Twitter oder Facebook für die Berichterstattung des ORF?

Die sozialen Medien haben eine sehr große Bedeutung. Ich bin mittlerweile selbst auf Twitter, weil es eine total wichtige Informationsquelle ist. Twitter ist schlichtweg ein gutes Recherchetool, dort werden Dinge aufgeworfen und Argumente ausgetauscht. Wenn Sie allein über einer Geschichte brüten, dann wird sie nicht so vielfältig sein, wie wenn Sie mit Ihrer Twitter-Gemeinde darüber diskutieren. Sie können auf Twitter Implikationen bekommen, die Ihren Blickwinkel vergrößern und die Perspektive verändern. Zudem ist Social Media wichtig, um Leute zu erreichen. Wir merken, dass die junge Zielgruppe, im Internet, auf Facebook und Twitter zu Hause ist. Diese Jungen erreiche ich nicht, wenn ich eine Presseaussendung schreibe, die dann vielleicht von den Zeitungen übernommen wird.

Würden Sie etwas an der politischen Berichterstattung in Österreich und insbesondere im ORF ändern?

Wenn ich mir etwas wünschen dürfte, dann wäre das weniger Politmarketing. Der Politfrust rührt vielfach daher, dass manche Politiker – gerade auch in Interviews – Politmarketing und politische Ankündigungen mit Politik selbst verwechseln. Wenn es die Bereitschaft gäbe, einen ehrlichen Diskurs zu führen, und ich als Journalistin mit weniger Politmarketing konfrontiert wäre, dann müsste ich die Politiker auch nicht ständig unterbrechen. Das wäre ein Gewinn für alle Beteiligten: Politiker, Journalisten und Zuseher.

■

Robert Stoppacher

Dr. Robert Stoppacher, geboren 1958 in Wien, studierte Publizistik und Politikwissenschaft. Seit 1979 ist er Mitarbeiter des ORF. Während seines Studiums fing er in der ORF-Radio-Nachrichtenredaktion an. Danach war er u.a. Auslandskorrespondent in Brüssel, Chefredakteur der TV-Information, Sendungsverantwortlicher für die „Zeit im Bild 1" und Leiter der ORF-Parlamentsredaktion. Er kommentierte regelmäßig die Live-Übertragungen aus dem österreichischen Parlament. Seit 2009 leitet er die ORF-Diskussionssendungen „im ZENTRUM", „Pressestunde", „Europastudio" und „Runder Tisch".

„Die Durchlässigkeit von Interventionen gibt es nicht mehr"

Das Gespräch führte
Paulina Parvanov

Selbstbewusstere Journalisten sind ein Grund dafür.

Die Gefahr, dass Politiker es schaffen, mit ihren Wünschen und Begehrlichkeiten durchzukommen, sei immer da, meint Dr. Robert Stoppacher, Leiter der ORF-Diskussionssendungen (u.a. „im ZENTRUM"). Grundsätzlich sieht er die Entwicklung jedoch positiv: „Was Interventionen von außen betrifft, ist es deutlich besser geworden." Innerhalb des ORF entscheide man im Konsens, welches Thema für eine Sendung in Frage kommt. Für Stoppacher gibt es kein Thema, das nicht auch ein öffentlich-rechtlicher Fernsehsender bringen könne. Es gehe nur um das „Wie". Bei der Themen- und Gästeauswahl setze man auf Aktualität und

Relevanz. Doch nicht alle Wünsche gehen in Erfüllung:

„Wir hätten auch gerne einmal den Papst bei uns. Der gibt

aber keine Interviews."

Sie leiten die Diskussionsformate im ORF, wie etwa „im ZENTRUM" und die „Presse-stunde". Was ist zuerst da: Das Thema oder die Gäste?

Grundsätzlich wird das Thema zuerst angegangen. Es gibt aber auch Situationen, in denen wir an einen prominenten Gast denken, bei dem wir sagen, das wäre ein inter-essanter Mann, eine interessante Frau. Dann bauen wir die Sendung um die Person herum.

Nach welchen Kriterien wird ein Thema bestimmt?

Erstens muss das Thema wochenaktuell sein; das ist entscheidend. Zweitens muss es für eine größere Gruppe von Menschen Relevanz haben. Wir arbeiten immer auf zwei, drei, manchmal vier Schienen gleichzeitig ein Thema durch. Wir überlegen uns: Was gibt es zu diesem Thema? Welche Menschen, die wir gerne hätten, haben auch Zeit? So fahren wir ein paar Tage mehrgleisig, bis wir uns entscheiden.

Wie entstehen die Themen einer Diskussionssendung?

Wir sitzen in Redaktionssitzungen, durchforsten Zeitungen, das Internet und auch das, was in Social Networks gepostet wird. Wir müssen ein Gefühl dafür bekommen, was in der Woche passieren wird. Wenn wir beispielsweise „im ZENTRUM" vor-bereiten, wissen wir noch nicht, welches Thema im Laufe der Woche Konjunktur erleben wird oder welches in der Wahrnehmung der Menschen eher abstürzt. Wir orientieren uns auch an den offiziellen politischen Terminen, wie Parteitagen, Klubklausuren, Wahlen, Nationalratssitzungen, Ausschüssen. Ein detaillierter Veran-staltungskalender zeigt uns, was in dieser Woche und in den Wochen darauf passiert. Wir versuchen auch herauszufinden, was in Europa ein Thema ist.

Welche Rolle spielen „off-the-record"-Informationen bei der Themenfindung?

Hintergrund ist sehr wichtig. Dadurch können wir Entwicklungen antizipieren. Wenn man mehr weiß, hat man mehr Gespür und mehr Ahnung davon, wohin sich ein Thema entwickeln wird. Hintergrundgespräche und „Off-Informationen" helfen uns dabei, unser Bewusstsein zu schärfen. Durch diesen Informationsvorsprung fällt es uns leichter, Themen zu finden.

Wer entscheidet, welches Thema genommen wird?

Die Vorentscheidung liegt beim Sendungsverantwortlichen, also bei mir. Ich gehe mit dem Vorschlag aber auch zu meinem Chefredakteur und dieser spricht das im Normal-fall mit der Fernsehdirektorin ab. Üblicherweise herrscht Konsens, doch manchmal kann der Chef oder die Chefin der Meinung sein, dass das Thema gar nicht passt.

Dann diskutieren wir noch einmal darüber und finden eine Lösung. Jeder bemüht sich, das beste Thema zu finden, egal in welcher Hierarchiestufe er oder sie steht.

Spielt der öffentlich-rechtliche Auftrag eine Rolle bei der Entscheidung für oder gegen ein Thema?

Selbstverständlich. Wobei ich immer sage, es gibt keine Themen, die ein öffentlich-rechtlicher Fernsehsender nicht aufnehmen darf. Es kommt auf das „Wie" an. Wir würden über private, sexuelle Ausrichtungen eines Ministers kein „im ZENTRUM" machen. Das ist nicht die Aufgabe von öffentlich-rechtlichen Fernsehsendern. Aber soweit ich weiß, machen das die privaten Mitbewerber auch nicht.

Wird das Thema geändert, wenn ein Gast kurz vor der Sendung seine Zusage zurückzieht?

Eine plötzliche Absage eines Gastes ist immer ein Problem, weil es schwierig ist, jemanden nachzunominieren. Bei Experten ist es leichter. Wir haben eine große Kontaktdatei, in der wir meistens Ersatz finden. Wenn ein Minister ausfällt, wird es schwer. Man kann nicht einfach einen anderen Minister nehmen. Wenn ich über Sozialpolitik rede, hilft es mir nichts, wenn der Verteidigungsminister einspringen würde. Das Thema wird trotzdem nicht mehr geändert. Der einzige Grund, warum ein Thema geändert wird, ist aus aktuellem Anlass.

Gibt es Diskussionssendungen, die Sie gerne noch machen würden, die aber nicht möglich sind?

Klar hätten wir gerne einmal Merkel und Hollande an einem Tisch. Wir hätten auch gerne einmal den Papst bei uns. Der gibt aber keine Interviews. Oft würde es uns schon reichen, wenn wir Schüller gegen Schönborn einmal zusammenbringen, aber das geht nicht. Schönborn diskutiert nicht mit Schüller. Wir hätten gerne General Entacher und Minister Darabos an einen Tisch gebracht. Das wäre auch nett, aber es geht nicht. Das sind die Grenzen, an die wir stoßen. Wir können niemanden zwingen herzukommen. Wenn Darabos sagt, er diskutiert nicht mit Entacher, oder umgekehrt, dann findet das eben nicht statt oder wir können nur einen der beiden einladen.

Gibt es Inhalte, die in der Medienberichterstattung vernachlässigt werden?

Es gibt sehr viele Inhalte, die auch wir immer wieder vernachlässigen. Gerade jetzt in der Wirtschaftskrise richten wir die Aufmerksamkeit sehr stark auf die große Politik und auf die Entscheidungsträger in Brüssel. Hier kommt beispielsweise die soziale Lage der Menschen zu kurz. Oder wie es den Menschen mit politischen Entscheidungen geht. Das sind Betroffene und Opfer von politischen Entscheidungen. Da haben wir oft zu wenig unser Augenmerk darauf.

Die politische Berichterstattung ist zum Großteil durch inszenierte Ereignisse, wie beispielsweise Pressekonferenzen, vorbestimmt. Kann man als Journalist noch eigene Themen setzen?

Wir bilden das politische Geschehen in Österreich ab. Am Terminjournalismus kommen wir deshalb nicht ganz vorbei. Es gibt aber immer wieder Wochen, in denen sich politisch nichts oder wenig tut. Dann suchen wir uns ein Thema, das die Zeitungen noch nicht so breitgetreten haben oder für das die Parteien noch kein Interesse entwickelt haben. Dann machen wir ein Thema abseits der Politik, wie zum Beispiel Gesundheit. Ab und zu gelingt uns auch Agenda-Setting, wie zum Beispiel beim Thema Burnout. Manchmal machen wir das Thema, das noch gar keines ist, Sonntag am Abend und die folgenden Tage gibt es eine Diskussion darüber, an der auch Politiker wieder teilnehmen.

Die meisten Politiker haben einen Medientrainer. Ist das ein Rückschritt oder ein Fortschritt für Fernsehdiskussionen?

Wenn ein Politiker weiß, wie er sich vor der Kamera verhält, macht es uns das zwar nicht schwieriger, aber es ist eine Herausforderung, noch besser zu werden. Die Politiker wissen schon sehr gut, wie sie ihre Botschaften anbringen. Wichtig ist, in einem Live-Interview oder Live-Talk, die Botschaft zu setzen. Da muss man darauf achten, dass man trotzdem Antworten auf die Fragen bekommt, die man stellt. Erstaunlicherweise gibt es aber auch Politiker, die auf ein Medientraining verzichten, obwohl sie es notwendig hätten.

Wie oft kommen Interventionen von Seiten der Politik vor?

Immer wieder. Intervention ist immer eine Definitionsfrage. Intervention heißt ja, dass man davon ausgeht, man gibt nach. Ich nenne es Begehrlichkeiten und diese sind verständlich. Ein Pressesprecher, der nicht versucht, seinen Minister, seine Ministerin in unseren Sendeformaten unterzubringen, hätte seinen Job verfehlt. Die Frage ist nur, mit welchen Methoden er dies tut. Bietet uns ein Pressesprecher eine gute Geschichte an, dann höre ich sie mir an und sage entweder „ja, das ist ein Thema" oder „nein, das ist kein Thema". Selbst wenn uns politische Funktionäre und Politiker Geschichten anbieten, entscheiden wir in der Redaktion, welches Thema wir machen und welches nicht. Genauso ist es bei der Gästeauswahl. Es gibt Leute, die sich de facto selbst einladen wollen, oder Fälle, in denen zumindest der Pressesprecher sagt: „Da gehört unbedingt mein Chef hinein." Das höre ich mir gerne an, aber ich reagiere nicht darauf. Außer ich hätte ohnehin schon geplant, den- oder diejenige einzuladen. Ein Anruf jedoch, dass irgendjemand in der Sendung sitzen soll oder nicht, lässt mich kalt. Nach den Sendungen gibt es meistens noch mehr Anrufe als vorher. Da bekommen wir mitgeteilt, dass dieser oder jener gefehlt hat oder der dort nicht hingehört hätte. Natürlich haben Pressesprecher immer nur dann Freude, wenn ihr Chef oder ihre Chefin bei uns gut vorkommt.

Wie gehen Sie mit diesen Beschwerden um?

Ich bin seit 34 Jahren im ORF und immer im Bereich der politischen Berichterstattung tätig. Vielleicht bekommt man da eine dicke Haut. Ich kenne die meisten Anrufenden persönlich und sage dann freundschaftlich: „Ich glaube aber, dass das das Richtige war." Wenn mein Gegenüber grob kommt, dann kann ich auch gröber sagen, dass er sich dieser Äußerungen enthalten kann. Ich brauche diese Zurufe nicht. Wir sind eine Redaktion, die selbstständig denkt und entscheidet.

Ist es bei persönlichen Bekanntschaften schwieriger, einen Themen- oder Gästevorschlag abzulehnen?

Ich schaffe das ganz gut zu trennen, auch wenn ich mit manchen Anrufern aus politischen Parteien zum Teil befreundet oder zumindest bekannt bin. Man kennt einander von Veranstaltungen, wo sich Politiker und Journalisten begegnen. Ich kann durchaus unterscheiden zwischen der persönlichen Beziehung und der Beziehung, die durch das Verhältnis zwischen Journalist und Politiker entsteht.

Sind Medien, die kleiner und wirtschaftlich abhängiger sind als der ORF, anfälliger für Interventionen?

Ich fürchte ja. Ich denke da vor allem an die Printmedien. Klar ist eine Zeitung gefährdet, wenn sie zum Großteil von Inseraten lebt. Vielleicht kommen wegen nicht botmäßiger Berichterstattung keine Inserate mehr. Da ist schon die Gefahr einer willfährigen Berichterstattung gegeben. Im ORF kommt das so gut wie nicht vor, weil wir die Rückendeckung unserer Chefs haben. Hier entscheiden die Redaktionen mit ihren Chefs. Es wird im Haus entschieden und nicht außer Haus. Ich will gar nichts schönreden. Es hat sicher Zeiten gegeben, in denen man diese Firewall hier im ORF nicht gehabt hat. Zeiten, in denen auch Wünsche der Politiker hereingespielt haben. Derzeit ist es absolut nicht so.

Warum hat sich das geändert?

Es gibt einfach diese Durchlässigkeit von Begehrlichkeiten, diesen Zugriff, nicht mehr. Der wird abgeblockt. Es gibt keine brutalen Wünsche mehr. Vor zehn, 15 Jahren hat es diese schon gegeben. Manche Pressesprecher kamen mit Drohungen. Das war richtig boshaft. Wenn ein junger Mensch, ein freier Mitarbeiter am Telefon ist und dann von einem Politiker angeblasen wird, der Furcht und Schrecken verbreitet, dann ist das etwas zutiefst Abscheuliches und abzulehnen.

Zudem ist auch das Selbstbewusstsein der Journalisten größer geworden. Die Leute im ORF sind selbstbewusster geworden. Sie sind gut ausgebildet und wissen, was sie können, und wie man mit unzulässigen Begehrlichkeiten umgeht. Politiker reagieren auf geänderte Situationen und haben gemerkt, durch diese Mauer kommen sie nicht durch.

■

Feri Thierry

Feri Thierry, geboren 1973, hat in Wien maturiert und das Studium der Politkwissenschaft begonnen. In den 1990er Jahren war Thierry insgesamt acht Jahre in politischen Organisationen tätig, unter anderem von 1992 bis 1994 als Bundesobmann der „Schülerunion" sowie von 1996 bis 1998 als Bundesobmann der „Aktionsgemeinschaft". 1999 war er als Assistent im Europäischen Parlament tätig, von 2001 bis 2004 Bereichsleiter beim Kommunikationsmanagement-Unternehmen GPK, ehe er 2004 die „Thierry Politikberatung GmbH" gründete. Thierry ist Präsident der „Österreichischen Public Affairs-Vereinigung", hat 2011 das Buch „Politikberatung in Österreich – Herausforderungen – Strategien – Perspektiven" herausgegeben und war Lehrgangsleiter des Masterstudiums „Lobbying/Public Affairs" an der „bfi Wien Akademie".

„Der Boulevard ist eine überschätzte Macht"

Das Gespräch führte
Michael Oberbichler

In der Politik soll man keine Aktivitäten von auflagenstarken Zeitungen ableiten.

„Authentizität ist die Grundanforderung an politische Kommunikation", sagt Politikberater und Chef der „Thierry Politikberatung" Feri Thierry. Personen müssten mit Themen inszeniert werden, die zu ihnen passen. Journalisten attestiert er teilweise Trägheit, weshalb die Politik vorwiegend die Agenda setze. Medien wiederum orientieren sich, so Thierry, beim Agenda Setting auch an internationalen Thementrends. In Österreich müsse man angesichts der hohen Marktkonzentration die Eigentumsverhältnisse der Medien berücksichtigen. Der Boulevard habe aber nur so viel Macht, wie ihm die Politik gebe, sagt Thierry.

Wie sieht optimale politische Kommunikation aus?

Kommunikation sollte grundsätzlich authentisch, stringent und konsistent sein. Authentisch heißt, ich kommuniziere das, was ist, und erfinde nichts. Man kann Dinge abrunden und optimieren, aber aus einem schlechten kein gutes Produkt machen. Stringent heißt, dass ich heute dasselbe sage wie vor drei Wochen. Stay on the Message! Man muss eine bestimmte Botschaft penetrieren und immer wieder in die Kommunikation bringen. Konsistent heißt, dass ich die verschiedenen Kommunikationskanäle aufeinander abstimme. Ich trete im Fernsehen so auf, wie ich in Social Media, bei einer Veranstaltung oder auf anderen Kanälen auftrete. Ich muss überall die gleiche Botschaft rüberbringen. Prinzipiell sind die Anforderungen für politische Kommunikation gleich wie bei der übrigen Kommunikation.

Ist Authentizität wichtiger als professioneller Medienumgang?

Authentizität ist die Grundanforderung und das Wichtigste.

Gegenwärtig geht der Trend in Richtung Professionalisierung.

Ja. Aber kennen Sie aktuelle Beispiele für gute und erfolgreiche politische Kommunikatoren in Österreich? Ich sehe keine.

Wird die Politik in zu hohem Maß von den Pressesprechern dominiert?

Das ist eine Frage der Professionalisierung. Man braucht Leute, die die Pressearbeit abwickeln. Politiker können trotzdem authentisch bleiben, zum Beispiel Alexander Van der Bellen: Er hat als Obmann der Grünen davon gelebt, dass er nicht gecoacht und inszeniert wurde, sondern einfach so ist. Die Leute merken, wenn jemand inszeniert ist, weil derjenige spielt und nicht echt ist.

Wie bringen Sie Themen in Medien unter?

Das hängt vom Thema ab. Erstens ist es manchmal nicht der richtige Weg, über Medien zu gehen. Zweitens: Wenn es der richtige Weg sein sollte, ist es von den Themen abhängig, wie ich Medien bespiele und welche konkreten Maßnahmen man setzt. Es gibt Themen, die leicht funktionieren. Das sind emotionalisierende, kontroverse oder einfach zu erklärende Themen. Schwierig sind Themen, die komplex und emotionslos sind und nur wenige Menschen betreffen. Wie leicht ich Themen in Medien bekomme, hängt davon ab, ob es leichte oder schwierige Themen sind.

Inserate wären eine Möglichkeit, um Inhalte unterzubringen.

Das ist grundsätzlich Aufgabe einer Werbe- oder Mediaagentur. Diese entscheiden, welche Medien für welche Kommunikationsaufgabe am besten geeignet sind. Oder die Mediaagentur hat eine politische Order, die lautet: Völlig egal, worum es geht, es wird immer nur in diesen drei Medien inseriert. Bei beiden Möglichkeiten spiele ich keine Rolle. Wir würden nur eine strategische Empfehlung abgeben. Wenn Sie eine klare Zielgruppe mit einem Thema ansprechen wollen, dann empfehlen wir die richtigen Medien.

Welche Maßnahmen ergreifen Sie, wenn Medien Ihre Themen nicht aufgreifen wollen?

Entweder nehme ich es zur Kenntnis oder ich wähle andere Kanäle abseits der Medien. Zum Beispiel Veranstaltungen, Social Media, Direktkontakt oder persönlicher Kontakt. Medien sind nicht der einzige Kommunikationskanal. Es gibt viele politische Projekte, auch Kommunikationsprojekte, die an den Medien vorbei stattgefunden haben, weil sie direkt mit den relevanten Stakeholdern abgelaufen sind. Manchmal ist es nicht das Ziel, in Medien zu kommen, sondern einfach nur die relevante Zielgruppe zu erreichen und zu informieren. Das Ziel kann sein, dass kein Konflikt entsteht und es kein Thema für Medien wird. Mit anderen Worten: Das Ziel lautet, nicht in den Medien zu sein.

Üben Sie über Medien auch Druck auf politische Entscheidungsträger aus?

Wir versuchen politische Entscheidungen zu beeinflussen und bei manchen Themen kann es sinnvoll sein, die Öffentlichkeit einzubeziehen. Das schaffe ich nur über Medien. Das bedeutet, ich muss Medien über bestimmte Themen informieren und damit Themen setzen. Beispiel: Wenn ich als NGO verhindern will, dass das Europäische Parlament eine Richtlinie beschließt, versuche ich die Öffentlichkeit zu sensibilisieren, indem ich die Medien informiere. Durch die Thematisierung in den Medien wird es öffentlich, es formieren sich vielleicht Widerstandsbewegungen und im Idealfall wird die Umsetzung der Richtlinie fallen gelassen. So entsteht öffentlicher Druck, bei dem Medien für die öffentliche Meinung den Transmissionsriemen bilden. Das wäre ein adäquater Kanal. Man kann auch bei Veranstaltungen und über Medien an politische Entscheidungsträger appellieren, sich Richtlinien oder Vorhaben nicht anzuschließen.

Sie sind die Schaltstelle zwischen politischen Organisationen und Medien.

Wir machen politische Kommunikation. Das bedeutet: Wir arbeiten für politische, öffentliche Organisationen und beraten diese in Kommunikationsfragen. Wir versuchen die Botschaften dieser politischen Absender an die Öffentlichkeit zu bringen. Die Medien sind ein potentieller Kanal. Umgekehrt arbeiten wir für Unternehmen und Verbände, die Anliegen an die Politik haben. Wir beraten diese, wie sie ihre Anliegen an die Politik heranbringen. Auch hier sind die Medien ein möglicher Kanal. Wir sind Politikberater. Das ist ein weites Feld. Public Affairs Beratung und politische Kommunikationsberatung sind Anwendungen der Politikberatung. Je nachdem, was die konkrete Aufgabe ist, bin ich Politikberater, PA-Berater oder Kommunikationsberater, manchmal auch Lobbyist. Ein Lobbyist ist ein Interessenvertreter, der auf politische Entscheidungen von außen Einfluss nimmt.

Das Image von Lobbyisten ist derzeit im Keller. Wie können Sie nach den diversen Gerichtsfällen ein positives Bild von Lobbying vermitteln?

Lobbying ist in einer Demokratie nicht nur legitim, sondern auch hilfreich. Professionelle Interessenvertretung macht politische Entscheidungen besser und ist so alt wie die Demokratie. In Österreich gibt es die Tradition der institutionalisierten Interessenvertretung durch die Sozialpartner. In den letzten Jahren haben Menschen geglaubt, sie können sich den einen oder anderen Kontakt vergolden. Sie haben mit unlauteren Mitteln versucht Interessen durchzubringen. Das ist Korruption. Das hat dazu geführt, dass wir eine öffentliche Debatte über die Rolle von Interessenvertretern im politischen Entscheidungsprozess haben. Das ist gut und ich nehme in Kauf, dass es auf Kosten des Images ging. Wir haben zumindest eine Diskussion gestartet. Es gibt auch ein Gesetz, das sagt: Erstens, Lobbying ist in einer Demokratie in Ordnung, und zweitens: Wir brauchen genaue Regeln dafür.

Wie sehen diese Regeln aus?

Es gibt eine Registrierungspflicht und Grundanforderungen an professionelle Lobbying-Tätigkeit sowie Sanktionen, wenn man dagegen verstößt. Man muss sich einem Verhaltenskodex unterwerfen und es gibt Unvereinbarkeitsgebote.

Gibt es Regeln für den Umgang mit Medien?

Für einen Lobbyisten ist der Umgang mit Journalisten ein Nebenthema. Es ist keine Hauptaufgabe von Lobbyisten, mit Journalisten und Medien zu arbeiten. Die Medienarbeit kann ein Instrument sein.

Haben Sie im Auftrag Ihrer Kunden bei Medien interveniert, um Berichte zu verhindern?

Etwas zu verhindern heißt, es zu vertuschen. Das tun wir nicht, weil es nicht anständig ist und nicht funktioniert. Wenn etwas richtig gestellt werden muss, machen Unternehmen und Parteien das selbst und wenn sie strategische Beratung oder kooperative Unterstützung brauchen, nehmen sie sich Agenturen, also uns.

Public Relations und Public Affairs werden Transparenzprobleme attestiert.

Wir haben kein grundsätzliches Transparenzproblem. Manche haben vielleicht eines, aber nicht die gesamte Branche. Mein Unternehmen hat einen entspannten Umgang mit Transparenz: Wir veröffentlichen alle Kunden auf unserer Website; schon seit Jahren. Wir legen bei jeder Aktivität offen, für wen wir arbeiten und wer im Hintergrund steht. Wenn wir an politische Entscheidungsträger und an Journalisten herantreten, sagen wir, für wen wir tätig sind. Der Absender muss klar sein. Das bedeutet für uns Transparenz.

Österreich hat einen kleinen Medienmarkt. Welche Macht hat der Boulevard?

Der ist eine überschätzte Macht. Die Angst vor dem Boulevard ist größer als der tatsächliche Einfluss. Je mehr Angst man vor diesem hat und daraus Aktivitäten ableitet, um sich die Gunst des Boulevards zu sichern, desto mehr Macht gibt man ihm. Viele politische Entscheidungen wurden gegen den Boulevard getroffen. Einige Regierungen haben gegen die Krone regiert. Nicht jede politische Entscheidung hat der Boulevard gewonnen. Wenn Sie sich anschauen, wer am Jahresbeginn für das Berufsheer mobilisiert hat und wie das Ergebnis lautet *(Anm.: 60 Prozent für die Beibehaltung der Wehrpflicht, obwohl die* Krone *für das Berufsheer kampagnisierte)*, stellt sich die Frage: Wie konnte das passieren? Auch von Hans Dichand war nicht jede Kampagne erfolgreich.

Wie agiert man auf einem konzentrierten Medienmarkt?

Die Medienarbeit ist nicht anders, wenn man sie seriös betreibt. Es ist wichtig zu wissen, wie der Medienmarkt funktioniert, wie die Eigentumsverhältnisse sind und welche Medien zu welcher Gruppe gehören.

Gibt es in Österreich eine strikte Trennung von Redaktion und Anzeige?

Es gibt Medien, bei denen das strikt getrennt ist und die darauf großen Wert legen, und Medien, bei denen das nicht der Fall ist. Hohe Reichweite und mangelnde Trennung hängen zusammen. Da gibt es eine Korrelation. Die Inseratenaffäre von Bundeskanzler Faymann bestätigt dies.

Ändert sich die Medienarbeit durch den aktuellen Wandel des Medienmarkts?

Die klassischen, traditionellen Wirtschaftsmodelle funktionieren nicht mehr. Dadurch wird es einfacher. Der Printbereich verliert an Bedeutung, dementsprechend auch die Inserate in Zeitungen und Magazinen. Der Onlinebereich gewinnt. Medien werden künftig also anders funktionieren als bislang. Sie werden sich anders finanzieren. Das wird dazu führen, dass es in Zukunft nicht ausreichen wird, ein gutes Verhältnis zum Herausgeber zu haben. Hinzu kommt, dass im Web 2.0 *(Anm.: im Internet ist jeder Leser auch ein potentieller Sender)* viele Leute zum Beispiel auf Blogs News generieren. Blogs sind noch viel weniger käuflich. Die Demokratie wird gestärkt und damit die demokratische Medienlandschaft.

Wird die Medienarbeit dadurch einfacher?

Es wird einfacher, weil es ehrlicher wird, und schwieriger, weil es aufwändiger wird.

Wer gibt die Themen und Inhalte in den Medien vor?

Politiker und Journalisten bestimmen die Agenda, ebenso wie internationale Trends. Diese sind sogar dominanter. Medien bringen selbst relativ wenige Themen und übernehmen mehr, vor allem seitens der Politik. Zeitungen erfinden keine Themen, sondern greifen diese auf, wenn sie die Bevölkerung beschäftigen.

Der Bedarf, selbst Content zu produzieren, lässt nach, weil Medien wenig Ressourcen an Geld und Personal haben. Journalisten werden bequemer und gehen dazu über, politische Prozesse nur noch zu kommentieren und analysieren, anstatt Substantielles darzustellen. Das bedauere ich, es ist aber die Entwicklung der letzten Jahre. In Österreich ist die Qualität derzeit fatal. Das liegt an der Kleinheit des Marktes, an fehlenden Ressourcen und an einem gewissen Maß an Trägheit.

In welchen Medien sollen sich Politiker positionieren: Im Web oder in den klassischen Medien?

Klassisch „sowohl, als auch". Es muss beides geschehen.

Stehen die Inszenierung oder der Inhalt im Vordergrund?

Es braucht eine Kombination aus Inhalten und Personen. Das eine funktioniert ohne das andere nicht. Diese Kombination muss ich in der Kommunikation transportieren. Eine Person muss für etwas stehen und mit einem Thema verbunden sein. Authentizität würde bedeuten, dass das Thema zu der Person passt.

Wie bringen Sie Ihr Unternehmen selbst in die Berichterstattung?

Ich bin als Präsident der ÖPAV, der Österreichischen Public Affairs Vereinigung, oft in den Medien und melde mich zu Themen meiner Branche zu Wort. Als Unternehmen machen wir kaum Medienarbeit. Wir sorgen dafür, dass wir in der Branche bekannt sind.

■

Alexander Van der Bellen

Dr. Alexander Van der Bellen wurde 1944 in Wien geboren und wuchs in Tirol auf. Nach seinem Studium der Volkswirtschaft an der Universität Innsbruck verbrachte Van der Bellen drei Jahre am Wissenschaftszentrum Berlin, bevor er 1980 als Assistent an die Universität Innsbruck berufen wurde. 1994 erfolgte Van der Bellens Einstieg in die Politik als Abgeordneter zum Nationalrat der Grünen. Von 1997-2008 war er als Bundessprecher der Grünen tätig und somit der bislang am längsten amtierende Bundessprecher der österreichischen Grünen. Ende 2010 wurde Van der Bellen ehrenamtlich zum Beauftragten der Stadt Wien für Universitäten und Forschung bestellt. Seit Juli 2012 ist er Landtagsabgeordneter und Mitglied des Gemeinderates der Stadt Wien.

„Ich tue dir einen Gefallen, du tust mir einen Gefallen – das ist nicht nur bei der Mafia so"

Das Gespräch führte
Julia Karzel

Über das zwiespältige Verhältnis von Journalisten und Politikern.

Früher sei es leichter gewesen, bestimmte Inhalte in die Medien zu bringen, die heute oft als „alter Hut" betrachtet werden, so Univ.-Prof. Dr. Alexander Van der Bellen, Beauftragter der Stadt Wien für Universitäten und Forschung. Österreich sei ohnehin ein besonderer Fall, weil in der KRONEN ZEITUNG so viel Medienmacht konzentriert sei wie in keinem anderen Land. So führte Van der Bellen in seiner Amtszeit als Bundessprecher der Grünen 1997 bis 2008 regelmäßig Gespräche mit dem damaligen KRONE-Herausgeber Hans Dichand. Auch sonst lasse sich manch ein Deal

mit Journalisten über Kontakte, Unterredungen und das

eine oder andere Mittagessen deichseln. Nur die formale

Anrede solle man sich immer beibehalten. Das schaffe die

nötige Distanz.

Wie schafft man es als Politiker am ehesten in die Medien?

Dafür gibt es kein allgemeingültiges Rezept. Sogar in der Partei unterscheiden sich die Zugänge. Im Stil und in inhaltlichen Fragen bin ich zum Beispiel ganz anders als Peter Pilz. Er hat regelmäßig individuelle Kontakte mit Journalisten, während ich immer alles formal über den Pressesprecher abgewickelt habe. Allgemein gilt: Man soll nicht empfindlich sein. Ich habe gute Erfahrungen gemacht, mit ganz wenigen Ausnahmen. Man muss die Rolle eines kritischen Journalisten anerkennen und wissen, dass er nicht einfach schreibt, was man ihm anschafft. Ein guter Journalist überlegt, hinterfragt und führt einen aufs Glatteis. Heikel sind Kleinigkeiten, wie ob das richtige Foto kommt. Böse Überraschungen erlebt man auch manchmal mit der Überschrift.

Inwiefern?

Naja, es passiert gar nicht selten, dass die Überschrift einen ganz anderen Schwerpunkt und Inhalt suggeriert, als aus dem Text hervorgeht. Das liegt wohl daran, dass die Überschriften nicht unbedingt von dem interviewenden Journalisten gemacht werden, sondern von jemand anderem. Der pickt sich irgendeinen Halbsatz heraus, der das Interesse des Lesers wecken soll. Das ist völlig legitim, nur ein Eyecatcher kann auch ziemlich irreführend sein.

Was halten Sie davon, wenn Politiker mit Sagern, die gegen die Parteilinie gehen, in den Medien landen?

Das ist sicher die allereinfachste Methode in die Medien zu kommen. Für die Partei ist es weniger lustig, aber für den Betreffenden und die Medien funktioniert das immer. Bei uns war für diese Sager Johannes Voggenhuber zuständig. Bis zu einem gewissen Grad ist es momentan Efgani Dönmez, grüner Bundesrat in Oberösterreich.

Wird das gezielt von der Partei als Maßnahme gesetzt, um in die Medien zu kommen?

Nein. Das wäre sehr gefährlich, vor allem in der Rolle als Bundessprecher. Er muss die Partei verkörpern und die Parteilinie verfolgen. Man kann als Bundessprecher nicht ad hoc alles über Bord werfen, weil es gerade von außen einen Zuruf gibt. Man wird im Zweifel defensiv und beschwichtigend agieren. Streitgespräche in der Partei kann man inszenieren, aber nicht mit dem Bundessprecher.

Wie oft werden solche Streitgespräche inszeniert?

Ganz selten. Peter Pilz und Johannes Voggenhuber hatten während der Afghanistan-Krise, also nach 9/11, eine Auseinandersetzung. Da gab es ein öffentliches Streitgespräch und damit war die Sache erledigt. Das fand durchaus Niederschlag in den Medien. Es wurde allerdings nicht nur für die Öffentlichkeit gemacht, sondern auch für die beiden. Da wurden die Dinge offen ausgesprochen. Schließlich muss man nicht immer einer Meinung sein.

Wie interessiert waren Journalisten an Ihren Themen?

Abgesehen von den Anfängen Mitte bis Ende der 1990er Jahre war es extrem schwierig, das Interesse der Journalisten für Themen wie Energiewende, Treibhauseffekt und Klimawandel zu wecken. Journalisten meinten nur zu oft, das ist ein alter Hut, das haben wir schon geschrieben. Die aktuelle Bereichssprecherin für Umwelt- und Energiepolitik, Christiane Brunner, hat heute noch Schwierigkeiten dabei. Umgekehrt kann ich mich auch gut erinnern, 2006/2007 eine Vortragsrunde zur Energiewende in ganz Österreich gemacht zu haben – und die war immer sehr gut besucht.

War das aufgrund der Themen oder mehr dank Ihrer Bekanntheit?

Es ist schwer zu sagen, ob die Leute wegen des Themas oder wegen mir kommen. Oder weil ihnen in der Provinz fad ist.

Was haben Sie im Umgang mit Medien gelernt aus Ihrer Zeit als Bundessprecher der Grünen?

Man erkennt schnell, dass die meisten Journalisten nicht übelwollend sind, sondern ihren Job machen wollen. Die Kontakte mit der Kronen Zeitung waren sehr beschränkt, die Kontakte mit den sogenannten Qualitätsprintmedien im Allgemeinen gut, im Sinne von korrekt. Problematisch fand ich immer den Standard. Dieser weiß genauso wie wir, dass seine Leserschaft grünaffin ist. Das heißt, die Journalisten müssen jeden Tag beweisen, dass sie objektive, neutrale Journalisten sind. Um es etwas zuzuspitzen: Wenn ein Journalist vom Standard zum Interview gekommen ist, war Alarmstufe Gelb. Wenn zwei Journalisten vom Standard zum Interview gekommen sind, war Alarmstufe Rot.

War man beim Standard auch in der Versuchung, etwas nicht zu übernehmen, um objektiver zu wirken?

Nein, es waren eher der Ton, die Bissigkeit und Häme in der Fragestellung.

Sind Sie mit Journalisten per Du?

Nein. Mit einem einzigen, der inzwischen auch nicht mehr Journalist ist. Mit ihm war ich allerdings nicht per Du, weil er Journalist war, sondern weil wir einander mochten.

Sollte man als Politiker im Umgang mit Journalisten stets die formale Anrede beibehalten?

Ich finde schon. Das schafft Distanz, die für beide Seiten angemessen ist.

Wie hat sich die Medienwelt für Politiker in den letzten Jahren verändert?

Die Qualität hat nachgelassen, unter anderem weil die Zeit und der Platz knapper geworden sind. Alle Medien haben Personal eingespart, dadurch muss ein Journalist mehrere Bereiche abdecken und hat so weniger Zeit, um zu recherchieren. Vor zehn, 15 Jahren war der durchschnittliche O-Ton in der „ZiB1" 24 Sekunden. Mittlerweile ist der bei 16 Sekunden. Sagen Sie einmal etwas Sinnvolles in 16 Sekunden. Das sind zwei Sätze. Auch im Print findet diese Verknappung statt.

War früher alles besser in der Medienwelt?

Das will ich damit nicht sagen. Eine meiner ersten Erfahrungen mit Medien war keine gute. Ich war 1983/1984 Professor an der Uni Wien und Leiter eines Projekts über die ökonomischen Perspektiven der Rüstungsindustrie in Österreich. Die Arbeit wurde von Peter Pilz gemacht. Die Studie im Rahmen der Arbeit brachte verheerende Ergebnisse. Aus der damals rot-blauen Koalition in Österreich wurde sofort – ohne die Studie zu lesen – behauptet, sie sei komplett falsch. Verwunderlich war das nicht: Große Teile der Rüstungsindustrie waren verstaatlicht. Die Sache sorgte für einigen Wirbel, in den Medien wurden jedoch nur Meinungen wiedergegeben: Meine Meinung, die Meinung vom Pilz, die Meinung vom Verteidigungsminister. In der Sache hat keiner recherchiert, die Studie hat sich kein Medium angeschaut, mit Ausnahme des PROFIL. Die haben das, meiner Erinnerung nach, auf ein paar Seiten abgehandelt. Das fand ich bewundernswert. Lediglich Meinungen weiterzugeben, ist in meinen Augen kein ernsthafter Journalismus.

Hat es da von irgendeiner Seite Druck auf die Medien gegeben?

Ja, sowohl von der roten als auch von der blauen Seite.

Wieso hat das PROFIL diesem Druck widerstanden?

Die waren unabhängiger und interessiert an der Sache. Das ist ein Wochenmagazin, das traditionell mehr recherchiert als andere.

Wie gehen Sie mit Informationen „off-the-record" um?

Ich gebe nur selten etwas inoffiziell weiter. Das ist mir zu riskant.

Haben Sie schlechte Erfahrungen gemacht?

Klar. Obwohl jeder nach dem berühmten Sager von Wolfgang Schüssel vorsichtig geworden ist. Der tratschte einmal mit Journalisten beim Frühstück und bezeichnete Hans Tietmeyer, den damaligen Chef der Deutschen Bundesbank, als „eine echte Sau." Diese „Sau" war postwendend in den Medien. Das war eindeutig ein Bruch der Vertraulichkeit. Aber aus der Sicht des Journalisten war die Geschichte einfach zu gut, um sie für sich zu behalten.

Sind klassische Formen der Pressearbeit wie die Pressekonferenz noch zeitgemäß?

Ich habe Mitte der 1990er Jahre in der Politik angefangen. Da waren Pressekonferenzen oder Pressegespräche mit ausgewählten drei oder vier Journalisten noch die Regel. Heute wird das zunehmend als altmodisch empfunden. Auch wissen Sie bei einer Pressekonferenz grundsätzlich nicht, ob jemand kommt und wer kommt. Die APA wird schon da sein. Wenn mit nur einem Medium ein Exklusivinterview ausgemacht wird, kann man sich sicher sein, dass danach darüber berichtet wird. Grundsätzlich hängt die Art der Präsentation immer vom Thema ab: Je spezifischer das Thema oder je spezialisierter die Journalisten, die Sie ansprechen wollen, desto weniger ist dafür eine Pressekonferenz geeignet.

Wie sollte ein Pressesprecher bei einem Fauxpas oder einer Krise der Partei handeln?

Er wird nie von sich aus agieren, sondern sofort mit seinem Chef oder dem entsprechenden Gremium, der Klubleitung oder dem Bundesvorstand Rücksprache halten. Wenn wirklich etwas passiert ist, hat es keinen Sinn, etwas zu leugnen.

Ist man als Pressesprecher eher reaktiv oder geht man sofort an die Medien?

Man versucht zunächst schon, das für sich zu behalten. Dann agiert man je nachdem, wie man das Risiko einschätzt, dass die Sache publik wird.

Welche Möglichkeiten hat man, die Aufregung und das Interesse der Medien möglichst gering zu halten, um einen Skandal zu verhindern?

Ein guter Pressesprecher kennt alle Journalisten, Redakteure und Chefredakteure. Er hat regelmäßig Kontakt, geht mit ihnen essen. Da kommt es schon vor, dass man eine Geschichte entweder unterdrücken oder so klein wie möglich halten kann. Das geht nicht über Drohungen, sondern gentlemen's agreements, also kleine Tauschgeschäfte. Nach dem Motto: „Geh' bitte, das ist ja nicht wirklich eine Story. Wenn ihr das nicht bringt, verspreche ich euch dafür das nächste Exklusivinterview."

Wie oft ist es Ihnen passiert, dass vertrauliche Informationen in die Medien gelangt sind?

Wenn Sie heikle Themen in größeren Gremien besprechen, ist die Wahrscheinlichkeit hoch, dass es in der Zeitung landet. Weil irgendjemand der Kollegen – und es gab immer Verdächtige – zum Telefonhörer greift und tratscht, natürlich mit der Bitte, ihn nicht zu zitieren. Das Ausplaudern bringt nämlich auch etwas: Der Journalist schuldet demjenigen dann einen Gefallen, denn er hat ihm eine Geschichte gebracht.

Ist diese „Verhaberung" eine österreichspezifische Sache?

Nein. Ich tue dir einen Gefallen, du tust mir einen Gefallen – das ist nicht nur bei der Mafia so.

Gehen Journalisten noch mit Politikern ins Beisl?

Die Regel ist das nicht. Ich war sehr selten mit Journalisten essen und wenn, dann nur mit einer Handvoll, die ich mochte. Oder besser, die ich wertgeschätzt habe. Diese Journalisten mussten nicht meiner Meinung sein. Ich spreche allerdings von mir. Ich weiß nicht, wie das Werner Faymann oder Barack Obama handhaben oder wie es Karl-Heinz Grasser seinerzeit machte. Es kommt auch immer auf die Situation an: Wenn man acht Stunden mit Journalisten zusammen in einem Flugzeug sitzt, kommt man sicher ins Gespräch.

Können Allüren einem Politiker bei seiner Arbeit oder zumindest seiner Medienpräsenz helfen?

Frank Stronach beispielsweise besitzt eine eigenwillige Art, mit Menschen, darunter auch Journalisten, umzugehen. Ich weiß nicht, wie hilfreich ihm das auf lange Sicht ist. Über mich sagen manche, ich sei skurril, ich hätte Ticks. Das ist langfristig ein Vorteil, weil man anders wahr- und ernstgenommen wird. In meinem Fall war das eher ungeplant. Wenn man mit 50 in die Politik geht, legt man bestimmte Verhaltensmuster nicht mehr ab, nur weil man jetzt einen anderen Beruf hat. Wenn ich mit 25 einsteige, werde ich noch geformt; oder wohl eher verformt.

Abgesehen von Ticks, wie hilfreich ist in der Politik ein exzessiver Hang zum Drama und zur Provokation?

Man muss sich überlegen, mit welcher Wählerklientel man zu tun hat. Die grünen Wähler stammen nach wie vor eher aus den oberen Bildungsschichten und nehmen mehrere Medien zur Kenntnis. Sie wollen als intelligente Wähler gesehen werden. Da muss man vorsichtiger sein als ein Haider, ein Strache oder ein Cap, weil deren Parteien andere Wählerschichten pflegen. Damit man dort überhaupt wahrgenommen wird, muss man sich mitunter als Kasperl aufführen.

Haben Medienvertreter häufig Ihre Meinung zu einem gewissen Thema erfragt?

Der Bundessprecher wird ähnlich dem Bundeskanzler als Universalgelehrter gesehen, der zu allem eine Einschätzung abliefern kann – ganz im Gegensatz zu Ministern, die nur zu ihrem jeweiligen Fachgebiet befragt werden. Mir ist es extrem schwergefallen, mit unzureichenden Informationen trotzdem irgendeine Art von Meinung zu äußern.

Tut man sich leichter, in einem Onlinemedium Inhalte zu platzieren, weil mehr Platz zur Verfügung steht?

Ja, im Großen und Ganzen schon. Die paar Sekunden oder Minuten im Fernsehen werden deutlich überschätzt.

Unterscheiden sich Print, Radio, TV und Online in ihren Qualitätsansprüchen?

Mir hat einmal ein guter Fernsehjournalist gesagt: „Das Fernsehen ist kein Aufklärungsmedium." Mit Einschränkungen würde ich das unterschreiben. Als Interviewter sind Print und TV grundsätzlich etwas anderes, denn im Print besitze ich die prinzipielle Korrekturmöglichkeit. Live hingegen, im Fernsehen oder im Radio, können Sie gar nichts ausbessern. Was liegt, das pickt. Dazu kommt, dass Sie im Fernsehen abgelenkt sind. Sie fragen sich, ob die Krawatte schief sitzt, ob die Farben zusammenpassen, ob Sie einen Gelbstich im Gesicht haben. Im Radio kommt es sehr auf die Stimme an. Man wirkt als Politiker anders, wenn man mit hoher Piepsestimme versucht, seine Botschaften rüberzubringen, als wenn man mit tiefer, angenehmer Stimme redet. Alle Printmedien und ihre Qualitätsansprüche in einen Topf zu werfen, ist auch sinnlos. Im Großen und Ganzen haben wir drei Junk-Medien: HEUTE, ÖSTERREICH und die KRONE. Wobei die KRONE von diesen drei noch mit Abstand das beste Medium ist. Das trifft allerdings nicht unbedingt auf einzelne Journalisten zu. Trotz Medium kann der einzelne Journalist gut sein.

Welche Besonderheiten muss man noch bei der Pressearbeit in Österreich berücksichtigen?

Was man in Österreich nicht vergessen darf: Es gibt kein anderes Land auf der Welt, das eine derartige Konzentration von Zeitungsmacht hat, nämlich in der KRONE. Bedingt könnte man vermutlich sogar sagen, dass die KRONE Inhalte bestimmt. Auch ich bin einmal im Jahr beim alten Dichand zu Besuch erschienen, zusammen mit anderen Politikern.

Was wurde bei diesen Besuchen besprochen?

Es waren mehr Höflichkeitsbesuche. Hans Dichand wollte immer aus den Grünen Greenpeace machen, aber ich habe seine Ratschläge so gut wie nie befolgt. Abgesehen davon, wurden die Grünen in der KRONE immer scharf auf den Seiten zwei und drei attackiert. Im Chronik-Teil hingegen wurden wir gut behandelt, weil Umweltthemen Dichand interessiert haben. Immigrationsthemen waren hingegen nicht so seines. Er hat gerne die Themen gefördert, wo die Vorurteile der kleinen Leute, also seiner Leserschaft, virulent waren. Im Laufe der Jahre habe ich den Eindruck gewonnen, auf seine Art war er ein genialer Zeitungsmacher. Er hatte eine Nase dafür, was sein Publikum will.

Ist bei einem anderen Blatt die Rolle des Eigentümers oder Herausgebers auch so mächtig?

Eva Dichand bei HEUTE ist um keinen Deut anders.

Wirken sich persönliche Vorlieben von Redakteuren auf Medieninhalte aus?

In Einzelfällen habe ich das schon bemerkt. Die Balance ist auch für Journalisten nicht immer einfach: Man hat seine eigene Meinung, soll aber ein Interview machen und dabei objektiv sein, in der Fragestellung und auch beim Kürzen und der Auswahl der Fragen und Antworten nachher. Es ist eine eigenartige Symbiose, speziell mit den Innenpolitikredakteuren. Wir sind auf sie angewiesen, aber sie auch auf uns.

■

Stefan Wagner

Stefan Wagner, geboren 1963, absolvierte eine journalistische Ausbildung beim ORF und eine Schauspielausbildung an der Schauspielschule Krauss in Wien. Er arbeitete als Drehbuchautor, Sendungsentwickler und Sendungsverantwortlicher an diversen ORF-Formaten. 2000 gründete er gemeinsam mit seinem Kollegen Georg Wawschinek die Medientrainings-Agentur „intoMedia". Als Spezialist für u.a. Interviewtechnik und Interviewstrategie trainiert er sowohl ORF-Journalisten und Moderatoren als auch Entscheidungsträger aus Wirtschaft und Politik. Er ist Autor zweier Bücher und seit vier Jahren in Ausbildung zum Psychotherapeuten.

„Die Geschichten erfinden sich von selbst"

Das Gespräch führte
Paulina Parvanov

Der Journalist ist eher Berichterstatter als Themensetzer.

Der Journalismus sei von seinem Wesen her von äußeren Befindlichkeiten abhängig, über die er berichten müsse, sagt Stefan Wagner, Inhaber der Medientrainings-Agentur „intoMedia". Die Inhalte kämen dabei immer von außen. Auch Unternehmen seien gefragt durch PR auf Themen aufmerksam zu machen. Im Medientraining lernen Manager, wie sie ihre Botschaften erfolgreich platzieren. Vor zehn Jahren sei Medientraining noch weitgehend unbekannt gewesen, doch vor allem seit Beginn der Wirtschaftskrise werde der richtige Umgang mit den Medien immer wichtiger für Unternehmen. „Es ist notwendig, die Sprache der Medien wie eine Fremdsprache zu lernen."

Worum geht es beim Medientraining?

Die meisten Menschen, die ein Medientraining buchen, kommen mit zwei Fragen zum Training. Die erste ist, wie sie ihre Informationen einfach, klar und sympathisch anbringen können. Sie wollen eine Antwort auf die grundsätzliche Frage „Wie komme ich an?" Die zweite Frage, die sich meine Kunden stellen, ist, „Wie kann mir nichts passieren?" Der Interviewpartner möchte sicher sein, dass seine Inhalte nicht gegen den Sinn gekürzt oder aus dem Kontext gerissen werden. Die Entscheidung für ein Medientraining basiert häufig auf schlechten Erfahrungen oder Erzählungen von Bekannten, welche schlechte Erfahrungen mit Journalisten gemacht haben.

Warum ist ein Medientraining wichtig?

Das Bewusstsein, dass ein Medientraining zu einer Managementausbildung dazugehört, existiert erst seit ungefähr zehn Jahren. Es ist notwendig, die Sprache der Medien wie eine Fremdsprache zu lernen. Als ich vor 15 Jahren meine Firma gegründet habe, war das Wort nicht mal in den Markt eingeführt. Heute machen wir ungefähr 400 bis 500 Trainings im Jahr. 75 Prozent unserer Kunden kommen aus Industrie und Wirtschaft. Der Rest sind Prominente und Politiker.

Seit Beginn der Wirtschaftskrise ist vor allem das Format Krisentraining immer wichtiger geworden. Die Leute haben durch Medienskandale gesehen, wie wichtig es ist, im richtigen Moment das Richtige zu tun. Eine Krise hat eine Dramaturgie und braucht Methoden und Techniken, um sie heil zu überstehen.

Was kann in einem Interview schief laufen?

Ein schlechtes Interview hat nicht nur Folgen für den Interviewpartner oder den Journalisten, sondern auch für den Rezipienten. Der Leser oder Zuseher macht oft die leidvolle Erfahrung, dass das Interview zu vertiefend ist. Ein Medium kann nicht alles in der Komplexität und in voller Länge darstellen. In einem Interview unterhält man sich verkürzt und verdichtet. Das fällt wiederum vielen Experten schwer. Im Übereifer des Interviews gehen oft die Rösser mit den Experten durch. Je mehr man versucht ins Detail zu gehen, desto eher läuft man Gefahr vom Journalisten gegen den Sinn geschnitten und nachbearbeitet zu werden. Den Rezipienten lässt das maximal fragend zurück. Auch der Journalist hat keinen persönlichen Schaden davon, wenn ein Interview nicht glückt, außer ein bisschen Zeitverlust.

Den größten Ärger hat der Interviewpartner. Sehr viele, die ein Medientraining besuchen, sind Interessenvertreter einer Organisation. Der Interviewpartner kommt mit einem Rucksack an Erwartungen, die seine Organisation an ihn hat, zum Interview. Wenn es kein entsprechendes Ergebnis gibt, hat das immer ein Nachspiel für denjenigen.

Was ist der Unterschied zwischen einem „geschnittenen Interview" und einer Live-Diskussion?

Die taktischen und rhetorischen Maßnahmen sind sehr unterschiedlich. Wenn man ein Radio-Interview gibt, das geschnitten wird und daher nicht live ist, ist die größte Macht des Interviewpartners, etwas nicht zu sagen. Denn nicht gesagte Botschaften können nicht gesendet werden. Das Einfachste ist, eine längere Pause zu machen und sich zu überlegen, ob man das, was einem gerade durch den Kopf geht, auch wirklich sagen möchte. In dieser Zeit kann man eine Auswahl treffen und sich die Antworten in Erinnerung rufen, die man vorbereitet hat. Pausen werden immer weggeschnitten. Eine Pause im Radio würde bedeuten, dass dieses kaputt ist.

Im Gegensatz dazu, macht eine Pause im Live-Interview keinen guten Eindruck. Kurze Gedankenpausen erhöhen die Seriosität, aber sie sollten nicht zu lange sein. Wenn man dann noch zu dem Entschluss kommt „Das will ich gar nicht sagen", ist das eine peinliche Angelegenheit. Hier muss man mit anderen rhetorischen Mitteln arbeiten. Man kann zum Beispiel eine Brücke schlagen, von Frage auf Antwort, indem man sagt: „Lassen Sie uns einmal ein, zwei Schritte zurückgehen." oder „Diese Frage ist ein bisschen schwierig zu beantworten, schauen wir uns die Sache einmal ganz genau an." Durch diese rhetorischen Brücken kann man die Aufmerksamkeit auf die Antwort verlagern. Wenn man das raffiniert macht, kann man die Frage zum Abschmelzen bringen.

Im Live-Interview ist das Abschmelzen ein weiteres, wichtiges Phänomen. Die Inhalte sind in der Regel nach vier bis sechs Sekunden weg. Oft wird Politikern vorgeworfen, dass sie nicht antworten. Dabei hat man die Frage meist schon vergessen. Was bleibt, ist bloß die Erinnerung, dass die Frage spannend war. Wenn Politiker diese Emotionalität nicht abdecken, wird das Interview langweilig.

Sind Politikerinterviews wie beispielsweise die „Sommergespräche" im ORF dazu da, Inhalte oder das Image des Politikers zu transportieren?

Die letzten „Sommergespräche" haben nicht das geleistet, was sie im Stande gewesen wären zu leisten. Solche Gespräche sind ein großes Vertrauensangebot. Das wäre eine gute Möglichkeit, mit einem Vertrauensvorschuss in das Interview zu gehen und vom Politiker verlangen zu können, dass er diesen nicht missbraucht und von Journalistenseite zu bestätigen, dass man sich das Vertrauen verdient. In Deutschland ist das anders. Dort ist man froh, wenn man einen Politiker in einer TV-Sendung hat. Das ist eine andere Wertschätzung, die man einander entgegenbringt. Dadurch sind umgekehrt auch Politiker viel eher bereit, Zugeständnisse zu machen und so offen zu sein, wie im Medium möglich.

Ist das ein österreichisches Problem, das auf Kosten der Zuschauer geht?

Zu 80 Prozent sind den Menschen die Inhalte völlig egal, da diese Themen für ihr Leben nicht von Belang sind. Bei den Dingen, die rundherum in der Welt passieren, ist es für die Zielgruppe nicht nachvollziehbar, warum oft unwichtige Themen besprochen werden. Außerdem sind diese Interviews berechenbar. Damit macht man es dem Politiker leicht, es dem Journalisten schwer zu machen. Es wären Vorgespräche notwendig. Ein Treffen zwischen Chefredaktion und Politik, in dem besprochen wird, was ermöglicht und was vermieden werden soll.

Haben sich die Interviewtechniken durch die neuen Medien und deren Attribut „Schnelligkeit" verändert?

Nein. Die Medienlandschaft hat sich verändert. Durch den Social-Media-Bereich ist eine neue Sprache hinzugekommen, die man lernen muss, aber der Umgang mit den klassischen Medien hat sich nicht verändert. Die Fronten haben sich verhärtet und das Misstrauen zwischen Journalisten und Interviewpartnern ist gewachsen.

Dadurch haben sich auch die Maßnahmen radikalisiert. Man hat sich voneinander entfernt. Manchmal kommt bei einem Interview gar nichts mehr heraus. Es ist, als ob Leute miteinander reden würden, die gar nicht miteinander reden wollen.

Was ist der Grund für diese Distanz?

In Zeiten einer Krise steigt automatisch das Bedürfnis nach Wahrheit. Dieser Anspruch hätte durch den Journalismus getilgt werden sollen, was nicht immer passiert ist. Durch dieses Wahrheitsbedürfnis hat sich auch die Einstellung der Journalisten zu manchen Berufsgruppen stark verändert. Es wird mit dem Interviewpartner gnadenloser umgegangen. Im Sinn der Wahrheitssuche, ist es ein Ziel geworden, jemanden im Interview desavouieren, jemanden „knacken" zu wollen. Das sollte nie das Ziel eines Interviews sein.

Früher ist das in unserer medialen Kommunikation nur selten vorgekommen, außer es hat jemand große Schuld auf sich geladen. Heute wird die Schuld von den Journalisten vorausgesetzt. Die andere Seite zieht sich wiederum immer mehr zurück. Daraus folgt, dass auch die Maßnahmen des Medientrainings immer radikaler werden, weil das Schutzbedürfnis der Interviewpartner so groß ist. Wenn die Absichten eines Interviews nicht mehr jene sind, miteinander zu reden, zu klären oder zu erörtern, leidet die Kommunikation sehr darunter.

Wie kann dieses Dilemma aufgelöst werden?

Das Vertrauen wieder aufzubauen ist die größte Herausforderung, denn die Vertrauenskrise existiert nicht nur in der Finanzwirtschaft. Auch der Journalismus hat das Vertrauen in viele Bereiche, wie etwa die Politik, verloren. Ich habe mit vielen Menschen zu tun, die sich fragen, was da im Fernsehen oder im Radio passiert. Die Leute fragen sich, wo das hinführen soll. Es muss sich ein Qualitätsjournalismus entwickeln. Österreich hat eine sehr hohe Dichte an Boulevardmedien. Das muss sich ändern. Nicht der Eigennutz der Botschaft, sondern das Interesse des Publikums sollte im Vordergrund stehen. Dieser Prozess kann durch vorbildliche Journalisten oder auch Politiker und Manager abgekürzt werden, indem diese Personen versuchen, mit einer anderen Einstellung in Gespräche zu gehen.

Sind Leute, die im Umgang mit Medien geschult sind, ein Vorteil oder ein Nachteil für Journalisten?

Für den Kampagne führenden Boulevardjournalisten ist es nicht von Vorteil, weil dieser mit einer fertigen Geschichte im Kopf zum Interview kommt. Wenn ein Journalist aber an guter Information interessiert ist, ist ein trainiertes Gegenüber ein großer Vorteil. Ich höre immer wieder fantastische Interviews aus dem Wirtschaftsbereich, in denen es Menschen schaffen, komplexe Themen so aufzubereiten, dass man sie im Vorbeigehen verstehen kann.

Besteht bei gründlicher Vorbereitung die Gefahr, dass Fragen nicht beantwortet werden, weil sie nicht im Konzept stehen?

Alle Antworten sollten im Vorfeld vorbereitet sein. Das ist sehr wichtig. Denn ich rede nicht nur mit einer Person, sondern zu einer Vielzahl von Menschen. Wenn beispielsweise ein Interview um 7:40 Uhr auf Ö3 gesendet wird, hat man bis zu

1,3 Millionen Zuhörer. Da sollte man sich auf jeden Fall überlegen, was man sagen möchte. Man wirft auch keinem Präsidenten vor, dass er eine Rede vorbereitet, einem Interviewpartner hingegen schon. Das ist unprofessionell. Man sollte als Journalist davon ausgehen, dass das Gegenüber vorbereitet ist. Das bedeutet nicht, dass das Interview schlechter wird, sondern ganz im Gegenteil besser.

Wie geht man im Interview mit Themen um, über die man nicht sprechen möchte?

Es gibt eine goldene Regel, dass man ein Interview nie in dem Moment geben sollte, in dem es angefordert wird. Besser ist es, ein Vorgespräch zu führen und Erkundigungen einzuholen. Die wichtigsten Fragen dabei sind „Warum ich?" und „Warum heute?". Es ist zwar unprofessionell zu fragen „Was werden sie mich fragen?", aber es ist wichtig zu wissen, ob man für das, was verlangt wird, überhaupt kompetent ist. Im Interview sollte man das Versprochene erfüllen, aber Grenzen auch nicht überschreiten. Es geht nicht darum, Themen zu verhindern, sondern Abmachungen einzuhalten. Oft wird in Gebiete hineingefragt, die den Kompetenzbereich einer Person überschreiten, um ihn oder sie inkompetent erscheinen zu lassen. Das sollte man sich nicht gefallen lassen. Wenn Persönlichkeit oder Kompetenz auf diese Art und Weise angegriffen werden, muss man sich dem mit den radikalsten rhetorischen Maßnahmen stellen.

Werden Inhalte durch Unternehmen, Politik und Parteien fremdbestimmt oder haben Journalisten die Chance selbst zu bestimmen, was ein Inhalt wird?

Es gibt zwei Arten von Geschichten. Bei Themen, die von Natur aus interessant sind, bestimmt das Thema die Geschichte. Bei der zweiten Art muss man etwas tun, damit eine Geschichte spannend wird. Hier sind auch Organisationen angehalten, PR zu betreiben. Da der Journalismus vom Wesen her problemorientiert und aktuell ist, ist der Journalist stark von äußeren Befindlichkeiten abhängig. Der Journalist muss herausfinden, was in der Welt draußen passiert. Dadurch erfindet er die Geschichten auch nicht. Die Geschichten erfinden sich von selbst oder kommen von außen.

Welche Möglichkeiten haben Unternehmen, ihre Themen in die Medien zu bringen?

Es passiert sehr oft, dass sich Unternehmen ein Thema wünschen, das ohne Bezahlung nicht realisiert wird. Einem Thema Raum zu kaufen, kostet Geld. Daran ist nichts falsch. Medienkooperationen sind sehr wichtig, zum Beispiel im Gesundheits- oder Verkehrsbereich. Organisationen kommen oft enttäuscht zum Medientraining, weil ihr Thema nicht von den Medien übernommen wird. Damit ein Inhalt in den Medien Platz findet, muss er eines von vier Schemen bedienen. Am besten kann man das mit den lateinischen Begriffen Agon – der Wettkampf, Alea – der Würfel, Mimikry – die Tarnung und Ilinx, dem griechischen Wort für Wirbel erklären.

Zu Agon gehören alle Geschichten, die auf Auseinandersetzung und Wettkampf aus sind, zum Beispiel wenn zwei Organisationen einen Wettstreit austragen. Alea, der Würfel, bezieht sich auf den Zufall. Menschen interessieren sich für alles Unberechenbare, wie beispielsweise Naturkatastrophen. Hierzu zählt auch alles, was uns erwarten könnte, wenn wir nicht rechtzeitig vorsorgen. Die Berichterstattung um das Grippemittel Tamiflu ist ein Beispiel dafür. Mit dem Bericht „Niemand ist sicher, außer man hat dieses Medikament", kommt man sehr gut in die Medien. Bei Ilinx geht es um den „Wirbel", den man auslöst. Hat man eine Vision oder eine Fiktion, die einen euphorischen Rausch auslöst, kann man damit sogar in großen, wichtigen Ländern Wahlen gewinnen. Mimikry kommt aus der Natur und bedeutet Tarnung und Täuschung. Hier ist alles gefragt, was enttarnt. Jeder Skandal ist im Grunde genommen Mimikry. Wenn das Thema in keines dieser vier Schemen passt, haben es Unternehmen sehr schwer, Journalisten für ein Thema zu sensibilisieren.

In Ihrem Buch „Aufnahme läuft" schreiben Sie: „Der Effekt behält in den meisten Fällen die Oberhand." Sind Effekte wichtiger als Inhalte?

Effekt bedeutet immer Emotionalisierung. Kein Inhalt der Welt wird ohne Emotionalisierung angenommen werden. Nichts interessiert uns, wenn es nicht in irgendeiner Form Gefühle bei uns auslöst. Selbst Lernstoff prägen wir uns ein, um unsere Angst im Zaum zu halten, aus unserem Leben nichts zu machen. Ein Vorgefühl ist in jedem Fall notwendig. Wenn keine Betroffenheit vorhanden ist, will keiner den Inhalt wissen. Oft ist es aber auch so, dass das Angebot an Emotion so groß ist, dass die Information weit in den Hintergrund rückt. Im Entertainmentbereich wird das sogar verlangt, aber im Informationsbereich geht es darum, Inhalt zu vermitteln. Hier muss eine gesunde Balance hergestellt werden. Da passiert trotzdem oft, dass der Effekt den Inhalt auffisst. Experten gebe ich immer den Ratschlag, sich Kleidung anzuziehen, die man sich nicht merkt. Denn allein die Tatsache, dass man darüber reden könnte, was ein Interviewpartner anhatte, macht es unmöglich den Inhalt zu vermitteln. Effekt und Inhalt stehen in Konkurrenz zueinander, aber brauchen einander auch.

■

Eva Weissenberger

Eva Weissenberger, geboren 1972 in Wien, ist seit November 2012 Chefredakteurin der Kleinen Zeitung Kärnten. Zuvor war sie Innenpolitik-Journalistin und stellvertretende Leiterin des Wiener Büros der Kleinen Zeitung. Weissenberger unterrichtet journalistisches Schreiben an der FHWien und beim Kuratorium für Journalistenausbildung in Salzburg. Sie begann ihre Karriere 1998 bei der Tageszeitung Die Presse. Von 2000 bis 2006 arbeitete sie bei der Wochenzeitung Falter. 2006 wechselte die Vorsitzende von „IQ – Initiative für Qualität im Journalismus" zum ORF, wo sie u.a. für die „Zeit im Bild" Beiträge gestaltete. 2012 erhielt Weissenberger den „Leopold Kunschak-Pressepreis".

„Die beste Bestechung ist ein guter Zund"

Das Gespräch führte
Franz Hubik

Journalisten sind durch brisante Informationen korrumpierbar. Die Hand, die einen mit Nachrichtenmaterial füttert, beißt man nicht.

Weil sich die Politik vor dem Wiener Boulevard fürchte, habe er mehr Einfluss, als „alle Qualitätsmedien zusammen", meint Eva Weissenberger. Die Chefredakteurin der Kleinen Zeitung Kärnten kritisiert, dass die Zeitungen viel zu viel über den Politikbetrieb an sich berichten und zu wenig über die Themen, die die Leser wirklich interessieren. Journalisten stünden einer so großen politischen „Themensetting-Maschinerie" gegenüber, dass sie ab und an auch „Nicht-Themen" behandeln würden. Weissenberger warnt die Medien vor staatlichen Förderungen, weil „die Politik nichts gratis hergibt", und erklärt, was sie der Kronen Zeitung hoch anrechnen muss.

Wie ehrlich antworten Sie, wenn Sie Interviews geben?

Ganz ehrlich werde ich wahrscheinlich nicht sein, weil man sich immer besser darstellt, als man ist.

Sind die österreichischen Journalisten unabhängig in ihrer Berichterstattung?

So generell kann man das nicht sagen. Es ist von Medium zu Medium und von Ressort zu Ressort verschieden. Ich habe Sportreporter kennengelernt, die zugeben, dass sie von ihrem Selbstverständnis her unkritisch sind und sich ein bisschen „andienen" müssen, um Geschichten zu bekommen. Das habe ich von einem Politikjournalisten noch nie gehört – die, die es machen, geben es nicht zu. Über weite Strecken hat wohl auch der Reise- oder Motorjournalismus nicht den Anspruch, unabhängig zu berichten. Bei den Politik- und Wirtschaftsjournalisten gibt es zumindest das Selbstverständnis dazu. Ob es immer gelingt, steht auf einem anderen Blatt.

Sie haben beim ORF gearbeitet. Ist der ORF anfälliger für Einflüsse auf die Berichterstattung?

Ja, weil er im Eigentum der Republik steht. Deshalb ist ein gewisser politischer Einfluss immer gegeben – und zwar nicht nur bei einzelnen Geschichten, sondern prinzipiell. Das geht so weit, dass Karrieren ohne echten oder vermeintlichen Einfluss einer Partei immer eher die Ausnahme denn die Regel waren und sind. Das beginnt oft schon damit, ob jemand angestellt wird oder ein Dasein als freier Mitarbeiter fristen muss.

Haben Sie das persönlich gemerkt?

Nicht in Bezug auf meine eigene Person. Aber ich habe in den zwei Jahren, in denen ich beim ORF beschäftigt war, gemerkt, dass Verbindungen mehr zählen als Leistung. Ich habe mich selbst gefragt, ob ich versuchen will, beim ORF Karriere zu machen, oder ob ich das ohnehin nicht schaffen könnte, ohne meine Werte zu verraten. Zugegeben: Ich habe mir dann die Entscheidung erspart, weil ich ein anderes Angebot bekommen habe. Aber ich habe meine Kollegen beobachtet und gesehen, dass es sehr ungerecht zugeht.

Können Politiker, Pressesprecher, Lobbyisten, Unternehmer, Interessenvertreter, NGOs oder andere Journalisten für ihre Zwecke instrumentalisieren?

Ja, sicher. Die beste Bestechung ist ein guter Zund. Auch gute Journalisten sind korrumpier- oder zumindest manipulierbar durch brisante Informationen. Das kann entweder eine exklusive Ansage sein oder es sind Unterlagen, die als Grundlage für eine Aufdeckergeschichte dienen könnten. Für manche Journalisten stimmt zudem der Spruch, dass man die Hand, die einen mit Informationen füttert, nicht so schnell beißt.

Trägt man dann den Spin der Geschichte mit, den einem der Informant mitgibt?

Natürlich hat jeder, der mit einer Geschichte zu einer Zeitung kommt, ein Interesse. Wenn man die Geschichte veröffentlicht, bedient man das zumindest unterschwellig mit. Gerichts- oder Polizeiakten fallen ja nicht vom Himmel. Meistens sind es Rechtsanwälte, die der Geschichte im Sinne ihrer Mandanten einen Dreh geben wollen.

Litigation-PR *(Anm.: strategische Rechtskommunikation)* entwickelt sich nun auch langsam in Österreich. Oder es sind Staatsanwälte, die Aktenteile an die Medien hinausspielen, um zu verhindern, dass ein Fall unter den Teppich gekehrt werden könnte. Man kann dann schon beobachten, welche Anwälte in welchem Medium an anderer Stelle abgefeiert werden. Die mögen alle toll sein, aber das dient natürlich dazu, den Informanten zu schmeicheln.

Ist dieses Einschmeicheln notwendig, um Informationen zu bekommen?

Wenn man sich die Arbeit und die Karrieren von investigativen Journalisten anschaut, wird es am Anfang wohl notwendig sein Informanten zu schmeicheln, um sich ein Netzwerk und einen guten Ruf aufzubauen. Das gilt aber eigentlich für alle Bereiche des Journalismus. Gegen den Aufbau eines Kreises an Gesprächspartnern und Informanten ist auch nichts einzuwenden. Man muss sich aber beispielsweise bei Solointerviews immer fragen: Warum redet der nur mit mir? Weil ich die gescheiteste Journalistin des Landes bin, die einzige, mit der man reden kann? Wohl nicht. Ich habe es einmal eher als Beleidigung empfunden, als ein Finanzminister in einem Wahlkampf ausgerechnet mir ein Interview geben wollte und partout nicht einem älteren Kollegen, der lange in Wirtschaftsressorts tätig war. Jene, die exklusive Interviews bekommen, sind in der Regel nicht die, die den Interviewpartner bisher am härtesten angefasst haben. Eines darf man nie vergessen: Es ist immer das Medium, mit dem die Leute reden und dem sie schmeicheln wollen, nie die eigene Person. Die Macht und das Ansehen sind nur geliehen.

Wer bestimmt, was die Kleine Zeitung schreibt?

Die einzelnen Redakteure in Abstimmung mit der Chefredaktion.

Keine Außeneinflüsse?

Einflüsse gibt es natürlich immer, aber bestimmen tut es niemand anderer.

Ist die Kleine Zeitung ein Boulevard- oder ein Qualitätsblatt?

Sie ist beides. Als Massenzeitung bemühen wir uns für alle da zu sein. Wir bedienen alle Schichten, alle Bildungsniveaus, alle Altersgruppen und Menschen mit den unterschiedlichsten Interessen. Vom „Villacher Fasching" bis zum achtseitigen Peter Handke-Interview ist bei uns für alles Platz. Der Leitspruch der BBC „to make the good popular and the popular good" trifft auch auf uns zu. Wir versuchen breitenwirksame Themen intelligent aufzubereiten. Auch der „normale" Leser soll das Handke-Interview verstehen und etwas für sich mitnehmen können. Das ist unser Spagat, insofern sind wir beides: Qualitäts- und Boulevardzeitung. Wir machen „guten" Boulevard, ohne hetzerisch zu sein, ohne Kampagnen zu führen und ohne gekaufte Geschichten.

Nach welchen Kriterien entscheiden Sie, was eine Geschichte ist und was nicht?

Ein sehr starkes Auswahlkriterium bei uns ist Nähe, also nahe dran am Leser zu sein. Als Regionalzeitung ist das unser wichtigstes Kriterium. Was passiert bei den Leuten unmittelbar im Bezirk? Abgesehen davon widmen wir uns auch Themen, die wir als Redaktion für wichtig halten, selbst wenn es die Leser vielleicht nicht immer so wichtig finden. Da schneiden wir uns auch ins eigene Fleisch: Die mediale Aufarbeitung der Korruption hat die Politikverdrossenheit verstärkt. Das führt dazu, dass manche Leser uns zurückmelden, dass sie gar nichts mehr über Politik lesen wollen. Das geht bis hin zu Abokündigungen. Da wir unabhängige Politikberichterstattung aber für unerlässlich für die Demokratie halten, fahren wir diese trotzdem nicht zurück.

Gibt es sonst noch unterschiedliche Kriterien bei regionalen und überregionalen Medien?

Nein. Wir diskutieren ohnehin oft genug darüber, dass wir nicht nahe genug am Leser dran sind und zu oft über Dinge schreiben, die zwar Journalisten, aber die Leser wahrscheinlich nicht interessant finden. Ich bin zum Beispiel sicher, dass alle Zeitungen viel zu viel über den Politikbetrieb an sich berichten und viel zu wenig über die Sachthemen, die die Menschen wirklich interessieren. Wir berichten unverhältnismäßig viel über Personen aus der zweiten und dritten politischen Reihe, was an den Lesern vorbeigeht. Was die Menschen wirklich interessiert ist: Wann gibt es endlich eine gescheite Schule für meine Kinder? Wo nehme ich das Geld fürs Heizen und Benzin her? Kommt jetzt wieder Kurzarbeit? Was kann ich tun, wenn ich am Arbeitsplatz gemobbt werde?

Suchen Sie sich Ihre Geschichten selbst aus oder lassen Sie sich von Dritten leiten?

Im Endeffekt sucht man sich die Dinge immer selbst aus. Als Journalist muss man immer noch selbst wissen, was die Geschichte ist. Das heißt natürlich nicht, dass es keine Einflüsse gibt. Man bekommt hunderte Mails, Briefe und Anrufe, trifft Leute, bekommt Vorschläge und wird zu Veranstaltungen und Pressekonferenzen eingeladen. Aber das sind alles nur Ideengeber und Anlässe: Die Geschichte muss man schon selbst finden.

Wird die Auswahl der Themen oder die Art und Weise, wie Sie Ihre Geschichten aufbereiten, durch Außenstehende beeinflusst, zum Bespiel durch andere Journalisten?

Ja sicher gibt es diesen Rudeleffekt. Wenn man andauernd mit denselben Leuten bei denselben Veranstaltungen abhängt, dann kriegt man einen ähnlichen Blick auf die Dinge. Man kann sich zwar einbilden, dass man etwas Besonderes ist, aber in Wirklichkeit ist man ein getriebenes Herdentier. Das führt dazu, dass sich die Geschichten der Journalisten oft sehr stark ähneln. Natürlich bemüht man sich, einen eigenen Zugang zu Geschichten zu finden, aber gleichzeitig muss man aufpassen, dass es nicht in Zwangsoriginalität kippt. Aus Prinzip gegen den Strom zu schwimmen, halte ich für einen genauso falschen Ansatz. Jeder muss seine eigene Route durch den Bach finden.

Kauen Journalisten nicht viel zu oft einfach nur das wieder, was ihnen Dritte vorsetzen?

Ja, sicher tun wir das. Wir sollten viel mehr Geschichten weglassen. Um manche Themen kommt man aber nicht herum. Wenn eine Geschichte erst einmal in der APA, in den „ORF-Radio-Journalen", im „Teletext" und in der „ZiB" läuft, dann steht es fast zwangsläufig morgen in allen Zeitungen. Gerade politische Ankündigungen haben selten einen Neuigkeitswert, weil sie meist nur altbekannte Forderungen in neuem Gewand sind. Wir stehen als Journalisten aber so einer Themensetting-Maschinerie der Politik gegenüber, dass solche „Nicht-Themen" ab und an durchrutschen. Was man der Kronen Zeitung hoch anrechnen muss, ist: Wenn die finden, ein Thema ist kein Thema, dann schreiben sie auch nicht darüber.

Halten Sie den Zugang der Krone für gescheiter?

Natürlich finde ich nicht, dass die Kronen Zeitung auf die richtigen Themen setzt. Sie verschweigt oft Themen, die ich für wichtig halte. Ich finde nur den selbstbewussten Zugang besser als diesen Lemming-Journalismus, bei dem jeder sofort auf den Themenzug aufspringt. In der Landespolitik ist es für uns als Kleine Zeitung einfacher diesem Rudeleffekt zu entgehen, weil wir in Kärnten und in der Steiermark Markt-führer sind. Dort entscheiden wir selbstbewusster, welches Thema wichtig ist, und sind nicht bei jedem Sauaustreiben dabei. Die Kronen Zeitung fährt diese Linie auch in der Bundespolitik.

Welchen Einfluss haben Nachrichtenagenturen auf die Auswahl der Themen?

Die Agenturen haben einen sehr großen Einfluss. Aber es kommt auf das Ressort an. Bei der Innenpolitik ist der Einfluss sehr groß, weil alle am Tropf der APA hän-gen. Wenn die APA etwas groß spielt, dann beeinflusst einen das schon einmal, weil es einem das Gefühl vermittelt, dass die anderen das auch bringen werden. Die Agenturen schreiben eigentlich nicht für den Endverbraucher, also den Leser, sondern für die Journalisten, die daraus wieder eine eigene Geschichte machen sollten. Viele Onlineportale übernehmen aber direkt die Grundmeldungen. Dadurch ist der Einfluss der Agenturen enorm gewachsen. Die Geschichten sind somit nicht nur unter Journalisten publik, sondern auch unter dem ganz normalen Publikum. Das erhöht wiederum den Druck, dass man das, was den Leuten schon so am Ohr vorbeigerauscht ist, noch einmal ordentlich aufbereitet. Die APA gibt die Themen vor, aber nicht überall. Auf der regionalen Ebene sieht die Sache anders aus. In Kärnten haben wir bei der Kleinen Zeitung beispielsweise rund 70 Mitarbeiter, während die APA nur mit drei Kollegen vertreten ist. Da ist klar, dass wir mit den Agenturmeldungen nicht unsere Zeitung füllen.

Haben gute Inserenten bei den redaktionellen Inhalten der Kleinen Zeitung ein Mit-spracherecht?

Nein.

Ist das bei anderen Zeitungen der Fall?

Die Wissenschaft hat festgestellt, dass das in Österreich vorkommt. Die Universität Innsbruck hat eine Studie *(Anm.: Lengauer, Hayek [2012] „Machen Inserate den Ton?")* zum Thema Inserate und politische Einflussnahme gemacht und gezeigt, dass Inserate die Berichte einiger Medien beeinflussen.

Wie schätzen Sie die Rolle von Medien-Kooperationen ein?

Diese liegen nicht in meiner Verantwortung. Bei uns werden die Kooperationsseiten von der Marketingabteilung befüllt und die agiert zugegebenermaßen nicht nach rein journalistischen Kriterien. Deswegen werden die Kooperationen und Beilagen auch als solche gekennzeichnet und erscheinen in einem anderen Layout. Auch „Super-Qualitätszeitungen" machen Kooperationen.

Hebt sich das Kooperations-Layout immer so klar ab?

Es ist nicht so, dass es total aus dem Layout herausfällt, aber es ist gekennzeichnet. Es sind eigene Seiten, ein eigener Teil in der Zeitung, der von der PR-Redaktion bespielt wird. Ob das die Leser auch tatsächlich alle wissen, wage ich leider zu bezweifeln. Ich fürchte, in der derzeitigen Situation können wir es uns nicht leisten, darauf zu verzichten. Mit diesem Kompromiss muss ich leben.

Entstehen durch die staatliche Presseförderung Abhängigkeiten, die Auswirkungen auf die Berichterstattung haben?

Bei uns nicht, weil wir dann doch noch so erfolgreich sind, dass die Presseförderung für uns keine so große Relevanz hat. Die Summe, die wir durch die Presseförderung bekommen, ist im Vergleich zu unserem Umsatz und Gewinn keine Kategorie. Wenn man sich ansieht, wie viel Gebühren der ORF bekommt und wie wenig Presseförderung alle anderen Zeitungen bekommen, dann ist die Gefahr noch nicht so groß, dass man sich von der Politik abhängig machen würde. Was natürlich schon gilt: Die Politik gibt nichts gratis her. Jede staatliche Förderung birgt eine Gefahr, egal für wie unabhängig man sich hält. Die Politik wird uns nie etwas nachschmeißen, ohne sich dafür etwas zu erhoffen. Dass die Politik sich nur erhofft, die Demokratie zu beleben und den öffentlichen Diskurs zu stärken, darf arg bezweifelt werden.

Wer bestimmt die politische Agenda: die Politik oder die Medien?

Die Politik; zwar nicht zu 100 Prozent, aber doch weitgehend. Es gibt kleinere und größere Aufdeckergeschichten, die die politische Agenda bestimmen, aber den Rest des Themensettings bestimmt die Politik und wir Medien folgen.

Wer hat mehr Einfluss auf die Politik: die Boulevard- oder die Qualitätsmedien?

Der Wiener Boulevard hat sicher mehr Einfluss auf die Politik als alle Qualitätszeitungen zusammen. Das liegt daran, dass sich die Politik vor ihm fürchtet.

Müsste sie sich fürchten?

Nein, ich finde nicht. Man könnte gegen den Wiener Boulevard in Stadt und Land regieren, aber die Politiker machen es nicht. Warum? Keine Ahnung. Wolfgang Schüssel war das beste Beispiel von Regieren gegen den Boulevard. Wenn sie wollten, es ginge.

■

Anita Zielina

Mag. Anita Zielina, Jahrgang 1980, studierte Rechts- und Politikwissenschaften unter anderem an der Universität Wien, der Sorbonne in Paris und der Harvard University in Boston. Ab dem Jahr 2000 war Zielina als freie Journalistin tätig, bevor sie 2004 als Redakteurin bei DERSTANDARD.AT zu arbeiten begann und 2008 die Leitung des Innenpolitikressorts übernahm. 2011/2012 wurde ihr als erster Österreicherin das Knight Journalism Fellowship an der Stanford University in Kalifornien zuerkannt, im Zuge dessen sie sich intensiv mit den Themen Medieninnovation und Social Media sowie Change Management auseinandersetzte. Von September 2012 bis April 2013 war Zielina stellvertretende Chefredakteurin von DER STANDARD und DERSTANDARD.AT. Danach wechselte sie als Onlinechefin zum deutschen Magazin STERN, wo sie die neue Digitalstrategie entwickeln soll.

„Journalismus muss heute als ein Dialog mit dem Leser funktionieren"

Das Gespräch führte
Julia Karzel

Soziale Medien sind ein zusätzlicher, eigenständiger Medienkanal geworden. – Nicht die einzige Veränderung, die Journalismus erfährt.

Der Dialog mit dem Rezipienten ist laut Mag. Anita Zielina das Zukunftsmodell der Medienbranche. Dabei dürfe man sich jedoch nicht verführen lassen, Usern und Lesern nach dem Mund zu reden. Kritische Distanz und Themenrelevanz bleiben journalistische Prinzipien – egal ob ein Artikel auf dem Tablet oder auf Papier zu lesen ist, meint die ehemalige stellvertretende Chefredakteurin des STANDARD und von DERSTANDARD.AT. Im Umbruch sind hingegen die

Werkzeuge des Journalismus: Social Media sind zum fixen

Teil des Redaktionsalltags geworden. Gedanken müsse man

sich in Zukunft vor allem über ein Finanzierungsmodell von

unabhängigem Qualitätsjournalismus machen, so Anita

Zielina.

Ist man online eher versucht, ein Thema zu einer Geschichte zu machen, weil mehr Platz zu befüllen ist als in der Printversion?

Es gibt im Onlinebereich keine Platznot im eigentlichen Sinne. Es gibt allerdings schon gute und schlechte Plätze. Auf Seite eins passen acht oder zehn Geschichten. Man sieht nur, was auf den Bildschirm passt. Danach muss man scrollen oder klicken. Um diese Plätze reißen sich natürlich alle, aber die können sich öfter ändern. In einzelnen Ressorts, gerade im Tech-Bereich, ist es mit Sicherheit so, dass oft Geschichten Platz finden, die in der Zeitung aus Platzgründen nicht untergekommen wären.

Wie treten PR-Vertreter an die Redaktion des STANDARD heran?

Man wird als Redaktion mit Aussendungen zugeschüttet, und zwar meistens mit unpersönlichen Massenmails an große Verteiler. Das ist für viele Kollegen und auch für mich ein Ärgernis. Zusätzlich rufen infolge Leute an, die nachfragen, ob wir die Aussendung ohnehin bekommen haben und etwas dazu machen wollen.

Was ist ein Argument, dass man auf eine PR-Meldung eingeht?

Nachrichtliche Kriterien wie Aktualität sind relevant. Um die Relevanz von Themen einzuordnen, orientieren wir uns auch an anderen, internationalen sowie nationalen Medien. Man wird zudem eher auf eine Aussendung eingehen, wenn man ohnehin vorhatte, diese Geschichte zu machen und dann jemand dazu eine aktuelle Studie liefert oder eine Pressekonferenz veranstaltet. Auch ist es für PR-Menschen von Vorteil, wenn sie wissen, wie der Redaktionsalltag abläuft und daran angepasst ihre Botschaften verschicken.

Wenn eine Nachricht strittig ist, wer entscheidet beim STANDARD darüber, ob sie veröffentlicht wird?

Über die Blattlinie und die großen Positionierungspunkte entscheiden die Herausgeber, also Oscar Bronner und Alexandra Föderl-Schmid. Über kleinere, täglich erforderliche Fragen entscheiden die Chefredakteurinnen oder die Chefs vom Dienst.

Wie oft müssen Entscheidungen getroffen werden, bei denen der Herausgeber das letzte Wort spricht?

Es lässt sich schwer sagen, wie häufig das passiert. Aber in Grundsatzdiskussionen um Herangehensweisen, Arbeitsmethoden, Fairness, wirklich strittige Wortwahl, die rechtliche Konsequenzen verursachen könnte, entscheidet in letzter Instanz der Herausgeber.

Welchen Nutzen bieten soziale Medien für Journalisten?

Für Journalisten sind Social Media praktisch, schon allein als ein zusätzlicher Ansprechweg zu den herkömmlichen Kontaktmöglichkeiten E-Mail und Telefon. Man kann heutzutage die meisten Unternehmen einfach über ihren jeweiligen Twitter-Account kontaktieren. Oft kriegt man auch so schneller eine Antwort als auf den klassischen Kanälen, weil Firmen ihre Social Media-Abteilungen nicht in diesen absoluten Hierarchieweg eingebunden haben, den eine Presseanfrage sonst nimmt.

Wie sehr wird Social Media als Quelle oder Anstoß für Geschichten vertraut?

Gerade bei DERSTANDARD.AT sind soziale Medien ein zusätzlicher Nachrichtenkanal geworden. Genauso wie die APA-Agenturmeldungen, benutzen wir Twitter als Informationsquelle. Wenn dann ein Gerücht entsteht, mache ich genau dasselbe, das ich mit anderen Quellen mache. Ich stelle mir die Fragen: Kenne ich den? Wie verifiziere ich das? Wo frage ich nach, ob das stimmt? Es passiert fast täglich, dass wir auf Dinge, bevor sie in den Nachrichtenagenturen sind, über Social Networks aufmerksam werden. Aus dem heraus wird gecheckt und gegengecheckt.

Nutzen Firmen und Organisationen soziale Medien, um an Redaktionen heranzutreten?

Twitter wird zwar stark professionell genutzt, wenn allerdings ein Pressesprecher dort seine Pressemitteilungen hineinkopiert, wäre das fehl am Platz. Das ist, wie wenn auf einer Party oder während einem Abendessen auf einmal jemand auf Sie zukommt und Ihnen etwas verkaufen möchte. Tatsächlichen Niederschlag in redaktionellen Geschichten wird man mit marktschreierischem Auftreten auf Twitter nicht erzielen. Das haben schon die meisten Firmen, Presseabteilungen und PR-Leute gelernt.

Sie haben 2011/2012 ein Jahr in den USA verbracht. Wie unterscheidet sich dort der Zugang zu Themen und Recherche?

Die Themenwahl ist in den USA ähnlich wie in Österreich: Es gibt Pressekonferenzen zu Events und Studien. Es gibt nachrichtliche Themen, die einfach passieren, wie Parteitage, Wahlen und ähnliches. Allerdings hat die NEW YORK TIMES ungefähr vier Mal so viel Platz wie DIE PRESSE oder der STANDARD oder der KURIER – deshalb ist es dort viel leichter, als Journalist auch selber Themen zu setzen, die nicht nachrichtlich getrieben sind. Die Nutzung von Social Media für Recherchezwecke ist in den USA schon viel mehr etabliert, weil Twitter und Facebook dort von viel mehr Menschen genutzt wird. Jeder Politiker, jede Organisation, jede Partei muss auf all diesen sozialen Netzwerken präsent sein. Dadurch haben sich auch die Journalisten schon mehr damit befasst. Ein großes Thema in den USA sind auch neue Formen des Journalismus, wie Visualisierungen, Bewegtbildcontent, also Videos aller Art, Datenjournalismus und Social Media-Kooperationen.

Wie kann man sich solche Social Media-Kooperationen vorstellen?

In einer Kooperation von Facebook und CNN wurde während der TV-Diskussionen im US-Wahlkampf 2012 live visualisiert, bei welchen Themen mehr Pros und mehr Kontras von den Facebook-Usern kamen. In Österreich sind solche Kooperationen noch nicht sinnvoll, weil soziale Netzwerke noch nicht vergleichsweise aktiv genutzt werden. Es sind beispielsweise etwa 50.000 Österreicher auf Twitter, davon nur ein kleiner Teil aktiv. So gewinnt man schwer aussagekräftige Daten. Abgesehen davon ist das auch eine Ressourcenfrage: Die Programmierung kostet, man braucht Zeit, die Leute dazu und einen Medienpartner, mit dem man das entsprechend umsetzen kann. Es gibt nicht einmal eine Twitter- oder Facebook-Außenstelle in Österreich, sondern nur in Deutschland. Trotzdem sollte man nicht von vornherein sagen, dass es bei uns nie etwas wird.

Welche Quellen nützt ein Datenjournalist?

Das hängt extrem vom Land ab, vom Thema und den Tools, die er dafür verwendet. In Wien hat sich in Bezug auf Open Data, also öffentlich zugänglichen Daten, einiges getan. Die Stadt Wien stellt viele Daten in lesbaren Formaten zur Verfügung. Das Thema ist allerdings in Österreich noch in den Kinderschuhen. In den USA geben teilweise ganze Gemeinden, Firmen und Organisationen ihre Daten her.

Lassen sich Datensätze, die man als Basis für gewisse Rückschlüsse oder Visualisierungen hernimmt, verifizieren?

Es kommt immer darauf an, wer die Quelle ist. Einer Pressemitteilung der Statistik Austria schenke ich Glauben, ohne dass ich sie nachprüfe. Ich kann auch schwer überprüfen, wenn die Statistik Austria sagt, so und so viele Menschen leben hier und davon sind so und so viele Männer. Wenn ich aber Informationen von einer weniger vertrauenswürdigen Quelle habe, muss ich diese überprüfen. Es geht darum, verschiedene Meinungen einzuholen, beim klassischen Journalismus genauso wie beim Datenjournalismus.

Wie abhängig sind Onlinemedien von Inseraten?

So abhängig wie jedes Medium. Werbung und Karriereinserate waren immer schon eines der großen Standbeine von Medien, elektronischen wie Print.

Hat sich beim STANDARD die Inseratenmenge verändert?

Print und Online sind beim STANDARD ein gemeinsames Unternehmen und insgesamt gibt es einen leichten Aufwärtstrend. Aber auf dem gesamten Markt und auch bei uns wird das Inseratenaufkommen im Onlinebereich mehr und in Print weniger.

Werden Unternehmen, die beim STANDARD ein Inserat schalten, in der Berichterstattung weniger kritisch behandelt?

Nein. Kritische Distanz ist eine der absoluten Grundregeln. Das ist vermutlich sogar der Punkt, der ein Qualitätsmedium von einem Nicht-Qualitätsmedium unterscheidet. Manche Medien in Österreich behandeln Parteien, Unternehmen oder Organisationen, die bei ihnen inserieren, weniger kritisch. Das darf ein Qualitätsmedium nicht machen.

Hätte man keine Skrupel darüber zu berichten, wenn einem Anzeigenkunden ein Fauxpas passiert?

Ich werde keine Namen nennen, aber es passiert wohl bei jedem Qualitätsmedium und auch beim STANDARD, dass Anzeigenkunden bitterböse sind, wenn kritisch über sie berichtet wird. Manche drohen, die Anzeigen abzuziehen und tun das dann teilweise auch. Aber in dem Moment, in dem man auf solche Drohungen einsteigt, öffnet man Tür und Tor für Einflussnahmen von verschiedenster Seite.

Gibt es auch von Seiten der Politik Versuche der Einflussnahme?

Versuche der Einflussnahme gibt es immer, die gab es immer, und die wird es immer geben. Die Frage ist, wie man als Medium, als Führungskraft eines Medienhauses und als Journalist damit umgeht.

Wie äußern sich diese Versuche der Einflussnahme?

Sehr unterschiedlich. Es gab jetzt eine lange Diskussion über die Autorisierungen, die Frank Stronach Ende 2012 als Bedingung für Interviews mit ihm gefordert hat. Er wollte nicht nur das Interview im Vorhinein zugeschickt bekommen, sondern auch Titel und Untertitel. Und wenn nichts erscheint, darf man über das Gespräch nicht reden. Das ist schlicht und einfach wahnsinnig! Das ist eine ziemlich radikale Form der versuchten Einflussnahme im Vorhinein. Eine indirektere Methode ist, dass der Pressesprecher anruft und böse ist. Journalisten sind auch nur Menschen und kein Mensch lässt sich gerne beschimpfen. Wenn es um einen faktischen Fehler geht, ist das aber etwas komplett anderes. Dann handelt es sich um keine Intervention, sondern um eine Berichtigung.

Pflegt man bei Onlinemedien noch den persönlichen Kontakt?

Man mailt viel, weil es Zeit spart, aber das tun Print- wie Onlinejournalisten. Unter Umständen laufen mehr Gespräche telefonisch ab, weil man als Onlinejournalist nicht nur an eine Deadline, sondern an viele Deadlines gebunden ist und tatsächlich in der Redaktion sein muss. Wobei man das auch nicht generalisieren kann. DERSTANDARD.AT hat eine relativ große Onlineredaktion, die genauso wie für Print zu Geschichten und Reportagen ausrückt, während andere Medien wirklich nur Leute haben, die Agenturmeldungen und Printgeschichten übernehmen. Es hängt sehr von der Ausstattung der Onlineredaktionen ab.

Wie hoch ist der Anteil an Agenturmeldungen beim STANDARD und bei DERSTANDARD.AT?

Die Artikel auf DERSTANDARD.AT setzen sich zu ca. einem Drittel aus Agenturmeldungen, zu einem Drittel aus Printübernahmen und zu einem Drittel aus eigenen Geschichten zusammen. In der STANDARD-Printausgabe ist der Anteil an Agenturmeldungen natürlich bedeutend geringer. In jeder Onlineredaktion muss man logischerweise mehr auf Agenturmeldungen zurückgreifen, als bei Print. Schlicht deshalb, weil man viel mehr Themen zeitnah abdecken muss. Man kann nicht von Guatemala bis Salzburg und von New York bis St. Pölten jemanden sitzen haben, der live dort wartet, dass etwas passiert.

Wie entscheiden Sie, ob eine Geschichte redaktionell gemacht wird und Sie jemanden vor Ort schicken?

Das ist eine Mischung aus Nachrichtenwert, Bauchgefühl und Relevanz für den Leser. Da unterscheiden wir uns nicht groß von anderen Medien. Dinge, die passieren, oder Dinge, die sich entwickeln, gilt es abzudecken.

Der Standard hat auf seiner Onlineplattform eine sehr rege Community. Beeinflussen Tendenzen in den Foren die Redaktion in puncto Auswahl oder Umfang der Themen?

Es wäre gelogen zu sagen, dass uns egal ist, ob und wie kommentiert wird und wie die Zugriffe sind. Viele Postings enthalten Fragen oder Anmerkungen, aber wir können nicht täglich unsere 15.000 bis 20.000 Kommentare systematisch analysieren. Postings sind allerdings immer ein Indikator dafür, dass etwas bewegt. Man darf sich auch als Qualitätsmedium nicht davor verschließen, über Bewegendes in einer hochwertigen Form zu berichten. Man kann durchaus Paradethemen wie das Parkpickerl aufgreifen. Es wäre arrogant zu sagen, diese Story machen wir nicht, weil das ein typisches Krone-Thema ist. Im Gegensatz zu anderen Medien reihen wir allerdings unsere Geschichten auf der Seite nicht nach Zugriffen oder Postings. Wenn eine nachrichtlich relevante Geschichte nur von 200 Leuten gelesen wird, bleibt sie bei uns trotzdem ganz oben auf der Seite. Bloß, weil man weiß, was die Leute interessiert, darf man sich nicht ausschließlich danach richten.

Anlässlich der Volksbefragung zum Bundesheer im Jänner 2013 hat der Standard eine Spezialausgabe zum Thema direkte Demokratie herausgegeben. Dabei wurden die Leser im Vorhinein aufgefordert, themenrelevante Vorschläge an die Redaktion zu schicken. Wie ist diese Miteinbeziehung der Leser angekommen?

Generell wurde diese Idee sehr gut aufgenommen, sowohl in der Bloggersphäre und im Gespräch mit anderen Medienmachern als auch von den Lesern. Wir haben insgesamt etwa 300 Themenvorschläge bekommen, mehr als wir erwartet haben. Der Standard hat das Motto: „Die Zeitung für Leser", für derStandard.at lautet der Slogan: „Jeder User hat das Recht auf freie Meinungsäußerung." Journalismus muss heute als ein Dialog mit dem Leser oder dem User funktionieren.

Werden Sie auch weiterhin die Leser aktiv in der Themenauswahl mit einbinden?

Nachdem das Experiment sehr positiv ausgegangen ist, werden wir uns überlegen, wie sich das weiterführen lässt. Und zwar dauerhaft, nicht nur anlässlich einer Schwerpunktausgabe.

Welchen Herausforderungen muss sich der Standard sowohl Online als auch Print in den nächsten Jahren stellen?

Prinzipiell muss man überlegen, wie man Qualitätsjournalismus finanziert. In diesem Zusammenhang stellt sich die Frage, wie man Redaktionen in einer Größe erhält, mit der man Qualitätsjournalismus betreiben kann, und auch, wie man sowohl in Print als auch in Online neue Produkte und Projekte entwickelt, die kommerziell erfolgreich sind. Im Printbereich muss man zudem der großen Frage nach Aktualität nachgehen: „Ist die Chronistenpflicht noch zeitgemäß?" Online stellt sich die Gegenfrage: „Muss wirklich Aktualität das Hauptkriterium sein?" Es gibt viele Anzeichen dafür, dass Online auch genau das Gegenteil bieten kann: Ganz tiefgehende Hintergründe.

Wozu gibt es dann noch Print?

Es sind bei weitem nicht alle Leute online. Man grenzt also, wenn man sich komplett auf das Web beschränkt, viele Leser aus. Internet ist nicht gratis, eine Zeitung in einer Bibliothek schon. Wir können alle nicht vorhersagen, wie sich das in den nächsten Jahren entwickelt. An der Themenauswahl, der Herangehensweise und journalistischen Prinzipien wird sich nichts ändern. Diese gelten, egal, ob der Artikel auf einem Tablet, Desktop, iPhone oder auf Papier zu lesen ist. Aber die Rolle von Print- und die Rolle von Online-Tageszeitungsplattformen verändern sich. Genauso die Art, wie Menschen Nachrichten konsumieren, und die Geräte, auf denen sie diese konsumieren. Man muss sich bewusst sein, dass wir diese Veränderungen nicht beeinflussen können. Wir können aber unsere Produkte so adaptieren, dass wir weiterhin den Journalismus machen, an den wir glauben.

■

Axel Zuschmann

Mag. Axel Zuschmann, geboren 1964, studierte Psychologie in Wien. 1988 bis 1991 arbeitete er als freier Journalist, unter anderem für den FALTER, den STANDARD und das WIENER JOURNAL. 1990 begann Axel Zuschmann als freier Mitarbeiter beim Pressedienst der SPÖ, 1991 wurde er als fixer Redakteur angestellt. 1996 bis 1997 war Axel Zuschmann Presseattaché der SPÖ-Abgeordneten zum Europäischen Parlament, von 1997 bis 1998 übernahm er die Position als stellvertretender Marketingleiter der österreichischen Autofahrer-Interessenvertretung ARBÖ. Im Juni 1998 begann Axel Zuschmann als PR-Berater bei „Ecker & Partner" zu arbeiten, seit 1998 ist er in der Geschäftsführung der Wiener PR-Agentur. Seine Spezialgebiete sind Public Affairs sowie Krisenkommunikation.

„Man darf nicht lügen, aber man muss auch nicht alles sagen"

Das Gespräch führte
Julia Karzel

Kein Journalist lässt sich gerne vorschreiben, was er veröffentlichen soll. Aber es lassen sich Kompromisse erarbeiten.

Die Krise der Medienbranche bekomme man hautnah mit, so Mag. Axel Zuschmann, Co-Geschäftsführer der PR-Agentur Ecker&Partner. Zeit für Recherche sei im Journalismus mittlerweile Mangelware, deshalb fände man auch viele der eigenen Pressemitteilungen wortwörtlich in Medien wieder. Auch sonst ließen sich so manche Deals bezüglich Umfang und Timing eines Artikels abschließen, erklärt Zuschmann. Verhindern könne man jedoch selten, dass eine Story erscheine, selbst wenn sie unangenehm ist. Das sei auch nicht Ziel der PR. Ebenso wenig wie die Verschleierung

eines Krisenfalls: Hier rät man bei Ecker&Partner betroffenen

Kunden zur Transparenz – wohl dosiert versteht sich.

Wie schreibt man die perfekte Pressemitteilung?

Das Wichtigste ist auf jeden Fall der Neuigkeitswert. Wenn eine Zahl, ein Datum, eine Entwicklung, ein Unternehmen oder ein Produkt noch nirgendwo abgehandelt wurde, ist es interessant. Auch muss die Information verständlich sein. Ich darf mich nicht auf fachliche Diskussionen und technische Details einlassen, sondern ich muss die Botschaft so formulieren, dass der durchschnittliche Zeitungsleser sie versteht. Dann kann es der Journalist genau so schreiben. Ein weiterer Punkt ist, dass der Leser aus dem Thema einen Nutzen ziehen können muss. Sowohl der Journalist als auch der Leser eines Wirtschaftsmagazins interessieren sich nicht für eine Katzenschau in Niederösterreich. Die Geschichte muss zum Medium und zu dessen Zielgruppe passen. Wenn diese Kriterien zutreffen, habe ich eine große Chance, dass meine Information bearbeitet und veröffentlicht wird. Es ist auch gut, wenn eine provokante These enthalten ist, die man abdrucken kann, sei es eine öffentliche Kritik oder ein provokantes, knackiges Zitat einer bekannten Persönlichkeit. Was auch funktioniert, sind aktuelle Studien und Umfragen, ob national oder international. Ganz wichtig: Gutes Fotomaterial und Grafiken im Anhang.

Wie oft werden Ihre Pressemitteilungen wortwörtlich übernommen?

Es tauchen sehr oft Teile einer guten Meldung in Medien auf. Dann verwendet der Journalist auch zumeist unser Wording. Dass ein Journalist die von uns bereitgestellte Information nimmt und eine vollkommen neue Story daraus macht, ist selten.

Sollte nicht idealerweise genau das im Journalismus passieren: Der Journalist benützt die Informationen von PR-Agenturen als Recherchegrundlage?

Ich würde mir mehr Hintergrundberichterstattung, mehr Recherche, bessere Formulierung und breitere Streuung bei der Themenwahl wünschen. Nur gibt es einige Probleme in der Medienlandschaft: Eine chronische Unterfinanzierung der Medien, durch die ein enormer ökonomischer Druck auf die Redaktion entsteht, Personalabbau und dadurch viele Freie, die gleichzeitig an vier, fünf Geschichten arbeiten müssen und mit dem geringen Zeilenhonorar irgendwie über die Runden kommen müssen. Darunter leidet die Qualität, denn dafür brauche ich Erfahrung und Zeit. Diese Zeit habe ich nicht mehr, wenn ich ökonomisch überleben möchte in der momentanen österreichischen Medienlandschaft. Wir finden das als PR-Agentur nicht gut. Aber es ist eine Entwicklung, mit der wir leben müssen.

Mit wie vielen Journalisten sind Sie bzw. sind Ihre Kollegen in der PR-Agentur per Du?

Ich selbst bin vermutlich mit zwanzig bis dreißig Journalisten per Du, aber im Haus kennt jeder noch zusätzlich einige Journalisten.

Bringt dieser persönliche Kontakt Vorteile?

Per-Du-Sein an sich bringt nichts. Man muss sich immer wieder bemühen und guten Content liefern. Wir verstehen uns als Dienstleister, die die Journalisten hegen und pflegen, sie in ihrer Arbeit unterstützen und einen Service anbieten. Tatsächlich klappt es aber nach wie vor über persönlichen Kontakt am besten, Inhalte zu übermitteln. Der Verkauf der Storys, das Storypitching, wie man es in der PR-Sprache bezeichnet, funktioniert nach wie vor am besten über den direkten Kontakt. Wenn der Journalist einmal kontaktiert wurde und ein prinzipielles Interesse an der Story bekundet hat, dann laden wir ihn mit einer Handvoll anderer Medienvertreter auf ein Hintergrundgespräch oder ein Einzelinterview ein.

Wie oft passiert es, dass Sie Journalisten für solche Gespräche einladen und dann bringt er keine Geschichte?

In zwanzig Prozent der Fälle.

Lohnt sich da der Aufwand?

Absagen gehören zum Geschäft dazu. Manchmal findet der Journalist die Geschichte doch nicht heiß genug, manchmal sind ihm zu wenig Infos drin oder die Geschichte ist auf einen speziellen Anlass bezogen, der weniger wichtig ist als andere aktuelle Anlässe. Drei Wochen später ist sie dann nicht mehr aktuell. Die Journalisten sind da auch an die Entscheidungen während der Redaktionskonferenz, die Entscheidungen des Ressortleiters oder des Chefredakteurs gebunden.

Wie reagiert ein Unternehmen am besten bei einem „Shitstorm", also einer Masse an Beschwerden über Social Media-Kanäle?

Man muss sich der Diskussion stellen. Das ist aufwändig und erfordert eine Bereitschaft, sich zu öffnen und zu kommunizieren. Bei einem „Shitstorm" ist es vor allem wichtig, schnell zu reagieren. Ich muss als Unternehmen aktive Gesten setzen, wie eine Entschuldigung zu veröffentlichen oder ein Produkt zurückzunehmen. Auf der anderen Seite muss man bedenken, dass „Shitstorms" oft von Menschen initiiert werden, die einfach aus Spaß an der Eskalation Diskussionen entfachen. In der Social Media Szene gibt es den Ratschlag: „Don't feed the trolls", also: „Gib' den Affen keinen Zucker." Ich muss nicht auf jede Beleidigung und auf jedes untergriffige Posting reagieren, weil ich so unter Umständen einen „Shitstorm" noch verlängere. Den Mittelweg zwischen diesen zwei Polen zu finden, das ist die Herausforderung.

Wie viel Information gibt man als Unternehmen in einem Krisenfall nach außen weiter?

Es gibt eine Grundregel: Man darf nicht lügen, aber man muss auch nicht alles sagen. Ich werde keine Firmeninterna oder erste Kontrollberichte sofort an die Medien kommunizieren, aber ich muss kommunizieren. Wenn mich jemand auf etwas Konkretes anspricht und nicht lockerlässt, darf ich ihm keine falsche Information geben. Nur bei Ursachenspekulationen sollte man immer sehr vorsichtig sein, da empfehlen wir lieber, abzuwarten bis alles wirklich hieb- und stichfest ist.

Wie oft gelangen ungeplant Kundeninterna in die Medien?

Gar nicht. Ab und zu bekommen Journalisten Informationen gesteckt und konfrontieren uns mit Interna. Gerade in Österreich mit seiner kleinen, überschaubaren und eng verflochtenen Medienlandschaft erzählt immer irgendwer etwas. Aber dass vertrauliche Informationen aus der Agentur rausgehen, das habe ich hier wirklich noch nie erlebt.

Wie oft ist es Ihnen gelungen, dass geplante, aber von Ihnen nicht erwünschte Artikel schlussendlich nicht veröffentlicht worden sind?

Das kommt sehr selten vor. Das Erfolgsgeheimnis einer guten Beziehung zwischen Journalisten und PR-Agenturen ist die gegenseitige Unterstützung und Arbeitserleichterung. Wenn ich jetzt versuche, etwas durch Interventionen abzudrehen, wie es die Politik gerne macht, begebe ich mich eigentlich in eine Konkurrenzsituation und mache mir die gute Arbeitsebene kaputt. Man kann jedoch bestimmte Kompromisse schließen. Ich kann einen gewissen Spin in die Geschichte bringen, indem ich sage: „Wenn ihr schon eine große Geschichte über unseren Kunden bringt, die ihn in keinem guten Licht dastehen lässt, dann hätten wir aber gerne einen Kasten mit drei Statements des CEO dazu." Einen Artikel vorzuziehen oder zu schieben, ist meistens verhandelbar.

Machen das die Journalisten in der Regel, wenn man sie darum bittet?

Das geht durch gute Kontakte zum Geschäftsführer oder Eigentümer, Herausgeber oder Chefredakteur. Auch muss der Journalist gute Erfahrung mit mir haben und wissen, dass er sich auf mein Wort verlassen kann und auch etwas dafür bekommt. Ich kann nicht hingehen und sagen, du darfst das nicht machen, weil da ein riesiges Unternehmen dahintersteckt und die nicht wollen, dass darüber jetzt berichtet wird. Wenn er aber weiß, er kriegt dafür dann einmal einen guten Tipp oder eine gute Story, die sein Medium exklusiv hat, dann stehen die Chancen nicht schlecht, einen Kompromiss zu finden. Aber wie gesagt: Das passiert bei uns eher selten.

Hat sich die Beziehung von Redaktionen zu PR-Agenturen in den letzten Jahren verändert?

Wir haben mehr PR-Menschen und weniger Journalisten. Dadurch hat die Zahl der Informationen, mit der die Journalisten durch PR-Agenturen konfrontiert werden, zugenommen – was wiederum einen gewissen Enervierungsgrad zur Folge hat. Durch diesen inflationären Informationsversand ist das Verhältnis angespannter geworden, weil die Agenturen den Druck der Kunden gerne weitergeben. Aber kein Journalist lässt sich gerne vorgeben, was er schreiben soll. Mit einem guten persönlichen Kontakt und einer entsprechenden Auswahl an Geschichten funktioniert das Verhältnis aber nach wie vor sehr gut.

Wie schafft man es als PR-Agentur, den Journalisten nicht auf die Nerven zu gehen?

Man muss wissen, was man dem Journalisten zumuten kann. Es ist wenig zielführend, wenn man einen Praktikanten damit beauftragt, alle Journalisten im Verteiler durchzutelefonieren, weil der Kunde unbedingt Medienpräsenz haben möchte. Wir erwarten deshalb auch von unseren Mitarbeitern journalistisches Gespür.

Wir achten als PR-Agentur auf Redaktionszeiten, Redaktionsschlüsse, Vormittagstermine, Feiertags- und Wochenendproduktionen. Dann können wir ganz punktgenau, wenn der Journalist empfänglich ist und Zeit dafür hat, mit einem Vorschlag zu ihm kommen. Auch wissen die Journalisten – vor allem bei großen, renommierten PR-Agenturen mit spannenden Kunden, dass sie exklusive Einblicke bekommen können.

Welche Kniffe benutzt eine PR-Agentur noch, um einem Event größeren medialen Wert zu geben?

Je bekannter und berühmter die Sprecher, desto besser. Eine Exklusivpräsentation von etwas, worauf alle warten, funktioniert ebenfalls sehr gut. Hier gilt es auch, das im Vorab zu lancieren und einen Spannungsbogen zu kreieren. Auch eine ausgefallene Location, ein faszinierendes Ambiente oder Musik können ausschlaggebend sein.

Geben Sie auch Informationen „off-the-record" weiter?

Nur wenn man den Journalisten gut kennt und sich auf ihn verlassen kann. Ein Journalist erwartet Hintergrundinformationen, wenn er eine Geschichte oder eine Entwicklung besser verstehen möchte. Man darf als PR-Berater aber keine Vertraulichkeitsklausel, die man mit dem Kunden abgeschlossen hat, verletzen.

Hat ein Journalist einmal eine solche Abmachung nicht eingehalten?

Es passiert häufig, dass ein Artikel so erscheint, wie es besprochen wurde, aber die Headline furchtbar ist. Weil der Journalist eine Nebenbemerkung, die nach einem vertraulichen Gespräch gefallen ist, als Aufhänger genommen hat. Darum wird in jeder Schulung und in jedem Seminar immer wieder gesagt: Man muss aufpassen. Der Journalist ist immer der Journalist. Er hat immer diesen Jagdinstinkt und das rote Lämpchen leuchtet auch um drei in der Früh an der Bar. Daher muss man darauf achten, dass man sich nicht zu sehr „verbrüdert".

Hypothetisch gesprochen: Ein Medium wirft Ihnen ein zu hohes Honorar für einen Auftrag vor. Lassen Sie in solch einem Fall Abrechnungen von Medienvertretern einsehen?

Solche Vorwürfe sind noch nie gekommen. Ich würde auch keine Abrechnungen an die Medien schicken, außer der Kunde ist dafür. Aber wir haben kein Problem damit, Summen zu nennen. Das haben wir auch schon ein oder zwei Mal gemacht, wenn beispielsweise Fehlinformationen in den Medien gebracht wurden.

Dietmar Ecker, Gründer von Ecker&Partner, hat seine Karriere als Pressesprecher von Finanzminister Ferdinand Lacina begonnen. Auch Sie haben in den 1990er Jahren beim SPÖ-Pressedienst gearbeitet. Kann man die dadurch entstandenen, politischen Beziehungen als PR-Agentur gut nützen?

Teilweise. Wir sagen immer scherzhaft, wir haben in der Öffentlichkeit Hammer und Sichel auf der Stirn tätowiert. Das bekommt man schwer weg. Aber viele Leute schätzen es, wenn jemand genau an der Schnittstelle zwischen Politik, Wirtschaft und Medien sozialisiert wurde und deshalb weiß, wie in diesem Land Entscheidungen getroffen werden. Das ist etwas, das jeder respektiert, egal, aus welchem politischen Lager er kommt. Wir haben hier auch keine Berührungsängste und sind in der Agentur ein bunt gemischter Haufen, mit allen möglichen Herkünften und Vorlieben.

Kann eine Organisation wie der Public Relations Verband Austria (PRVA) die ethischen Werte seiner Mitglieder kontrollieren?

Nein. Er sagt es zwar und man fordert es. Aber in der Realität funktioniert das nicht.

Ist Ecker&Partner deshalb 2010 aus dem PRVA ausgestiegen?

Wir sind ausgestiegen, weil uns der PRVA zu viel Vereinsmeierei war. Auch der Umgang des PRVA mit den schwarzen Schafen der Branche ging uns sehr gegen den Strich. Da hat der PRVA sehr lange zugesehen und nicht oder falsch reagiert. Es steht jedem frei, dem PRVA beizutreten, aber als Agentur sehen wir darin keinen Nutzen.

Was macht die Agentur, um sich selbst in den Medien zu positionieren?

Wir verschicken Pressemitteilungen, hauptsächlich an Branchenmedien, wenn wir neue Kunden oder tolle, beispielhafte Projekte gewonnen oder z.B. Studien veröffentlicht haben. Eine weitere Maßnahme ist das Business-Breakfast, für das wir ein bestimmtes, gesellschaftspolitisch relevantes Thema mit einem Key-Speaker beleuchten. Bei diesen Veranstaltungen sind meistens um die 50 bis 60 prominente Besucher von Kunden- und Medienseite zu Besuch und das findet durchaus Resonanz in den Medien. Bei uns wird auch immer wieder für Statements angefragt. Gerade eben gab es beispielsweise eine Rundumfrage von den Medien an mehrere Agenturen zum „ZiB2"-Interview von Frank Stronach.

Wie lautete dazu Ihr Statement?

Das sage ich nur „off-the-record"!

■

DIE **SPONSOREN**

BAUSPARKASSE WÜSTENROT AG

BAWAG P.S.K.

ERSTE GROUP BANK AG

KURIER

OESTERREICHISCHE NATIONALBANK

OMV

ORF TECHNISCHE DIREKTION

ÖSTERREICHISCHE LOTTERIEN

VERBAND ÖSTERREICHISCHER ZEITUNGEN

VERBUND AG

WIENER STÄDTISCHE

WIENER ZEITUNG

Durch das *Mehr***WERT Sponsoringprogramm** bekennen wir uns zur Verantwortung gegenüber der Gesellschaft und dem Einzelnen. Als *Mehr*WERT Sponsor unterstützen wir Institutionen, Initiativen und Projekte in allen gesellschaftlichen Bereichen.

Vermehrt Schönes!

ERSTE $\dot{\mathsf{s}}$
BANK

*Mehr*WERT Sponsoring

„WER FÜR ÖSTERREICH ETWAS BEWEGEN WILL, **FÖRDERT** NICHT NUR ERDGAS, SONDERN AUCH DIE **FORSCHUNG.**"

DR. GERHARD ROISS,
CEO OMV GROUP

Am neuen Campus WU fördert die OMV wissenschaftliche Tätigkeiten am geplanten Institut Social Entrepreneurship, Sustainability and Performance Management sowie ein energiewissenschaftliches Netzwerk und das neue Bibliothekszentrum.

WU

**Wo nimmt die WU (Wirtschaftsuniversität Wien)
nur die Energie her?**

Sicher auch von der OMV, die im Rahmen ihres Nachhaltigkeitsprogramms **Resourcefulness** in Bildungsprojekte investiert, damit Österreich auch in Zukunft einen Wissensvorsprung hat.

www.omv.com

Mehr bewegen. Mehr Zukunft. OMV

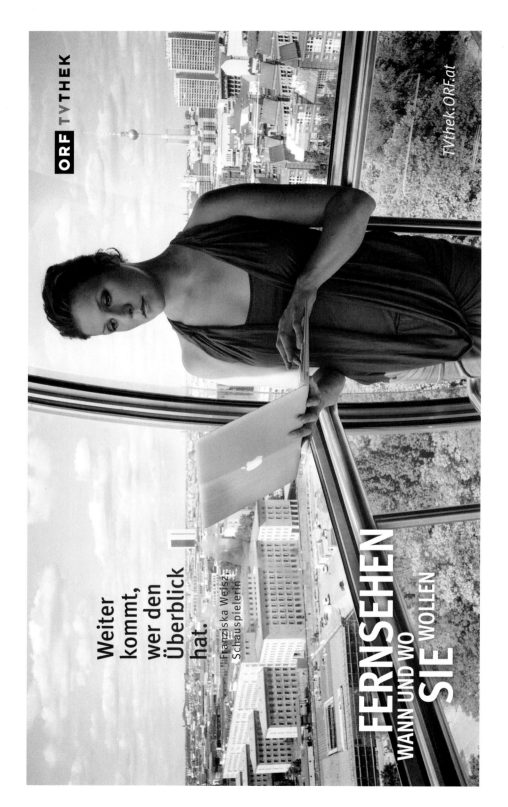

ORF TVTHEK

TVthek.ORF.at

Weiter
kommt, wer den
Überblick
hat.

Franziska Weisz
Schauspielerin

FERNSEHEN
WANN UND WO SIE WOLLEN

Jetzt einreichen:

VÖZ-FÖRDERPREIS MEDIENFORSCHUNG 2013

Der Verband Österreichischer Zeitungen (VÖZ) prämiert zum vierten Mal herausragende wissenschaftliche Arbeiten zum österreichischen Medienmarkt.

Studierende von Universitäten und Fachhochschulen können ihre Master- und Diplomarbeiten sowie Dissertationen ab sofort einreichen. Je nach Kategorie ist der Förderpreis mit 2.000 Euro oder 4.000 Euro dotiert. Darüber hinaus vergibt der VÖZ einen Sonderpreis mit 1.000 Euro.

Der Förderpreis Medienforschung steht unter dem Ehrenschutz von Wissenschafts- und Forschungsminister Karlheinz Töchterle.

Einreichschluss: 31. Juli 2013
Informationen unter www.voez.at/foerderpreis

Sauber antreiben, was wertvoll für uns ist:
Das schafft Strom aus Wasserkraft.

Egal ob Waschmaschine, Flatscreen oder Supermarktkassa: Strom ist aus unserem täglichen Leben nicht mehr wegzudenken. Deshalb ist es so wichtig, dass er sauber produziert wird. Mit über 100 Wasserkraftwerken erzeugt VERBUND Strom für alle Regionen Österreichs aus 100% heimischer Wasserkraft – ein wichtiger Beitrag für eine gesunde Umwelt und Lebensqualität in unserem Land. Mehr auf **www.verbund.com**

Verbund
Am Strom der Zukunft

Vertrauen ⊕

⊕ Jetzt gehören Ihre Sorgen uns!

Mit fast 200 Jahren Erfahrung und bedarfsgerechten sowie
individuellen Versicherungslösungen der Wiener Städtischen
sorgen Sie vor. Nähere Infos unter 050 350 350, auf
wienerstaedtische.at oder bei Ihrem/Ihrer BeraterIn.

IHRE SORGEN MÖCHTEN WIR HABEN